퇴계가 우리에게

한국철학총서 33
퇴계가 우리에게

지은이   이윤희
펴낸이   오정혜
펴낸곳   예문서원

편 집   유미희
인 쇄   주) 상지사 P&B
제 책   주) 상지사 P&B

초판 1쇄   2010년 5월 25일

주   소   서울시 동대문구 용두 2동 764-1 송현빌딩 302호
출판등록   1993. 1. 7 제6-0130호
전화번호   925-5914 / 팩시밀리   929-2285
Homepage   http://www.yemoon.com
E-mail   yemoonsw@empas.com

ISBN 978-89-7646-257-2   03150

YEMOONSEOWON 764-1 Yongdu 2-Dong, Dongdaemun-Gu Seoul KOREA 130-824
Tel) 02-925-5914, 02-929-2284 Fax) 02-929-2285

값 18,000원

한국철학총서 33

퇴계가 우리에게

이윤희 지음

예문서원

··이 책의 출판에 즈음하여

역사는 순환한다고 말한다. 역사는 시간이므로 흘러만 갈 터인데 되돌아온다고 말하는 것은 결국 어떤 패턴이 반복된다는 뜻일 것이다.

또 한편, 사람이 아무리 변하고 문명이 어떻게 발전하더라도 변하지 않는 것이 있다고도 말한다.

이 책은 이러한 입장에서 이루어졌다.

재력이니 권력이니 세력이니 하는 것들이 존중되고 '목소리 큰 사람이 이끈다'는 등 힘에 의하여 좌지우지되는 것이 오늘의 사회 현실이다. 사람들은 그것 얻는 것을 복이라 믿고 오직 그 복을 사기 위하여 피땀을 흘릴 뿐 아니라 돈을 지불하기도 하고 심지어는 영혼까지도 판다.

아무리 높은 가치가 있는 것도 재력 권력 세력을 얻지 못하면 인정을 받지 못하고 그들의 노리개로 전락한다. 바른 말 옳은 글도 가늘고 부드러우면 뭇소리에 파묻혀 버린다.

퇴계 선생께서 살아가신 시기가 이러한 때였다.

선생은 세상 사람들이 힘이나 이익을 좇아 복을 비느라 제정신을 팔아 버리면 국민의 세상살이가 어려워지고 국가는 부끄러운 역사를 남기게 된다는 것을 꿰뚫어 보셨다. 그리고 가치가 높으면 힘없는 사람의 것일지라도 존중받고, 말이 바르면 아무리 조용하고 순할지라도 이해관계에 상관없이 수긍되며, 글이 옳으면 아무리 신분이 낮은 사람의 생각일지라도 받아들여지는 세상을 갈망하셨다.

세상이 아무리 어두워져도 변하지 않고 빛나는 것, 사람들이 아무리 눈앞의 이욕을 좇느라 타락을 하여도 끝내 그들에게 사람으로서의 존엄과 가치를 회복시켜 줄 수 있는 영원한 근본 바탕, 그것을 찾는 구도자가 되어 결국 그 길을 찾아 정비하고 한 시대의 젊은이들 앞에 밝혀 주어 조선 선비의 정신세계를 터 닦아 주신 분.

그분이 퇴계 선생이기에 그분의 목소리가 비록 숨어 사는 늙은이의 남몰래 부르는 노랫소리처럼 낮고 가늘어도 그 메아리는 인류 사회가 존속하는 한 영원하다는 것을 필자는 비로소 알았다.

이 책을 통하여 오늘의 젊은이들에게 그 메아리를 들려주려는 것이 필자의 뜻이다. 하지만 그 내용이 방대한 전집을 이루고 있을 만큼 너무 많기 때문에 전체를 다 들으려면 많은 시간을 필요로 한다. 따라서 시간에 쫓기는 현대인들의 입장을 고려하여 필자가 중요한 대목이라고 생각하는 부분만을 간추려 모아서 한 책으로 엮었다.

영롱한 눈빛을 가지고 스스로의 인생을 옥처럼 다듬으려는 뜻이 섰거나 그런 뜻을 세울 수 있는 계기를 품고 있는 이라면 이 책으로부터 도움을 받을 수 있을 것이다.

사실 모든 사람이 이 책으로부터 값진 보배를 찾을 수 있을 것이라고 필자는 믿고 있다. 비록 필자의 글솜씨와 재주는 옹졸할지라도, 퇴계 선생께서 정비해 놓은 길은 너무나 깨끗하고 그 길이 향하고 있는 사람의 근본 바탕은 너무나 밝고 숭고하며 누구에게나 평등하기에…….

이 책은 그 성격상 많은 독자를 기대하기 어렵다. 그럼에도 불구하고 출판을 결심해 주신 예문서원 오정혜 사장님께 감사의 뜻을 전한다.

이 책을 영롱한 눈빛을 가진 젊은이들에게 바치며
2010년 곡우를 막 지난 어느 날
이윤희 삼가 씀

차 례

…3부 제가의 길, 치국의 길

1. 집안을 꾸리다 161

▲ 청량사 원경(장길수 작품)

▲ 도산서원에서 내려다보는 풍경

▲ 도산서당 사립문

▲ 도산서원 전경(박찬혁 작품)

* 16세기에도 선생 정도의 벼슬 사는 사람들은 초상화에 해당하는 영정影幀이라는 것을 그
  렸다. 그러나 퇴계 선생은 영정을 남기지 않았다. 오늘날 전해지고 있는 것들은 뒤에 꿈이
  나 상상을 통하여 그린 것이다. 그래서 이 책의 첫머리에 오랫동안 가까운 곳에서 퇴계
  선생을 따르며 가르침을 받았던 학봉 김성일이 선생의 실제 모습과 업적들을 간추려서
  그림 그리듯 글로 기록한 자료(實記)를 실어 독자들이 각자 선생의 모습을 그릴 수 있도록
  돕고자 한다.

··글로 쓴 초상화

• 참으로 이러하셨다

어린 시절 퇴계 선생은 언제나 날이 밝기 전에 일어나서 세수하고 머리 빗고 옷과 관을 바르게 하고는 어머니를 찾아뵙는 것이 일상생활이시었다. 한 번도 어긋남이 없이 명랑하고 공손하며 삼가시었다.

여럿이 생활할 적에는 종일 단정히 앉아 옷과 띠를 반듯이 하고 말과 행동은 반드시 삼가시었다. 그래서 사람들이 모두 사랑하고 존경하였으며 감히 업신여기거나 모욕을 줄 수 없었다. 성품은 간결하면서도 담박하고 말이 적었으며 명리와 호화로움에는 마음을 두지 않았다.

훌륭한 업적을 많이 남기고 높은 벼슬을 두루 거치셨으며, 70세에 이르러 병이 깊어지자 임금이 의원을 보내었으나 그 의원이 이르기 전에 세상을 떠나셨다.

임금(선조)께서 선생이 돌아가신 소식을 들으시고는 너무나 슬퍼서 사흘 동안 나랏일에 대한 회의를 중지하셨고 선생에게 영의정 벼슬을 내렸으며 첫째가는 예를 베풀어 장례를 지내게 하셨다.

그러나 선생은 자기가 죽은 뒤에 관직이 높은 사람들처럼 비석을 세우지 말고 아무런 관직도 새기지 말며 다만 작은 돌에 '늘그막에 도산으로 물러나 은거한 진성이공의 묘'(退陶晚隱眞城李公之墓)라고만 쓰라고 하셨다. 병이 심할 때에 이미 유언으로 남기셨던 것이다. 뿐만 아니라 나라에서 국장의 예를 내리더라도 사양하라는 훈계도 함께 남기셨다.

돌아가실 무렵에는 사람들이 선생을 평원에 우뚝 솟구친 산처럼 의지하였다.

그 돌아가심을 듣자 아는 이, 모르는 이 할 것 없이 탄식하고 슬퍼하지 않음이 없었다. 서로 더불어 위패를 모셔 놓고 곡을 하였으며, 가까운 읍의 사람들은 비록 촌 노인이나 들사람일지라도 모두 고기를 먹지 아니하였다.

장례에 이르자 먼 곳, 가까운 곳에서 모인 사람이 수백이었다.

우리나라는 비록 문헌의 나라라 일컬어지기는 했어도 도道에 대한 학문이 밝지 못했다. 사람들의 마음이 느슨하게 풀어져 그 수준이 낮게 처져 있었다. 고려로부터 조선에 이르기까지 도에 대한 학문으로 세상에 알려진 사람은 몇이 없었다.

퇴계 선생은, 위로는 스승의 전하여 줌을 받지 못하였고 옆으로는 벗의 도움이 없었다. 뛰어나게도 성현의 글에서 홀로 얻으셨던 것이다. 중년 이후부터는 날이 갈수록 그 배운 것을 가르침에 전념하게 되면서 이 나라에 도를 밝혀 세우는 일이 선생에게 달려 있는 듯 그 책임이 날로 무거워졌다.

머리를 숙여 책을 읽거나 우러러 생각하다가 잠자고 밥 먹는 것도 잊고는 하셨으며, 횅하니 깨닫고는 다시 익숙하도록 실천에 옮기셨다.

그 학문의 큰 줄거리에는 다른 사람이 넘을 수 없는 내용이 있었다. 그 얼개와 통이 매우 커서 차라리 성인을 배우다가 이르지 못할지언정 한두 가지 착함으로써 이름 얻기를 바라지 않으셨다.

몸과 마음을 닦아 나감에 매우 용감하여 차라리 있는 능력을 다하여도 잡지 못할까 염려할지언정 한 번도 늙고 병들었다고 게으르지 않으셨다.

정연한 차례가 있었으며 빨리 이루고자 하거나 급히 서두르는 병이 없었다. 묵묵히 공부를 더해 나가니 어두운 가운데 해가 나타나는 아름다움이 있었다. 뭇 성인의 글을 모르는 것이 없되 숨은 뜻을 끝까지 밝히고 언어나 문자의 자질구레한 말뜻에 그치지 않으셨다. 간추린 핵심을 지극하게 말할 뿐 깊거나 어두컴컴한 뜻은 말하지 않으셨다. 도가 이미 높아졌지만 바라보면 보이지 않는 듯하고, 덕이 이미 높아졌으나 마음에 흡족하지 않는 듯하셨다.

양심을 보존하고 본성을 기름이 날로 더욱 순수하고 탄탄해지며, 실천에 옮김이 날로 더욱 두터워지셨다. 그 보람이 나아가고 나아가기를 그치지 않아서 마치 돌아가실 때까지가 통틀어 하루인 양 향상되셨다.

이와 같은 마음가짐으로 믿음이 두텁고 학문을 좋아하셔서 무거운 책임을 지고 먼 곳에 이르게 되셨던 것이다.

겉으로 드러난 행동에 있어서는 스스로를 매우 엄하게 다스리셨다. 음란한 음악이나 이상스럽게 눈에 띄는 겉치레 예절은 마음에 두지 않았고, 포악하거나 오만하거나 간사하거나 치우친 기운은 신체에 남겨 두지 않으셨다. 하나하나 실천한 것은 도리와 규범이요, 하시는 말은 항상 하늘 같은 도덕과 어질고 의로운 본성이었다.

하루하루 생활하는 모습은, 반드시 옷과 관을 가지런히 하고 눈길을 우러러보았으며 때로는 책상 앞에서 책을 보고 때로는 향을 사르며 고요히 앉아서 내면세계를 살피는 공부를 하셨다. 종일토록 삼가고 삼갔고 한 번도 게으른 모습을 드러내지 않으셨다.

집안을 다스림에 뚜렷한 법도가 있으셨다.

자손을 은혜로 어루만지고 의로운 교훈으로 이끌며 집안사람들을 너그러움으로 다스리면서 맡은 일에 충실하며 삼가라고 타이르곤 하셨다.

가정의 안팎이 기쁘고 유쾌하되 엄숙하고 화목하여 별로 노력하는 바 없어도 뭇 일들이 절로 그 순서를 얻었다.

살림은 소박하고 청렴하며 가난하셨다. 사는 곳이 겨우 비바람을 가렸고 거친 밥에 나물을 씹으니 남들은 감당하기 어려워할 정도였다. 선생은 그것이 몸에 푹 배어서 차라리 편안한 듯하셨다.

조상을 제사 지냄에는 그 정성과 효를 지극히 하고, 형을 섬김에는 그 사랑과 존경함을 지극히 하셨다.

집안사람을 참으로 화목하게 하고, 외롭거나 가난한 사람들을 두루 도와주고 이끌어 주셨다.

남을 접대함에는 공손하고 예가 있었으며 그 자신을 다스림에는 검소하고 도리를 다하셨다. 기쁘거나 노함을 밖에 나타내지 않고 남을 꾸짖거나 욕하지 않으셨다. 비록 바쁘고 급한 지경에 놓였어도 한 번도 말을 빨리 하거나 다급한 기색을 짓지 않으셨다.

일이 옳고 마땅한 것이냐 아니면 이익이 있을 뿐이냐 하는 점을 가려냄에 엄하셨다. 가져도 좋을 것과 갖지 말아야 할 분수를 살폈으며 이치에 거리끼는 것을 갈라내셨다.

일의 낌새를 미리 밝게 알아차리어 털끝 하나도 방종하거나 지나치지 않으셨다. 진실로 그것이 의로운 것이 아니면 수만금을 주어도 받지 않았고 땅에 떨어져 있는 것이 겨자 한 알일지라도 주워 가지지 않으셨다.

선을 좋아하고 악을 미워함이 타고난 본성에서 나온다 하여 남의 착한 행동을 보면 두 번 세 번 칭찬하고 장려하여 반드시 그를 성취시키고자 하셨다. 남의 잘못과 실수를 들으면 거듭거듭 탄식하며 안타까워하여 반드시 그 허물을 고치어 착하게 만들고자 하셨다.

이런 까닭으로 어진 사람이나 어리석은 사람이나 모두 그 도움을 얻었다. 선생을 우러러 본받고 두려워하지 않음이 없었으며 오직 착하지 못하다는 이름이 그의 귀에 들릴까 걱정하였다.

뒤따라 배우는 사람들 가르치는 것에 귀찮아하거나 게으르지 않아서 비록 병중이라도 직접 말로 설명하여 주거나 질문을 받고 의논함을 그치지 않으셨다.

학문을 가르치시려고 늘그막에 도산의 기슭에 집을 지으니, 방 하나가 고요한데 진리의 그림과 글이 벽을 가득 덮었다.

날마다 그 가운데 살면서 조심조심 본성을 보존하며 진리를 캐고 찾으셨다. 벼슬로부터 도리에 맞게 물러나 숨어서 남모르는 것을 기름에 즐거워 걱정을 잊으셨다.

사람들은 감히 그 지은 바의 깊이를 엿볼 수도 없었다. 다만 그 꽉 차게 쌓인 것이 넘쳐흘러 모습으로 드러나게 된 기상을 볼 뿐이었다. 절로 마음이 너그러우며 몸이 여유롭고 얼굴이 윤택하며 뒷모습이 기운으로 충만함을 숨길 수 없으셨다.

가슴이 환하게 비치어 얼음병에 가을 달이 비치는 것 같았다. 사람들이 느끼는 선생의 마음은 따뜻하고 순수하여 순금이나 아름다운 옥 같은가 하면 장중하기가 산악 같으며 조용하고 깊기가 연못 같았다. 단정하고 자상하며 한가롭고 편안하며 독실하고 중후하며 참되고 순수하여 겉과 속이 하나같고 나와 나 아닌 것에 틈이 없으셨다.

멀리 떨어져서 바라다보면 근엄하여 존경스러운 본받음이 있었고 가까이 다가가면 따뜻하여 사랑스러운 덕이 넉넉하셨다. 비록 거칠고 고집 센 사나이나 정신이 이상한 사람일지라도 선생이 앉아 계시는 방문을 바라보는 것만으로도 교만한 기운이 절로 스러졌다.

그때까지의 문벌 있는 가문 사람들은 오직 과거 보는 이로움만 생각하면서 글을 읽었지 성현의 학문이 있음을 몰랐다. 오직 임금의 총애를 받고 녹을 얻는 영화만 알며 관직에 있었지 기꺼이 물러나는 절개가 있음을 몰랐다. 그래서 올바른 도리에 어두운 나머지 그저 어지럽게 얽혀서 부끄러움도 없고 의로움도 없었다.

선생께서 일어남으로부터 글 읽는 사람들이 비로소 사람 되는 까닭이 딴 곳에 있지 않고 그 가르침에 있다는 것을 알게 되었다.

공자와 맹자로부터 내려오는 뭇 학문을 모두 모아서 크게 이루셨다. 위로는 끊어진 실마리를 잇고 아래로는 그 길을 가고자 하는 뒤의 학자들에게 문을 열어 주셨다. 공자·맹자·정자·주자의 도道가 세상에 다시 빛나도록 밝혀 놓으신 것이다.

겨레의 위대한 스승이시다.

제자 학봉 김성일1) 씀

. . .

1) 金誠一: 1538~1593, 의성김씨, 자는 士純 시호는 文忠으로, 19세부터 퇴계 선생의 제자가 되어 가장 오랫동안 배운 학자이자 文臣이다. 임진왜란 전에 통신사로 일본을 다녀와 정세를 보고한 것이 일을 꼬이게 하여 곤경에 빠졌으나, 왜란이 터지자 함양·진주를 중심으로 의병을 모으고 죽음으로 보국하여 큰 공을 남겼다. 저술로는 『학봉집』이 있다.

巍巍李夫子繼開一大今十圍淸理決吾世
詁人心雲谷槧書潤澶溪風月尋聲
後三百載萬國乃同欽

新會 梁啓超

▲ 梁啓超의 찬시

▲ 퇴계 선생께서 성현의 좌우명을 필사한 글씨

* 이곳에 풀이되어 있는 글은 모두 뜻을 세운 이들이 일생의 지표로 삼을 수 있는 짧은 명언들로서 퇴계 선생에 의하여 선택된 것이다.

어떤 것은 잠箴이라 하고 어떤 것은 명銘이라 하며 또 어떤 것은 찬贊이라 이름 붙였지만, 모두가 자기의 인생을 옥처럼 고귀하게 다듬을 수 있었던 현인들이 몸 가까이에 새기거나 써 놓고 스스로를 깨우치며 일생의 등대로 삼았던 보배들이다.

퇴계 선생은 이것들을 중국 고전 속에서 가려 뽑고 『고경중마방古鏡重磨方』이라는 이름을 붙여서 책으로 엮었다.

따라서 좀 더 깊이 이 글 본래의 맛을 음미하려는 사람은 한문 원본 『고경중마방』을 곁들이는 것이 좋겠다.

··일생의 좌우명

- 탕(湯)[1]임금이 세숫대야에 새겨 놓고 마음 다진 글(盤銘)[2]

진실로 날마다 새롭게 하고 매일 날마다 새롭게 하여 나날이 새롭게 하자.

- 무왕(武王)[3]이 자리 네 끝단에 새겨 놓고 마음 다진 글(席四端銘)

편하고 즐거울 때 반드시 경건함을 지니고 후회할 행동을 하지 말라. 눕거나 엎드리거나 할 때에도 이 뜻에 힘쓰지 않아서는 안 된다. 은(殷)나라가 멀지 않은 곳에서 네가 다스리는 바를 감시하고 있다.

- 무왕이 거울에 새겨 놓고 마음 다진 글(鑑銘)

너의 앞 얼굴을 보면서, 너의 뒷모습을 걱정하라.

- 무왕이 세숫대야에 새겨 놓고 마음 다진 글(盤銘)[4]

사람에게 빠지는 것보다는 차라리 연못에 빠지는 것이 낫다. 연못에 빠지면 헤엄이나 칠 수 있지만 사람에 빠지면 구할 수가 없다.

• 무왕이 기둥에 새겨 놓고 마음 다진 글(楹銘)

잔혹함을 멀리 있다고 말하지 말자. 장차 그런 앙화가 미칠라.

해로움을 멀리 있다고 말하지 말자. 장차 그런 앙화가 커질라.

손상을 멀리 있다고 말하지 말자. 장차 그런 앙화가 늘어날라.

• 무왕이 지팡이에 새겨 놓고 마음 다진 글(杖銘)

아! 분한 마음에 얽매여서 위태롭고,

아! 즐기고 좋아함에 빠져서 도를 잃으며,

아! 많은 재산, 높은 신분에 싸여서 서로를 잊는구나.

• 주 왕조의 사당(周廟)에 있는 쇠로 만든 인물상에 새긴 글(金人銘)

삼갈 일이로다!

말을 많이 하지 말고 일을 많이 꾀하지 말라. 말이 많으면 실패가 많고 일이 많으면 해로움이 많다. 편하고 즐거울 때 반드시 경계하고, 후회할 일이 없게 하라. 어떤 손상이 있다 이르지 말라. 그 화가 더욱 늘어날라. 어떤 해로움이 있다 이르지 말라. 그 화가 더욱 커질라. 듣지 못한 것을 말하지 말라. 귀신이 사람을 노리고 있다. 불꽃이 붙을 때 끄지 않으면 불길이 활활 붙어 어쩔 수 없게 된다. 물이 방울처럼 졸졸 흐를 때 막지 않으면 끝내 강물이 된다. 무명실이 이어지고 이어져서 끊어지지 않으면 그물이 되기도 한다. 털끝을 뽑지 않으면 작두를 찾게도 된다. 이런 것들을 조심할 수 있는 것이 참으로 복의 근본이다. 입이란 무엇인가? 손상損傷과 앙화殃禍가 드나드는 문이다. 고집 세고 힘센 사람은 제명에 죽지 못한다. 남 이기기를 좋아하는 사람은 반드시 적수를 만난다. 도둑은 주인을 미워하고[5] 백성은 그들의 윗사람을 원망한다. 군자는 천하의 위에 오를 수 없음을 알고 있으므로 그 아래로 낮추고 백성보다 앞서서는 안 됨을 알고 있으므로 그보다 뒤에 선다. 강과 바다는 비록 낮은 곳에 있지만 백 줄기 냇물보다 긴 것은 그것이 스스로 낮기 때문이다.

천도天道는 친하여 가까이 하는 것이 없지만 언제나 착한 사람과 더불어 있다.

삼가고 삼가라!

• 최자옥崔子玉[6]이 늘 자리 옆에 갖추어 두고 마음 다진 글(座右銘)

남의 단점을 말하지 말고, 자기의 장점도 말하지 말라. 남에게 베풀고는 생각에 남기지 말고, 남이 베푼 것을 받고는 잊지 말도록 조심하라. 세상의 명예는 부러워할 것이 못 되기에 오직 어진 덕으로 기강을 삼으라. 마음을 드러내지 않고 남보다 뒤에 서니 어찌 비방과 의논이 나를 상처 내리요. 이름이 실제보다 지나치도록 하지 말고 성인께서 감추어 둔 바를 어리석도록 지켜라. 검은 물감 속에서 검게 물들지 않음을 귀하게 여기고 어둠 속에서도 밝은 빛을 품고 있으라. 부드럽고 약함이 생명의 모습이니 노자께서는 굳셈을 경계하셨다.

• 백거이白居易[7]가 늘 자리 옆에 갖추어 두고 마음 다진 글(座右銘)

재물 많음과 신분 높음을 부러워하지 않고 신분 낮음과 가난함을 걱정하지 않으며 스스로 도道가 어떠한지 묻는데, 신분의 높고 낮음이야 어찌 말할 가치나 있겠는가?

헐뜯음을 듣고도 근심하거나 두려워하지 않고 칭찬함을 듣고도 기뻐하지 않으며 스스로 행실이 어떤지 살피는데, 명예가 오르거나 내림이야 어찌 논할 가치나 있겠는가?

오만한 생각으로 남을 업신여기지 않으면 사람들의 욕함에서 멀어진다. 미모로써 일을 얻지 않으면 그 몸을 자중하게 된다.

여행길을 떠나서는 사특한 사람들과 같은 길로 가지 않고, 집에 들어서는 바른 사람들과 이웃한다. 그 가운데에 취하고 버릴 것이 있으며 이 외에는 멀리 할 것과 가까이 할 것이 없다.

바깥을 닦아서 안까지 이르게 하여 고요히 중화中和[8]와 참된 바탕을 기른다. 안을 길러 바깥까지 이르게 하여 행동을 함에 있어서는 의로움과 어짊을 실행한다.

천리도 발밑부터 시작하고 높은 산도 작은 먼지가 쌓여서 되는데, 우리의 도道도 이와 같다. 그것을 행함에는 날로 새로워짐을 귀하게 여길 뿐, 감히 남을 규제하지 않는다.

큰 띠에 스스로 써 놓고 종신토록 스스로 힘쓰다가 죽은 뒤에는 후손後孫에게 전해준다. 후손으로서 만일 이에 반대되는 일을 하는 사람은 나의 자손이 아니다.

• 이지李至[9]가 늘 자리 옆에 갖추어 두고 마음 다진 글(座右銘)

단점을 감싸서는 안 되니, 감싸면 끝까지 단점으로 남는다. 장점을 자

28

랑스러워해서는 안 되니, 자랑스러워하면 장점이 되지 못한다.

남을 탓함은 자기를 탓함만 못하고, 두루뭉술함을 좋아함은 반듯함을 좋아함만 못하다. 어리석다 하면 천하가 그대와 지혜를 다투지 않고, 겸손하다 하면 천하가 그대와 강함을 다투지 않는다. 말이 많은 것은 노자께서 경계하신 바이며, 말이 어눌한 것은 중니(孔子)께서 좋아하신 바이다.

함부로 움직이면 후회하나니, 어찌 고요히 움직이지 아니함만 할 것인가? 크게 군세면 부러지나니, 어찌 부드럽고 군세지 아니함만 할 것인가? 나아가기만 하고 그칠 줄 모르는 사람이 패하는 것은 보았어도, 물러나 스스로 만족하는 사람이 망하는 것은 보지 못하였다. 선善을 행하면 군자의 나라에서 노닐고, 악惡을 행하면 소인의 마을로 들어가게 된다.

• **정이천程伊川이 하지 말아야 할 일 네 가지를 경계한 글**(四勿箴)

① 보는 행동을 경계하는 글(視箴)

마음은 본래 비어 있어서 사물에 응하여도 흔적이 없네. 그것을 조절하는 요령은 눈으로 보는 행위를 표준으로 삼으니 앞에서 덮어 가리며 엇갈리게 하면 그 속이 제자리에 있지 못하게 되나 밖으로 보는 행동을 통제하여 안으로 마음을 안정시키면 나 자신을 이겨 예禮로 돌아가고 오래 되면 근본 바탕의 진실됨을 이루네.

② 듣는 행동을 경계하는 글(聽箴)

사람에게 떳떳한 도리가 있음은 천성天性에 근본을 두고 있건만, 알음

알이가 유혹하고 물질로 변해 버리면 마침내 그 바름을 망치게 되네. 높으신 저 선각자님은 그칠(止) 줄을 알아서 안정됨을 얻고 사특함을 털어 버리며 근본 바탕의 진실 됨을 보존하고 예(禮) 아닌 것은 듣지 말라고 하셨네.

③ 말하기를 경계하는 글(言箴)

사람 마음의 움직임은 말로 인하여 드러나서 금지된 것을 발표도 하고 조급하거나 거짓되기도 하네. 안으로 마음이 고요하고 전일(專一) 되어야 하거늘 이것이 씨앗으로 되어 전쟁도 일으키고 기호(嗜好)도 드러내며 길흉과 영욕이 이것에 의하여 초래됨에 있어서랴. 말이 쉬우면 거짓되고 말이 번잡하면 갈피를 잡을 수 없으며 스스로 종잡음이 없으면 나 아닌 것과도 화합하지 못하고 도리에 어그러지는 말이 나가면 들어오는 말도 어그러지네. 법 아닌 것을 말하지 말라고 훈계하신 그 말씀을 우러르노라.

④ 움직임을 경계하는 글(動箴)

철인(哲人)은 생각이 싹트는 기미를 알아 그것을 성실히 하고, 지사(志士)는 행동에 힘써서 일 속에 그것을 지키네. 옳은 도리대로 따르면 여유가 있고 욕심을 따르면 위태로워지니, 눈 깜짝할 사이라도 욕심을 이기고 옳은 도리를 생각하며 두려워하고 조심스럽게 스스로 지켜서 습관과 본성이 하나가 되면 성현님들과 같은 곳으로 돌아가게 되네.

• 횡거(橫渠) 선생이 서쪽 벽에 새겨 놓고 마음 다진 글(西銘)[10]

건(乾)을 아버지라 부르고 곤(坤)을 어머니라 부른다. 나 이 조그만 몸은 바로 그 속에 구별됨 없이 섞여서 머물러 있구나. 그러므로 하늘과 땅에 차 있는 그것은[11] 나의 형체이고, 하늘과 땅을 거느리는 그것은[12] 나의 본성이다. 백성은 나와 같은 아기집에서 태어났고 만물은 나와 같은 무리로구나.

임금이란 것은 내 어버이의 맏아들이요, 그 대신들은 맏아들 집의 일 보는 사람들이로구나. 나이 높은 분들을 존경하는 것은 그 어른됨을 어른으로 대우하는 까닭이고, 외롭거나 약한 사람을 따뜻이 대하는 것은 그 여린 것을 여리게 대우하는 까닭이네.

성인께서는 그것의 덕이 합치한 분이고 현인은 그 가운데서 빼어난 사람이로구나. 무릇 세상의 늙고 병들거나 외로운 홀아비나 홀어미들은 모두 내 형제 가운데 가난하고 의지할 곳 없으며 하소연할 곳 없는 사람들이네. 잘 지킴은 자식으로서 건곤이라는 큰 어버이를 받듦이요, 즐거워하고 걱정하지 않음은[13] 건곤이라는 큰 어버이를 섬기는 것이네. 이러함을 어기는 것을 패덕悖德이라 말하고 어짊을 해치는 것을 도적이라 말한다. 악을 저지르는 사람은 쓸모없는 사람이고 이 생긴 모양대로 따라가는 사람만이 (건곤이라는 큰) 어버이를 잘 이어받은 사람이네. 자연의 운행 변화를 알면 그 (큰) 사업을 잘 이어나갈 수 있고, 자연의 신묘함을 알아내면 그 뜻을 잘 이어받을 수 있으며, 외진 방구석에서도 부끄러움이 없게 하면 그 어버이를 욕되지 않게 하나니, 양심을 보존하고 본성을 기르는 것이 (그 자식 됨에) 게으르지 않음이네. …… 재산이 많고 지위가 높으며 행복하고 혜택 받음은 나의 생애를 두텁게 하려는 것이고 가난하고 지위가 낮으며 걱정과 슬픔이 많은 것은 그대의 이루어짐을 옥과 같이 하려는 것이네. 살아 있는 동안 이 이치를 내가 따르며 섬기다가 죽어서는 이 이치 안에 내가 편히 쉬리라.

• 여여숙呂與叔[14]이 스스로를 이기고자 마음에 새겨 놓은 글(克己銘)

무릇 저 생명을 가진 것들은 고르게 퍼져 있는 기氣를 몸으로 삼아서 같은 바탕을 가지고 있는데, 마치 혹처럼 불거져 나와 '나'(我)라는 것이 생기고 나와 나 아닌 것이 확실해지면 어느새 자기 나름으로 경계를 만들며 이기고자 하는 마음이 마구 생겨서 가지런하지 못하고 어지럽게 된다.

인격 높은 사람은 한 점 거짓 없는 근본 바탕을 보존하여 마음의 눈으로 하늘의 법칙을 본다. 처음부터 욕심을 부리거나 교만함이 없어서 '나'라는 것을 병충病蟲처럼 여긴다. 뜻(志)을 장수로 삼고 기氣를 졸개로 삼으며 하늘을 받들고 하늘에 호소하니 누가 감히 업신여길 것인가? 한편으로 싸우면서 한편으로 어루만지고 사사로움을 이겨 욕심을 틀어막으니, 지난 때에 원수 같던 것을 오늘은 신하와 일군으로 삼게 된다. 아직 완전히 이기지 못한 때에는 '나'라는 집이 어렵고 좁아서 며느리와 시어머니[15]가 서로 다투듯 그 여유를 얻기가 어렵다. 일단 이기고 나면 사방으로 탁 트이고 온 세계가 환해져서 모든 것이 나의 문 안에 있게 된다. 천하가 나의 어짊으로 돌아오지 않는다고 누가 말하겠는가?

가렵거나 아픈 병이 내 온몸을 도려낼지라도 하루만이라도 그러함에 이르는 것이 바로 나의 일이로다.

- **범난계**範蘭溪[16]**가 마음을 경계한 글**(心箴)[17]

넓고 넓은 하늘과 땅을 우러러보고 굽어보아도 끝이 없는데, 사람이 그 사이에 조그만 몸을 갖고 태어났다. 이 몸의 보잘것없음은 거대한 창고에 흘려진 돌피 같건만 하늘, 땅과 함께 삼재三才[18]를 이루니 그를 일러 마음이라 말한다. 예로부터 오늘까지 누군들 이 마음이 없었을까마는 마음이 몸의 부림을 받으면 짐승에 지나지 않는다. 입과 귀와 눈과 손과 발이 움직이거나 움직이지 않거나에 허점이 있어서 찔리거나 막힘을 당하면 그것이 마음의 병으로 된다.

마음은 홀로 미약한데 욕망은 많아서 무리지어 쳐들어오니 그것을 보존할 사람이 아! 너무나 드물구나. 군자는 진실 된 근본 바탕을 보존하여 능히 사색할 줄도 알고 능히 마음을 하나로 지켜서 모든 것을 주재할 수도 있다. 하늘 임금(天君)[19]이 흔들림 없이 굳건하니 온몸이 명령을 따른다.

- **회암**晦菴 **선생이 구방심재라는 공부방**(求放心齋)[20]**에 새겨 놓고 마음 다진 글**(求放心齋銘)

하늘과 땅, 우주가 운행 변화하는 그 마음을 공자는 인仁이라 하였다. 그것이 나에게 이루어져서는 내가 몸의 주인으로 되는데, 그 주인은 어떤 모습인가? 신명神明도 헤아리지 못한다.

온갖 변화를 발휘하며 그것으로 성인의 최고 경지를 세운다. 잠시라도 그것을 놓아 버리면 천 리를 달아나니 진실함(誠)이 아니고야 어찌 없어지지 못하게 할 것인가? 경건함(敬)이 아니고야 어찌 보존하겠는가?

누구는 놓아 버리고 누구는 거두어들이며 누구는 없어지고 누구는 남아 있기도 하며, 팔처럼 굽었다 펴졌다 하고 손바닥처럼 엎어졌다 젖히기도 하니, 미묘한 틈을 방비하고 홀로 있을 때 삼감으로써 그것을 지키는 떳떳함을 누릴 수 있다.

- **남헌**南軒 **선생[21]이 경재라는 공부방**(敬齋)**에 새겨 놓고 마음 다진 글**
(敬齋銘)

하늘이 이 인류를 낳을 때 양심良心이 이미 있었으니 성인과 어리석은 사람에 어찌 차이가 있었을 것인가? 경건함과 방종함에 구분이 있을 뿐이다. 일에 만 가지 변함이 있어도 결국은 임금의 '마음'이라는 것에 통솔된다. 그렇지만 한 번 그 벼리가 끊어지면 망가져서 그물실이 엉키듯 한다. 옛적부터 앞서 간 분들은 경건함을 지키는 공부로써 스스로를 닦아서 그 몸을 유지하고 떳떳한 본성을 순조롭게 보존하였다. 경건함을 지킨다 함은 무엇을 더 보탤 것이 있는 것이 아니다. 오직 '이것'에 주인이 되어서 살얼음을 밟듯 깊은 물가에 이른 듯 하는 것이다. 그러면 진리에 어둡지 않게 되어 일 있을 때마다 진리가 모습을 드러낸다. 그 반응은 마치 메아리 같고 그 열매는 아주 빼어나서 다른 것들과 휩쓸려 흘러가지 않는다. 움직이거나 움직이지 않거나 바탕과 작용에 어긋남이 없도록 하는 것이니, 참으로 경건함의 보람은 하늘의 덕과 어울리는 것이다.

아, 여러분 군자들이여! 경건하고 경건하라. 오래 힘쓰노라면 어떻게 하여야 마땅할지 스스로 알게 된다. 어렵다고 한숨 쉬거나 게으르거나 서두르거나 하지 말라. 또한 여유 없이 조급하여서 떳떳함을 잃게 되는 일이 없도록 하라. 사물을 소홀히 하지 말고 반드시 나의 생각을 정밀하게 하여 그 피어나는 곳을 살펴서 미묘함에 이르러야 한다. 노함과 욕심이 싹트면 그 근원을 막아 버리고, 잘못이 있으면 이를 고치며, 착함을 보면 곧 실천하라. 이것이 곧 하늘의 명령(天命)이니 몸에서 떠나지 않게 하라. 물고기가 뛰어오르고 솔개가 나는[22] 그 속에 우주가 어우러지는 어짊이 들어 있으니, 알지 못하는 사이에 얻음이 있으리라. 학문에 막힘이 없어 이르러야 할 곳을 알아 이르고 그쳐야 할 곳을 알아 그치게 될 것이다.

아, 여러분 군자들이여! 경건함과 그쳐 머무는 것에 힘쓸지어다. 나를 완성하는 것과 나 아닌 것을 완성하는 것이 두 가지라 말할 수 없도다. 책임은 무겁고 길은 멀지만 한편 그 실마리는 이렇게 가깝게 있구나. 털끝만큼 차이가 나도 천 리만큼 어그러지게 된다.

• 남헌 선생이 주일재라는 공부방(主一齋)에 새겨 놓고 마음 다진 글

(主一齋銘)

사람의 마음은 하나로 되면 위태로울 것이 없으나, 어지러워지면 백 가지 생각이 천 가닥으로 갈라진다. 오직 군자만이 스스로를 지켜낼 수 있어서 의관을 바로 하고 위의威儀를 갖추며 조용하고 가지런하여 사색에 잠긴 듯 엄숙하다. 마음이 하나 되어 주인이 되는 일은 어떻게 실천하는가? 사물이 닥쳐오면 그 기미를 살피고 그것에만 오로지 대응함으로써 딴 짓을 할 수 없게 한다. 진리가 나에게 있으니 어찌 사물을 따르겠는가! 오래 쌓아 나가면 그 미묘한 점들이 밝아져, 마음이 움직임 없을 때에는 치우치지 않고 움직일 때에는 어긋남이 없게 된다. 아,

힘쓸지어다. 가깝고 낮은 곳에서부터 하며 오직 없애지 말고 날마다 이 안에 있게 하라.

- **남헌 선생의 마음이 하나 되어 모든 것을 주재함을 가르친 글(主一箴)**

사람은 하늘이 준 본성을 받아 그 태어남이 곧고 바르다. 그 떳떳함에 힘쓰고 소홀히 하지 않으면 진리에 어긋남이 없게 되어 있다. 사물의 감응함은 아침저녁으로 어지럽기도 하고 정리되기도 하는데, 마음이 움직임에 절도가 없으면 살아나는 길이 혹 끊어질지도 모른다. 오직 배움에 요점이 있다. 진리 앞에 경건한 마음을 지키고 잃지 않아야만 그 마음에 굳게 지킬 것과 버릴 것을 체험하게 되고 나가는 것과 들어오는 것을 알게 된다.

그 경건함은 어떻게 하는가?

하나를 주로 하여 모든 것을 주재하는 일에 묘함이 들어 있다.

그 '하나를 주로함'은 어떻게 하는가?

오직 이끌려감이 없는 것이다. 앉아서는 넘나드는 잡념이 없고, 일을 하여서는 다른 일까지 파급하지 않으며, 속으로는 잠기어 헤엄을 치듯[23] 잊어버리지도 않고 수선을 피지도 않는다. 눈 깜짝할 사이라도 이러하여 이를 보존하고 쌓기를 오래하여 정밀하여지면 지극한 경지를 알게 될 것이다. 부지런하고 게으르지 않으면 성현을 본받을 수 있을 것이다.

• 오초려(吳草廬)[24]가 공경 경敬 자를 마음에 새겨 놓은 글(敬銘)

사람의 마음은 풀려나서 달아나기가 쉽다. 잘 붙잡으면 보존되고 내버리면 망해 버리며, 때로는 들어오고 때로는 나간다. 공경 경敬이라는 한 글자는 그 뜻이 정밀하다. 배우는 사람은 가슴에 간직하여 사방 한 치 되는 마음주머니에 거두어 모아 놓아야 마땅하다. 하나의 잡것도 용납하지 않아야 할 것이다. 마치 신령한 사당에 들어간 듯, 군법을 받든 듯, 가지런히 다듬고 엄숙하며, 단정하고 장중하며, 고요하고 한결같으며, 삼가고 조심하며 두려워하는 마음으로 맡은 일을 가지고 전전긍긍 마음을 졸인다. 마치 큰 손님을 맞은 듯 감히 경솔하지 못하고, 마치 큰 제사를 받든 듯 감히 오만하게 소홀히 하지 못한다. 보고 듣고 말하고 행동함에 예가 아니면 하지를 않고, 충성과 신의를 받아 익혀서 몸을 반성하는 일을 다 갖추고는 희노애락이 피어나기 이전 상태에 마음을 다잡아 두는 것을 정신精神과 마음 쓰는 법으로 삼는다. 밖으로는 행동을 다잡아서 몸의 뼈와 살로 하여금 언제나 깨어 있도록 하고, 또다시 날로 새로워지도록 한다.

• 오초려가 화할 화和 자를 마음에 새겨 놓은 글(和銘)

화합(和)하되 휩쓸리지 말라(和而不流)는 가르침이 『중용』에 있다. 안자께서는 마음이 화락하셨고 공자께서는 온화하고 공손하셨으나 모두 옛 분들이니, 누가 그 먼 발자취를 이을까?

우뚝하신 저 선각자들께서는 원기元氣가 모이고 순박한 덕德이 고여 있어서 상서로운 해와 구름 같고 맑게 갠 달 아래 밝은 풍경 같으시어 잡초들을 뽑아 버리지 않아도 뜻과 생각이 넓고 온화하시었다.

하늘과 땅이 만물을 낳는 기상氣象은 마치 따뜻한 봄날처럼 화기和氣가 충만하다. 그래서 만물을 고요히 살피노라면 앞에 놓인 사물이 하늘과 통하게 된다.

네 계절마다 아름답고 뜻 깊은 맛이 있으니 그 즐김을 남들과 함께하면 뾰족한 모서리 같은 것들이 문드러진다. 봄날 같은 가슴속은 옥이 물을 머금은 듯 술이 진하게 익은 듯한 기상이 되며, 맑고 밝은 기운에 푹 젖은 모습이 얼굴에 나타나고 뒷맵시에 가득 차며, 말하는 기색은 온화 조용해진다.

사람을 대우하거나 사물을 맞아들임에는 큰 덕을 가지고 널리 품는다. 순수하도록 온화(和)한 기氣를 몸에 배게 기른 보람이다.

• 오초려가 스스로를 새롭게 하고자 마음에 새겨 놓은 글(自新銘)

치아는 본래 하얗지만 하루아침이라도 양치질을 아니하면 찌꺼기가 모여 쌓이고, 얼굴은 본디 희지만 하루아침이라도 세수를 아니하면 때가 끼어 검게 나타난다. 몸도 본래 희지만 하루라도 목욕을 아니하면 그 몸이 먹물 같아진다.

치아가 비록 더럽더라도 양치질을 하면 없어지고, 얼굴에 비록 때가 덮이었더라도 세수를 하면 바로 언제 그랬더냐 싶어지며, 몸이 비록 검더라도 그 모습을 씻어 내면 옥이 깨끗하고 맑은 것처럼 밝아진다.

치아에 본래 더러움이 있는 것이 아닌데 그것이 끼이는 것은 참으로 스스로 그렇게 한 것이다. 얼굴에 본디부터 때가 있는 것은 아닌데 그

것이 덮여 가려지는 것은 참으로 스스로 취한 것이다. 몸은 본디 맑고 깨끗한데 그 모습이 검어지는 것은 참으로 스스로 만든 것임을 알게 된다.

치아는 본래 흰데 내가 스스로 더럽힌 것이니 누구에게 죄를 묻겠는가? 얼굴은 본디 흰데 내가 스스로 때를 입혔으니 누구를 탓하겠는가? 몸은 본래 흰데 내가 스스로 먹으로 물들였으니 누구를 잘못이라 하겠는가?

다행히 하루라도 그 치아를 닦으면 흰 빛이 다시 살아나고, 하루라도 그 얼굴을 씻으면 흰 빛이 다시 나타나며, 하루라도 그 몸을 깨끗이 하면 흰 빛이 다시 옥처럼 살아난다. 어찌 마음 쓰라 말하지 않겠는가? 우리 몸의 흰 빛이 때가 묻었다가 이제 씻어 다시금 새로워졌으니, 오늘 이후로는 다시 그래서는 안 될 것이다.

선비 된 사람이 자기를 지킴은 마치 여인 같아야 마땅하다. 글하는 사람이 몸을 다스림은 마치 무인 같아야 마땅하다. 여인이 방에 거처할 때에는 반드시 털끝만한 오점도 없도록 절개 굳게 스스로를 지켜야 하니, 이러함을 일러 자기를 지킴이 여인 같다는 것이다. 무인이 적을 죽일 때에는 모름지기 바로 앞조차 내려다볼 것 없이 용감하게 스스로를 다스려야 하니, 이러함을 일러 몸 다스림이 무인 같아야 한다는 것이다. 여인으로서 여인이지 못한 것을 『역』에서는[25] '몸을 보전하지 않았다'(不有躬)라고 하고, 무인으로서 무인이지 못한 것을 전傳에서는 '나는 사나이가 아니다'(我非夫)라고 하였다.

몸의 희고 깨끗함이 온전하여 아직 손상되지 않았을 때에는 언제나 '여인으로서 여인이지 못하는 일'이 되지 않도록 경계함을 귀하게 여긴다. 몸의 깨끗함이 이미 허물어진 다음에 다시 온전하게 되려고 하는 경우에는 삼가 '무인으로서 무인이지 못하는 일' 같음이 없도록 힘써야 하는 것이다.

• 오초려가 사람의 욕심을 없애고자 마음에 새겨 놓은 글(消人欲銘)

개인적 욕심의 최고봉은 색욕과 식욕인데, 식욕은 몸을 상하게 할 수 있고 색욕은 나라를 기울게 할 수 있다.

형의 팔을 비틀어야[26] 밥을 얻고 처녀를 낚아채 와야[27] 처를 얻을 수 있다면 형의 팔도 비틀고 처녀도 낚아채 오게 될 터인데, 생각해 보면 그것이 크게 정신을 잃은 짓은 아니라고 할 수 있다.

하지만 반드시 도道를 얻고 덕德을 좋아하겠다는 뜻을 세웠다면 먹을 것을 꾀하고 색을 좋아하여서는 안 된다. 먹고 마심에나 남녀 간에는 큰 욕망이 들어 있기 때문이다.

욕심에 휩쓸려 흘러가지 않는다면 성현일 수 있는 것이다.

나는 옛 분들께서 진리로써 욕심을 제어하고 언제나 두려움으로써 경계를 삼았던 것을 생각한다. 그 홀로 있을 때를 삼가고 현인賢人을 받들며 색을 가벼이 하고 선善을 좋아하기에 만족함이 없었으니, 어느 겨를에 색을 탐하여 함부로 정을 주고 눈을 즐겁게 하였겠는가? 밥을 먹을 때에는 배부르고자 하지 않고 오직 학문에만 뜻을 두텁게 두었으니, 어느 겨를에 먹을 것을 꾀하여 배가 터지도록 하였겠는가?

만에 하나 그렇지 않다면 그 사람은 그 타고남이 음란함을 탐하고 남의 마음을 호리게 되어 있는 것이니, 입에 올리기 부끄러운 것이다. 색

40

을 좋아함은 욕망이니, 덕德에는 좋을 호好 자가 보이지 않는다. 밥투정은 부끄러운 일이니, 진리道를 의논할 거리가 못 된다.

아하, 식욕과 색욕이여. 지금 이와 같이 그것을 경계하여야 할 것이다. 어떻게 경계할 것인가? 굳세게 다스릴 뿐이다.

• 오초려가 스스로를 이기고자 마음에 새겨 놓은 글(克己銘)

병을 쫓아 버리는 일은 어려운 것이 아니니, 마땅히 그 뿌리를 뽑으면 되는 것이다. 자기의 사사로움을 일단 이기고 나면 타고난 진리가 다시 돌아온다. 그것을 이기는 일이 잘 안 되어서 다만 마름질하고 억눌러 놓을 뿐이면 그 세력이 거세지지야 않겠지만 끝내 허물이 숨어 있게 된다.

이긴다는 것은 어떤 것인가?

비유하면 적을 깨트리는 일 같아서 그와 싸워 승리하는 것을 이긴다고 한다. 하지만 두 가지[28]에 있어서 정황이 다른 점은 학문하는 사람이 마땅히 밝게 알고 있어야 한다.

이기적인 욕심은 적과 같으니, 나의 성으로 들어와 점거하려 하여도 내가 싸워 이겨서 멀리 물리치면 감히 다시 와서 성을 공격하며 명령을 어기지 못한다. 때로 바깥 적이 안에 들어와 있는 경우에는 성 밖으로 쫓아내고 문을 닫아 굳게 막고는 중요한 지점을 집중적으로 지킨다. 그러나 비록 들어오지 못하게 하였을지라도 화禍는 아직 남아 있으니, 수비가 한 번 느슨해지면 또다시 공격을 받아 허물어질 수도 있다. 한 번 싸움에 보람이 있어 적이 스스로 복종한다. 그러나 내가 구석구석을 굳게 지킬지라도 적은 감히 힘껏 싸움을 걸기도 한다.

하루라도 스스로를 이기면 그만큼 예禮를 다시 살리게 되는데, 천하가 어질게 되는 효과도 이와 같다.

남을 이기고자 하고 자기를 자랑하며 남을 원망하고 좋은 것에 탐욕을 내는 마음들을 애써 힘으로 억눌러서 그렇지 못하게 하는 것으로는 아직 어질(仁)다고 할 수 없다.

악惡을 없애는 도리는 농부가 잡초를 없애는 것과 같다. 이미 풀을 베어 버렸더라도 다시 자라나서 덮이게 되므로, 그 본 뿌리를 뽑아서 살수가 없도록 하여야 선善한 것들이 기를 펴고 병충해도 다시는 없게 되는 것이다.

적을 이기지 못하고서야 어찌 나라를 다스리겠는가?

학문하는 것도 역시 그러하니, 힘쓰지 않고서야 선비로서 현인賢人 되기를 바랄 수 있겠는가?

. . .

1) 成湯: 중국 고대에 폭군이던 夏나라의 桀왕을 최초로 무력으로써 쳐 몰아내고 商 곧 殷나라를 세운 왕으로, 성은 子, 이름은 履이다.
2) 세숫대야에 새겨 놓고 마음 다진 글(盤銘): 탕왕이 매일 사용하는 세숫대야에 새겨 놓고 스스로 반성하던 글이라고 『大學』에서 전하고 있다.
3) 武王: 폭군이던 은나라 紂왕을 무력으로 몰아낸 周나라 제2대 왕
4) 세숫대야에 새겨 놓고 마음 다진 글(盤銘): 『大戴禮』에 실려 있다.
5) 도둑은 주인을 미워하고; 주인이 자기를 제지하여 재물을 얻지 못하게 하므로 도둑은 주인을 미워한다는 뜻으로서, 자기의 형편에 맞지 않을 경우 싫어하는 마음을 일으키는 것을 가리킨다.
6) 崔子玉: 後漢 때 사람으로 이름은 瑗이다. 좌우명을 최초로 만들어 쓴 사람으로 인정되고 있다.(『후한서』 참조)
7) 白居易: 772~846, 당나라 때 太原 사람으로서, 자는 樂天, 호는 醉吟先生 또는 香山居士, 당송 8대 시인의 한 사람이다. 『白氏長慶集』, 『白氏六帖事類集』 등이 있다.
8) 中和: 喜怒哀樂의 감정이 아직 피어나지 않은 상태를 中이라 하고 피어나서도 피어나지 않은 상태처럼 조절되는 것을 和라 한다.(『中庸』 참조)

42

9) 李至: 송나라 때 眞正 사람으로서 자는 言幾이다. 어려서 성품이 沈靜하고 학문을 좋아하였으며 자라서는 관직에 있었다.

10) 『西銘』을 외우면 세상을 대하는 가슴이 확 트일 수 있다.

"乾稱父, 坤稱母. 予玆藐焉, 乃混然中處. 故天地之塞, 吾其體, 天地之帥, 吾其性. 民, 吾同胞, 物, 吾與也. 大君者, 吾父母宗子, 其大臣, 宗子之家相也. 尊高年, 所以長其長, 慈孤弱, 所以幼其幼. 聖, 其合德, 賢, 其秀也. 凡天下疲癃殘疾, 惸獨鰥寡, 皆吾兄弟之顚連而無告者也. 于時保之, 子之翼也. 樂且不憂, 純乎孝者也. 違曰悖德, 害仁曰賊. 濟惡者不才, 其踐形, 惟肖者也. 知化則善述其事, 窮神則善繼其志. 不愧屋漏爲無忝, 存心養性爲匪懈. 惡旨酒, 崇伯子之顧養, 育英才, 潁封人之錫類. 不弛勞而底豫, 舜其功也, 無所逃而待烹, 申生其恭也. 體其受而歸全者, 參乎. 勇於從而順令者, 伯奇也. 富貴福澤, 將厚吾之生也, 貧賤憂戚, 庸玉女于成也. 存, 吾順事, 沒, 吾寧也."

11) 그것은: 건과 곤의 氣.『孟子』「浩然」에 "氣라는 것이 하늘과 땅 사이에 차 있다", "氣는 몸에 차 있는 것이다"라는 말이 있다.

12) 그것은: 건과 곤의 원리.『맹자』「호연」에 "뜻(志)은 氣를 거느리는 것이다"라는 말이 있다.

13) 즐거워하고 걱정하지 않음은:『易』「繫辭」에 "천명을 즐거워하므로 걱정하지 않는다"(樂且不憂)는 말이 있다.

14) 呂與叔: 1040~1092, 북송시대 섬서성 藍田 사람으로서 이름은 大臨이다. 처음에 張載에게서 배우다가 뒤에 程子에게서 배워 程門 4선생의 하나가 되었다.『禮記傳』,『考古圖』를 썼다.

15) 며느리와 시어머니: 마음속에서 일어나는 여러 가지 감정들을 가리킨다고 본다.『莊子』에 "사는 집이 좁으면 며느리와 시어머니가 반목하게 된다"는 구절이 있어서 그에 비유하고 있다고 본다.

16) 范蘭溪: 1102~1151, 남송시대 蘭谿 사람으로 이름은 浚, 자는 茂明, 학자들은 香溪先生이라 불렀다. 벼슬을 거절하고 마음을 스승 삼아 도를 구하였는데, 二程과 합치하여 주희가 받아들였다.『香溪集』이 있다.

17) 이곳에 소개되는 좌우명은 어느 것 하나 주옥보다 더 훌륭한 글 아닌 것이 없다. 범난계의 「心箴」이 짧으면서 산뜻하여 외우는 글로서 추천한다.

"范浚心箴曰, 茫茫堪輿, 俯仰無垠, 人於其間, 眇然有身, 是身之微, 太倉稊米, 參爲三才, 曰惟心爾, 往古來今, 孰無此心, 心爲形役, 乃獸乃禽, 惟口耳目, 手足動靜, 投間抵隙, 爲厥心病, 一心之微, 衆欲攻之, 其與存者, 嗚呼幾希, 君子存誠, 克念克敬, 天君泰然, 百體從令."

18) 三才: 하늘, 땅, 사람을 합쳐서 가리키는 말

19) 天君: 마음을 가리키는 말

20) 求放心齋: 놓은 마음을 되찾는 재실이라는 뜻

21) 南軒先生: 1133~1180, 남송시대 漢州 綿竹(현재 사천성에 속함) 사람으로서 성은 張, 이름은 軾, 자는 敬夫, 欽夫 또는 樂齋이다. 胡廣을 스승으로 모시고 주희와 벗하였으며 『南軒集』,『南軒易說』,『論語解』,『孟子說』 등을 남겼다.

22) 물고기가 뛰어오르고 솔개가 나는:『시경』「大雅」에서는 솔개 같은 흉포한 것이 멀리 날아가 버리니 물고기 같은 백성이 좋아한다는 뜻으로 쓰였고, 『중용』에서는 솔개는 하늘 높이 날고 물고기는 연못에서 뛰놀듯 모든 것이 천지 자연 속에서 성품에 따라 즐거워하도록 하는 것이 군자의 道요, 聖君의 덕이라는 뜻으로 그 구절을 풀었다. 원문은 "鳶飛戾天, 魚躍于淵"이다.

23) 속으로는 잠기어 헤엄을 치듯: 원문은 "涵泳于中"이다. 자기가 하는 공부나 학문이든 일이든 스스로가 그 자체로 되어 버리고 일체의 상대적인 요소를 세우지 않는 경지를 가리

킨다고 본다.

24) 吳草廬: 1249~1333, 元나라 때 강서성 崇仁 사람으로서 이름은 澄, 자는 幼淸이다. 학문은 주희와 육구연을 절충한 입장이다. 『吳文正公集』, 『草廬精語』 등이 있다.

25) 『역』에서는: 蒙괘의 제3효에 대한 효사이다.

26) 형의 팔을 비틀어야: 『孟子』 「告子」에 "형의 팔을 비틀어 밥을 빼앗아 먹는다. 비틀면 먹을 수 있고 비틀지 않으면 먹을 수 없다면, 비틀게 되는 것이다"라는 말이 있다.

27) 처녀를 낚아채 와야: 역시 『맹자』 「고자」에 "담을 넘어 가서 처녀를 낚아채 온다. 낚아채 오면 처를 얻을 수 있고 낚아채 오지 않으면 처를 얻을 수 없다고 한다면, 낚아채 오게 되는 것이다"라는 말이 있다.

28) 두 가지: 스스로를 이기는 것과 남을 이기는 것을 가리킨다고 본다.

···1부
성현의 길

▲ 퇴계선생태실

▲ 도학연원방(퇴계종택 秋月寒水亭 대청에 걸려 있다)

▲ 도산서원 장판각(중수하기 전 모습)

1. 학문을 말하다

・뜻을 구함

숨긴 뜻이 무엇인가 그 근본에 이르려면

하늘의 큰 사업을 오늘도 찾아야만 하리라.

우리 바라는 일은 어진 이를 따르는 것이니

진리를 지키려면 날마다 이 걱정을 어찌 잊으리.

크게 잘못 만들었으면 본을 다시 바꿔야 하며

길을 잃었으면 깨달아 곧 수레를 돌려야 하리라.

안연顏淵의 마음가짐 따라 부지런히 닦아 지니노라면

부귀는 한 점 헛구름 뜬 것이리라.

『退溪先生文集』內集, 卷3, 「詩・和子中閒居二十詠」, ‘求志’

・뜻을 세움

선비에게 있어서 뜻을 세우지 않는다는 것은 있을 수 없는 병통이 됩니다.

만약 뜻이 성실하고 두텁다면 어찌 학문이 지극하지 못하다거나 진리를 듣기 어려울까 걱정하겠습니까?

『文集』內集, 卷24, 「書・答鄭子中 惟一(丙辰)」

• 스스로의 인격을 위한 공부가 중요합니다

훌륭한 사람이 되기 위하여 익혀야 할 것은 스스로의 인격을 위하는 공부일 따름입니다.

스스로의 인격을 위하는 공부를 하려면 우주의 진리와 인간의 윤리 도덕을 마땅히 알아야 하고, 덕을 베푸는 행실을 마땅히 실천해야 합니다. 내 몸과 내 몸에 가까운 곳에서부터 공부를 시작하여 마음으로 깨달아 얻고 몸으로 실천하려고 노력하는 것이 바로 이 공부입니다. 남의 이목을 생각하여 하는 공부와는 다른 것입니다.

남의 이목을 생각하여 하는 공부는 마음으로 깨달아 얻는 일이나 몸으로 실천하는 일에는 힘쓰지 않고, 겉으로 꾸며서 남들이 어떻게 볼 것인가 하는 점에만 관심을 두며 이름이 나고 칭찬 받기를 구합니다.

깊은 산 무성하게 우거진 수풀 속에 한 떨기 난초꽃이 피어 있다고 합시다. 온종일 맑은 향기를 내보내건만 난초 자신은 그것이 향기로운 것인지도 모릅니다. 이것이 바로 훌륭한 사람이 스스로의 인격을 위하여 하는 공부의 뜻에 딱 들어맞는 예입니다.

『言行錄』, 李德弘[1] 記錄

• 스스로 성인 되는 공부입니다

우리의 마음은 무엇이든지 받아들일 수 있으면서 신령한 능력을 갖고 있고, 진리는 확실하게 우주에 가득 차 있습니다. 그렇기 때문에 마음을 비우고 그 신령한 능력으로써 진리를 깨달아 얻어서 나의 생각이 슬기로워지면 나도 또한 오늘날의 성인이 될 수 있습니다.

그러나 이 일은 경건한 마음의 태도를 지니고서 마음을 잘 다스리며 진리를 찾아보려고 깊이 파고들지 않으면 성공할 수가 없습니다.

이 일을 성공하기 위하여서는 한편으로 홀로 깊은 사색을 하며 한편으로 배워야 합니다. 배운다는 것은 어떤 일을 알게 되었으면 그 일을 몸에 익히어 참으로 실천한다는 것입니다.

무릇 성인이 되는 학문인 이 일은 곧바로 마음에서 얻어내야 합니다. 그렇지 않으면 어두워져서 아무 것도 얻을 수가 없게 됩니다. 때문에 반드시 깊은 사색을 통하여 마음에 녹아 있는 알 듯 모를 듯 무엇이라 설명하기 어려운 진리에까지 이르러야 합니다.

그러나 그렇게 하여 안 지식에만 그치고 그 내용을 몸에 익혀서 실천하지 않으면 언제 어떻게 무너질지 모르는 위태롭고 불안한 상태에 머물고 맙니다. 때문에 안 것은 반드시 몸으로 익혀서 실천하는 공부를 해야 합니다.

이 공부를 하기 위하여서는 진리 앞에 경건한 마음을 지키는 방법을 따르는 것이 좋습니다. 진리 앞에 경건한 마음을 지키면 마음속으로 하는 사색과 몸으로 하는 실천을 함께할 수가 있습니다. 움직일 때나 움직이지 아니할 때나 한결같이 적용되며, 나 스스로와 나 아닌 것을 합칠 수가 있고, 눈에 보이는 것과 보이지 않는 것을 하나로 볼 수 있게 됩니다. 참으로 훌륭한 공부 방법입니다.

진리 앞에 경건한 마음을 지키기 위해서는 몇 가지 요령이 있습니다.

① 나의 마음을 가지런하고 장엄하며 고요하고 한결같이 유지되도록 하는 것, ② 널리 배우고 깊이 있는 의문을 가지고 신중하게 생각하며, 밝게 판단함을 통하여 진리를 깊이 파고들어 가는 것, ③ 보이지도 들리지도 않는 세계에 대한 두려움을 가지고 그러한 세계에서 지켜야 할 것

을 날로 엄하게 지키며 날로 경건해지는 것, ④ 숨어 있어서 있는지 없는지 잘 알 수가 없고 남이 보지 않는 나 홀로의 세계에서 움직이는 이 마음의 미묘한 낌새를 날로 정밀하게 살펴보는 것이 그것입니다.

이러한 요령대로 하면, 우주의 이치가 나타나 있는 어떤 하나의 그림을 가지고 생각할 때에는 오로지 그 그림 하나뿐이어서 다른 그림이 있는 줄 모르는 것 같이 됩니다. 또 어떤 하나의 일을 익히는 경우에는 오로지 그 일 하나뿐이어서 다른 일이 있는 줄 모르는 것 같이 됩니다.

아침저녁으로 언제나 그러하기를 오늘도 내일도 계속합니다. 때로는 하늘이 맑고 깨끗한 밤에 실타래를 풀어가듯 맛을 보기도 하고, 때로는 일상생활 가운데에서 몸으로 겪으면서 길러 갑니다.

처음에는 마음대로 안 되고 모순 되는 일도 있으며 가끔은 극히 괴롭고 짜증도 나겠지만, 그것 또한 앞으로 크게 진전이 있을 징조입니다. 때문에 스스로 그만두어서는 안 됩니다. 더욱 자신을 가지고 힘씀으로써 참된 성과가 쌓이기를 오랫동안 하게 되면, 마음과 진리가 저절로 서로가 서로를 적셔 기르게 됩니다. 알지 못하는 가운데 하나로 되어 확 통하게 됩니다. 나아가서 내가 익힌 것에 비추어 현재 나의 앞에 닥친 일이 마치 예로부터 이미 알고 있었던 것 같아집니다.

차츰 모든 행동이 순탄하고 자연스럽게 됨을 스스로도 알게 될 것입니다. 처음에는 무엇이든 따로따로 오로지 그 하나에만 공을 들였었지만, 이제는 그 모든 것이 하나의 근원에서 만나게 될 것입니다.

…… 일상생활에서도 스스로를 낮추고 남을 공경하게 되어 내 마음의 근본이 흔들리지 않습니다. 뿐만 아니라 희노애락을 표현하게 되는 경우에도 그 모두가 절도에 맞게 됩니다. 높고 낮고 귀하고 천한 것 모두를

만족스런 자리에 있게 하고 길러 줄 수 있는 공을 이룰 수 있게 됩니다.

덕행이 윤리를 벗어나지 않게 되어 하늘과 사람이 하나로 합쳐지는 묘한 이치를 얻을 수 있는 것입니다.

…… 진리를 깨달아 얻어서 성인으로 되는 요령과 근본을 바로잡으니 나라를 다스리는 근원이 모두 여기에 갖추어져 있습니다.

『文集』內集, 卷7,「箚·進聖學十圖箚」

• **앎과 실천**

폭넓게 배우고 깊이 있게 물으며 신중히 생각하고 밝게 판단하여 사물을 과학적으로 분석 관찰함으로써 사물 속에 담겨 있는 지극한 이치를 알아내십시오. 우주의 진리도 밝아지지 않을 수 없어서 그 학문이 아주 자세하고 깊은 곳에 이르게 될 것입니다.

충성됨과 미더움을 지니고 말을 하며 두터움과 경건함 속에서 행동함을 주로 하여 몸을 닦으며 분노를 다스리고 욕심을 틀어막아서 날마다 선함으로 옮겨가고 허물 고치기를 더하여 가십시오. 행실이 두텁고 참되지 않을 수 없어서 그 생각과 헤아림이 조급하거나 잡스럽게 되지 않고 그 행동이 엎어지거나 자빠지게 되지 않을 것입니다.

정의로써 도리를 밝히되 일이나 물건을 맞이하게 될 때에 남의 행동을 너그럽게 이해하는 마음을 가지고 스스로를 돌이켜 살피십시오. 그 두텁고 참된 행동이 일과 물건에 반영되어서 그 일과 물건의 처리가 들뜨거나 망령될 염려가 없을 뿐 아니라 대충대충 소홀하게 넘어갈 걱정도 없어질 것입니다.

내가 비록 이와 같이 알고는 있으나 실행에 옮김이 따라가지 못하고 있습니다. 지금부터라도 마땅히 서로 밤낮으로 함께 힘써야 되겠습니다.

『文集』內集, 卷29, 「書・答金而精」

· 지식과 실천

지식과 실천 두 가지는 수레의 두 바퀴나 새의 두 날개와 같다고 생각합니다.

성현은 지식을 먼저 말하고 실천을 뒤에 말한 경우도 있고, 실천을 먼저 말하고 지식을 뒤에 말한 경우도 있습니다.

그러나 지식을 먼저 말한 경우라 할지라도 지식을 다한 뒤에 비로소 실천하라는 뜻이 아니고, 실천을 먼저 말한 경우일지라도 실천을 다 끝낸 다음에 비로소 지식을 얻으라는 것이 아닙니다.

서로 힘입으면서 서로 앞으로 나아가는 것입니다.

『文集』內集, 卷21, 「書・答李剛而問目」, 朱書

· 학문과 수양

우리 학문의 핵심은 "마음이 완전히 하나 됨만을 오로지 주로 하여 흩어짐이 없도록 함으로써 만 가지 변화에 대응한다"는 것입니다.

이치를 알기가 어려운 것이 아니라 실천하기가 어려운 것입니다.

실천하기가 어려운 것이 아니라 참되게 쌓으면서 오래도록 힘써 나가기가 더 어려운 것입니다.

『文集』內集, 卷14, 「書・答李叔獻 珥(戊午)」, 別紙

▪ 학문을 실천에 옮김

편지에서 "학문을 실천에 옮기지 못하면 비록 아는 것이 좀 있더라도 무엇이 귀하겠습니까?"라고 하신 말씀은 참으로 깊이 와 닿는 말입니다.

특히『주역』을 읽을 때에 이와 같이 하기를 소홀히 하게 되면 점점 올바른 도리와는 관계가 없어져서 날로 멀어지고 말 것입니다. 매우 두려워할 일입니다.

『文集』內集, 卷25,「書・答鄭子中」

▪ 진리를 깊이 파고드는 방법

진리를 깊이 파고드는 방법은 여러 가지가 있으니 한 가지에만 얽매일 필요가 없습니다.

한 가지 일을 깊이 파고들어가다가 뜻대로 되지 않자 곧바로 싫증과 권태를 내어서 다시는 사물의 이치조차 깊이 생각하지 않게 된 사람은 이 공부를 도피한 것이라고 말할 수 있을 것입니다.

깊이 파고들어가는 중에 때때로 의미가 이리저리 뒤엉키는 곳을 만나서 힘써 탐색하여도 통할 수 없는 경우가 있습니다. 아니면 나의 타고난 능력이 어쩌다 그런 경우에 어두워져서 억지로 밝혀내기에 어려울 때도 생깁니다. 그런 경우에는 우선 그 한 가지 일은 그냥 놔두고 따로 다른 일로 나아가 파고들어야 합니다.

진리를 향하여 파고들어감이 이렇게 나아가서 쌓이고 깊어지고 익숙해지면 저절로 마음이 차츰 밝아지고 올바른 도리의 참된 바탕이 차츰 눈앞에 나타나게 될 것입니다.

그때에 이르러 지난번에 파고들다가 완성하지 못하고 미루어 놓았던 것을 다시 집어내어 그동안 통해 낸 도리와 함께 참조하면서 살핀다면 자신도 모르는 사이에 모두가 함께 일시에 밝게 드러나서 깨달아지곤 할 것입니다.

『文集』內集, 卷14, 「書·答李叔獻 珥(戊午)」, 別紙

▪ 진리를 따름

사물은 비록 만 가지로 달라도, 진리는 하나인 것입니다. 진리가 하나 이기 때문에 사람의 본성에도 속과 바깥의 구분이 없습니다.

인격자의 마음이 탁 트이고 매우 공정할 수 있는 것은 그의 본성을 온전히 보존하고 자기의 속과 바깥을 구분하지 않기 때문입니다.

어떤 일이든지 물건이든지 닥쳐오면 오는 대로 그에 따라 대응할 수 있는 것도 한결같이 진리에 따르고 저쪽과 이쪽으로 구분하지 않기 때문입니다.

만약 일이나 물건이 사람의 바깥에 있는 것이라는 점만 알고 진리에 이쪽과 저쪽의 구분이 없다는 것을 모르면, 결국 일이나 물건을 진리와 두 가지로 나누게 됩니다. 그래서는 안 됩니다.

또 만약 일이나 물건이 바깥의 것이 아니라는 것만 알고 진리를 표준으로 삼지 않는다면, 이는 그 사람의 속에 주인이 없게 되어 마침내 그 일이나 물건이 주인노릇을 하게 될 것입니다. 역시 그래서는 안 됩니다.

인격자는 오직 일이나 물건에 응함이 한결같이 진리에 맞기 때문에 아무리 날마다 일이나 물건을 맞닥뜨리더라도 그것이 그에게 해를 끼치지 않습니다. 그의 본성이 아무 탈 없이 안정되어 있을 수 있는 것입니다.

옛글에 "성낼 만할 때에 문득 성냄을 잊고 진리의 옳고 그름을 본다"

고 하였습니다. 그 "문득 성냄을 잊는다"는 것은 일이나 물건을 잊는다는 말이고 "진리의 옳고 그름을 본다"는 것은 한결같이 진리를 따른다는 말입니다.

『文集』內集, 卷13, 「書·答李達2)李天機3)」

▪ 인간과 자연을 깊이 있게 관찰하십시오

우주 안의 모든 것이 운행하고 변화하는 모습을 잘 살피면 그렇게 되는 어떤 기운을 생각할 수가 있습니다. 그 기운은 각각의 것들이 처음 이루어질 때부터 이미 저절로 맑은 것도 있고 흐린 것도 있으며 순수한 것도 있고 이것저것 섞여 있는 것도 있습니다.

들에 피어 있는 꽃 한 송이를 가지고 예를 들면, 봄에 일찍 피는 것도 있고 늦게 피는 것도 있으며 큰 것도 있고 작은 것도 있으며 아주 화려한 것도 있고 그저 수수한 것도 있습니다. 그것들이 각각 타고난 정도가 한결같지 않습니다.

이로부터 나아가서 우선 우리 인류라는 존재가 다른 것들보다 특히 빼어난 기운을 타고났다는 것을 알고 그렇게 타고난 이치를 잘 살펴서 그 이치에 익숙해지도록 합니다.

그러면 인류 이외의 여러 가지 것들이 한결같지 않은 기운을 받은 사실에 대하여서도 저절로 깨닫는 바가 있게 될 것입니다.

『言行錄』, 金隆4) 記錄

그러나 동시에 그 모든 것 하나하나에는 모든 운행과 변화를 통틀어서 근본 바탕이 되는 진리가 한결같이 들어 있음도 잊어서는 안 됩니다.

마치 달이 아주 큰 바다이든 아주 작은 그릇의 물이든 가리지 않고 비치는 것과 같은 것입니다. 하나의 물그릇에 비친 달일지라도 그 그릇이 작다는 이유로 달이 아니라고 할 수는 없는 것입니다.

『言行錄』, 金隆 記錄

• 독서 방법

주자께서는 다음과 같이 글 읽는 법을 말하였습니다.

글 읽는 법은 차례를 따르고 떳떳함이 있어야 하며 한결같이 정성을 다하고 게으르지 말아야 한다.

읽어 나가는 사이에 정해진 방법에 맞게 한 마디 한 마디 쉬고 띄우고 토를 달면서 그에 맞는 글 뜻을 조용히 더듬어 찾아야 한다. 나아가서는 마음가짐과 행동을 읽은 대로 실천하여 몸으로 겪어 보아야 한다.

그런 뒤에야 그 마음이 고요해지고 이치가 밝아져서 차츰 참된 의미를 볼 수 있게 되는 것이다.

그렇지 않으면 비록 많은 분량을 탐구하고 넓은 지식을 취하기 위해 날마다 다섯 수레의 책을 외운다 할지라도 학문에 무슨 도움이 되겠는가?

그래서 정자께서 "학문을 잘 하는 사람은 반드시 가까운 곳에서부터 말의 뜻을 연구하여 찾는 법이다. 가까운 곳을 소홀히 하는 사람은 말의 뜻을 아는 자가 아니다"라고 말했는데, 이 말에 매우 깊은 뜻이 있다.

『文集』內集, 卷28,「書・答金而精」

글을 읽을 적에 구절이나 단어 가운데 어떤 글자가 특히 중요하고 그 의미는 무엇이며 꼭 필요한 것인가 하는 점 등을 살피는 것에 대하여 생각해 봅시다.

만약 누군가 글을 읽을 적에, 글 속에 담긴 큰 뜻을 볼 줄은 모르고 습관처럼 먼저 어떤 글자가 특히 중요하고 그 의미는 무엇이며 꼭 필요한 것인가 하는 점들만 따지는 생각이 가슴속에 가로놓여 있게 되면, 마침내 억지로 뜻을 끌어다 붙이거나 후벼 팔 염려가 생기게 될 것입니다.

글을 읽을 적에는 글의 순서에 따르며 마음을 흐트러지지 않게 하고 오로지 한결같이 집중하여 그 글을 외울 정도로 읽어야 합니다. 그 내용을 자세하고 깔끔하게 생각하며, 밥을 먹어 배가 불러지듯 비를 맞아 옷이 푹 젖듯 읽기를 오래도록 하여야 합니다.

그래야만 그 보람이 쌓이고 쌓여 맛이 없는 가운데 맛이 생깁니다. 없는 줄 알았던 중요성과 그 떳떳한 뜻이 자기도 모르는 사이에 찾아져서 왜 그 글자가 거기에 필요했던 가도 알아질 것입니다.

이렇게 되어야만 어느 글자에 대해서라도 억지로 뜻을 끌어다 붙이거나 후벼 팔 염려가 생기지 않게 될 것입니다.

『文集』 內集, 卷28, 「書·答金惇敍」

이미 배우고 지나간 것을 또다시 복습하고 있으면 현재 읽는 글을 빨리 끝내지 못하는 방해가 생긴다고 하였군요.

그것은 빨리 이루고자 하는 쪽으로 마음을 쓰기 때문에 생기는 걱정거리일 것입니다.

빠른 시일 안에 이루려고 하기 때문에 지난 것을 깊이 복습할 시간이 없을 뿐 아니라, 현재 읽고 있는 글도 정밀하고 익숙하게 익힐 시간이 없게 되어 항상 마음 한 가닥이 바쁘게 쫓기는 듯한 것입니다.

본래는 여러 책을 널리 읽고자 한 것이겠지만 거칠고 잡스러우며 엉성하여 곧 잊어버려서 처음부터 한 권도 읽지 않은 사람과 다를 것이 없게 될 것입니다.

요즈음 책 읽는 사람들을 보면 그러한 병에 걸려 있는 사람이 아주 많습니다.

『文集』 內集, 卷28, 「書·答金惇敍」

무릇 글의 의미를 찾아보거나 도리를 연구할 때에는 반드시 먼저 마음을 비우고 겸허한 자세로써 해야 하며 자신의 견해를 내세우지 말아야 합니다.

글을 쓴 사람이 옛사람이냐 오늘날의 사람이냐를 가리지 말고 오직 그 옳은 것만을 따라가서 진실을 얻는 것이 즐거운 일입니다.

이와 반대로 한다면 자신을 그르치고 남들도 그르치게 되는 일이 반드시 많이 일어날 것이기에 두려워하는 바입니다. 이는 작은 일이 아니니 마음 깊이 새겨두십시오.

『文集』 內集, 卷15, 「書·答許太輝5)」

독서를 통하여 성현들의 올바른 도리를 대하는 방법은 이렇습니다.

그것이 드러났으면 드러난 바에 따라서 올바른 도리를 찾을 뿐 감히 멋대로 숨겨진 곳에서 찾지 않습니다.

그것이 숨겨져 있으면 그 숨겨진 바에 따라서 연구할 뿐 감히 경솔하게 드러난 곳에서 찾지 않습니다.

그것이 얕고 가까우면 그대로 얕고 가까운 곳에서부터 말미암을 뿐 감히 후벼 파서 깊고 그윽하게 하지 않습니다.

그것이 깊고 그윽하면 그대로 깊고 그윽한 곳으로 들어갈 뿐 감히 얕고 가까운 곳에 머무르지 않습니다.

나누어 놓은 곳은 나누어서 보되 한 덩어리 됨을 해치지 않으며, 한 덩어리로 말한 곳은 한 덩어리로 보되 나누어 놓음에 해롭지 않게 합니다.

사사로운 생각으로 이리 끌고 저리 당김으로써 나누어져 있는 것을 한 덩어리로 합하거나 한 덩어리로 되어 있는 것을 쪼개어 놓지 않습니다.

이와 같이 하기를 오래하면 저절로 그 조리가 분명하여져서 어지럽게 할 수 없을 것입니다. 성현의 말씀은 가로로 말한 것과 세로로 말한 것이 저마다 마땅한 바가 있어서 서로 충돌되는 곳이 없다는 것을 알게 될 것입니다.

…… 어찌 성현의 말씀 가운데 나의 의견과 같은 것은 취하고 같지 않은 것은 억지로 같다고 여기거나 아니면 옳지 않다고 우기면서 배척하겠습니까?

만약 이와 같이 한다면 비록 그때에는 온 세상 사람으로 하여금 나에게 대항할 수 없게 할 수 있을지 모르나, 천년만년 뒤에 성현이 나와서 나의 잘못된 점을 지적해 내고 말 일을 어찌 감당하겠습니까?

『文集』 內集, 卷16, 「書·答奇明彦論 四端七情第二書」, 後論

책을 읽는 방법을 생각해 봅니다.

그 읽어 나가는 과정은 엄하게 세워야 하고 그 읽는 뜻은 너그럽게 두어야 합니다.

엄하게 세워야 한다는 말은, 많이 읽으려고 힘쓰지 아니하고 스스로의 능력을 헤아려 그에 알맞게 과정을 정하고는 조심조심 그것을 지킨다는 뜻입니다.

너그럽게 뜻을 둔다는 말은, 이해가 되지 않아도 아득한 채로 그럭저럭 지나간다는 것이 아니라 마음을 비우고 깊은 맛을 보아 가며 체계를 정리하되 급하게 쫓기는 듯이 하지 말라는 뜻입니다.

『文集』 內集, 卷33, 「書・答許美叔 篈6)(庚午)」, 問目

・선현들의 책과 의문점

지난 현인들이 써 놓은 것이라도 옳은 도리가 크게 어긋나고 틀려서 뒷사람들을 그르치는 것이라면 논평하고 옳고 그름을 가려서 바르게 고치지 않으면 안 됩니다.

그러나 지금 그대가 논하는 것 같은 것은 그 글을 쓴 분이 틀린 것이 아니라 우리의 견해가 아직 미치지 못한 것이니 억지로 논의를 일으켜서 빼거나 취하려고 해서는 안 된다고 생각합니다.

혹 세밀하고 미묘한 글 뜻을 이리저리 분석하여 분류할 때에 어디로 보아도 틀린 것이라고 판정되기 전에는 그것을 지금 되어 있는 대로 따르고 변동하지 말아야 마땅할 것입니다.

모름지기 그대로 받아들여 이런 일이 자기에게도 있는가 없는가, 자기가 할 수 있는가 없는가 하는 상황을 자세히 검토하면서 날마다 채찍질하고 힘쓰는 것이 중요하고 꼭 필요한 일입니다.

『文集』 內集, 卷14, 「書・答李叔獻」

・널리 읽음과 요약함

허봉許篈이 다음과 같이 물었다.

책을 읽을 때에는 널리 경서들을 보아서 읽지 않은 것이 없게 하여 그 지식이 흡족하게 된 다음에 돌이켜 요약하는 데로 나가야 하는 것입니까? 저의 생각으로는…… 중요한 경전 몇 가지 가운데에서 한 책을 선택하여 그 속에 깊이 빠져들어 읽어 나가야 할 것 같습니다.

이 책을 읽을 때에는 다른 책에 손도 대지 말고 반드시 이 하나의 책에 대해서 처음부터 끝까지 통달하여 무언가 얻은 것이 있은 뒤에 널리 배우는 방향으로 나아가야 될 것 같습니다.

이에 대하여 퇴계 선생은 다음과 같이 답하였다.

먼저 널리 배우고 뒤에 요약한다는 것은 성현들도 말한 바 있으니, 본래 그렇게 해서 안 되는 것은 아닙니다.

그러나 널리 배우기만 하고 요약하는 경지로 돌아오지 않는다면 노는 말이 너무 멀리 나가서 돌아올 줄 모르는 것과 같은 폐단이 있을 수 있기 때문에 그대의 생각과 같이 말하는 사람도 있습니다.

만약 그대와 같은 근본 뜻이 있어서 그 뜻을 확실하게 세움으로써 그저 널리 알아보거나 하는 잘못에 빠지지 않는다면, 그것은 정말 좋은 일일 것입니다. 그러나 그 경우에 염려할 것은 다만 한 책을 읽은 곳에서 겨우 일부분만을 엿보고서는 크게 얻었다고 기뻐하며 스스로 만족하는 것입니다. 글을 다시 더 널리 배우려는 뜻을 두지 않음으로써 결국 잘못된 길로 빠지고서도 스스로 그것을 모르는 것입니다.

이러한 일도 역시 크게 경계하지 않을 수 없는 것입니다.

『文集』 內集, 卷33, 「書・答許美叔 筬(庚午)」, 問目

▪ 숨은 공부

옛사람들은 반드시 숨은 공부를 하여 두었기 때문에 그 시대에 쓰이지 않을 경우라도 스스로를 버리지 않았습니다.

지금 사람들은 세상에서 쓰이지 않을 경우 스스로도 버리고 맙니다.

『文集』 內集, 卷10, 「書·答李仲久 湛(甲寅)」

·익숙하게 하는 것이 귀하다

보내준 편지를 자세히 살펴보니, 언제나 한 가지 병이 있으면 문득 그에 대한 약도 있게 된다는 것을 알고 있습니다. 주자朱子께서 말한 바와 같이 이 고치고자 하는 마음이 곧 고칠 수 있는 약이라는 말의 뜻을 그대는 이해하였습니다.

그렇다면 다시 남에게 물을 것 없이 오직 말없이 더욱 노력하여 앞으로 나아가기를 그만두지 말 일입니다. 오래도록 익히고 익혀서 완전하게 몸에 배어들기에 이르면 자연히 마음과 진리가 하나로 될 것이고 얻자마자 잃어버린다고 말할 정도의 병통은 없어질 것입니다.

정자程子께서는 "배움은 익숙하게 하는 것을 귀하게 여기고 익숙함은 오로지 한결같음을 필요로 한다.…… 겉모습을 가지런하게 정돈하고 엄숙하게 하면 마음도 곧 오로지 한결같아진다. 마음이 오로지 한결같아지면 나의 배움을 그릇되거나 한쪽으로 치우치게 방해하는 잘못이 저절로 없어진다"고 말하였습니다.

일상생활에서 안자顔子나 증자曾子와 같이 예가 아니면 보지도 듣지도 말하지도 움직이지도 말고, 몸가짐과 얼굴색을 바로 하며, 말투와 말솜씨를 조리 있게 하는 등의 방법을 통해 공부를 더해 나가야 할 것입니다. 그렇게만 한다면 어느 정도 몸을 의지하고 발을 붙일 곳이 있어서 노력하기에 어려움이 덜어질 것입니다.

참으로 이와 같이 하기를 오래도록 노력하여 쌓아 얻은 바가 있게 된 뒤에야 안자나 증자의 일을 논의할 수 있을 것입니다.

지금 보내온 편지를 보면, 그대는 이와 같이 하지 않는 것 같습니다. 따로 마음을 항상 조절하고 보존하지 못함을 근심한 나머지 텅 비고 고요한 상태로 들어가서 숨쉬기를 하기도 하고, 이 마음이 피어나지 않는 상태에서는 사람에게 무엇을 알아차리는 감각이 있는가 없는가 의심하기도 하는군요. 깊은 경지를 붙잡으려고 마음을 거두어들이는 일만을 일삼으면서 그것이 어렵다고만 생각하는 것 같습니다.

내 생각으로는 그러한 방법으로 마음을 조절하고 보존하는 일을 익혀 나가면 더욱 어지럽고 흔들려서 차분하고 편안하게 마음을 쉬게 할 틈이 없을 것입니다.

이러한 까닭으로 정자께서는 늘 생각 없이 앉아 있을지라도 마음이 바깥으로만 치달리게 된다면 잘못된 것이라고 말하였습니다. 결국에는 진리 앞에 경건하게 사는 방법을 말하게 되었던 것입니다.

그리고 주자께서는 희노애락이 피어나기 전의 지극히 선한 상태와 희노애락이 피어나서도 진리와 도리에 맞게 조절되어 선한 상태로 돌아가는 일을 말하였습니다. 그때에 그도 역시 마음이 피어나기 전의 것을 애를 써서 찾아서도 안 되고 이미 피어난 것을 이리저리 적당히 쪼개어 붙여도 안 된다고 하였습니다.

"오직 평소에 장엄함과 경건함을 지키며 그 속에 몸을 담가 기르는 노력이 지극해서 마침내 인간적인 욕심으로 말미암는 거짓됨이 마음을 어지럽히지 않는 경지에 이르면 된다. 그러면 희노애락이 피어나기 전에는 마음이 거울처럼 밝고 물처럼 잔잔할 것이며, 희노애락이 이미 피어난

경우에는 진리와 도리에 맞도록 조절되지 않는 일이 없을 것이다"라고
하였습니다.

『文集』內集, 卷24, 「書・答鄭子中」, 別紙

보내온 편지를 보니, 보통 사람들은 스스로를 알지 못하여 괴로워하
는데 그대는 스스로를 아는 것이 밝을 뿐만 아니라 그 병을 치료할 수
있는 약도 알고 있습니다. 하나하나 모두 그 마음 병의 증세에 적중하였
으니, 참으로 남들이 따라가지 못할 수준에 있다 하겠습니다.

지금부터는 참으로 묵은 습관을 허물 벗듯 씻어 버리고 책을 읽으며
진리를 깊이 파고들되, 일상생활에서 말하고 행동하는 것에 거칠고 뜬 기
운이 비치는 모습을 우선 제거하십시오. 그리고 한결같이 장엄하고 경건
한 마음속에 몸을 푹 담가 기르는 일을 근본으로 삼고 깊이 있게 빠져
들어가며 찾아내는 자세로 학문을 해야 합니다.

이 진리를 찾는 길은 참으로 잠시라도 떠나서는 안 되는 것임을 깨달
아서 이 몸과 마음을 던져 직접 절실하게 얻고 알아차려야 합니다. 그런
가운데 느긋하고 차분하게 수영하며 놀듯하면 무엇인가 다행스럽게도 쌓
이는 것이 있을 것입니다.

오랜 세월이 지나다 보면 갑자기 깨끗이 풀리어 훌쩍 높은 경지로 뛰
어 올라가 버리는 곳이 있을 것인데, 그것이 바로 참소식이라는 것입니다.

『文集』內集, 卷26, 「書・答鄭子中」

보내온 편지를 보니, 몸과 마음을 닦으려고 거두어 모아들이는 공부
를 할 때에는 기운이 자지러들고 정신이 고달파지기만 할 뿐 밤낮으로

노력하여도 어디에서부터 손을 대어야 할지 모르겠다고 하였습니다.

이런 일에는 다른 이유가 없습니다. 지난날 비록 학문을 한다고 말은 했지만 실은 제대로 된 공부를 한 적이 없었던 것입니다. 그래서 이제 참된 공부를 해보려고 하니까 손과 발이 말을 듣지 않고 바탕이 흔들려 마음과 진리가 서로 알맞게 응하지 않으며 기운과 습관이 서로 따르지 않게 되는 것입니다. 따라서 편지에서 말한 바와 같은 현상이 일어나는 것이 이상할 것 없게 되는 것입니다.

무릇 보통 사람들의 학문이 오늘도 내일도 제대로 성취되지 않는 이유는 다음과 같습니다.

공부를 하다가 일단 그것이 어렵다는 것을 알게 되면 마침내 중단을 해 버리고서 끝내 다시 하지 않기 때문입니다.

만약 몸과 마음을 닦는 이 공부에 대한 믿음이 있어서 ① 의심하지도 않고, ② 중단하지도 않으며, ③ 빨리 이루려고 지나치게 서두르지도 않고, ④ 후회를 많이 하여 흔들리거나 포기하지도 않으며, ⑤ 이치를 파고 들면서 ⑥ 실천하기를 오래도록 하여 점차 익숙하게 된다면, 저절로 모든 사물의 의미를 두루 통하고 지혜의 눈이 환하게 뜨임을 느낄 수 있을 것입니다.

주자께서는 "공부를 해 가다가 극도로 힘들고 알지 못할 곳에 이르러야만 좋은 소식이 온다"고 말하였습니다.

『文集』 內集, 卷35, 「書·答李宏仲」

• 스스로의 허물을 고치는 약

공이 스스로의 허물에 대해 말한 것을 살펴보니, '① 배운 것은 거칠고 천하며 막힘이 많고, ② 생각은 조급하고 잡스러우며, ③ 자기의 행동은 배운 것과 반대의 결과를 낳고, ④ 일 처리는 들뜨고 망령되며, ⑤ 사물을 접촉하는 일은 대충대충 넘어가고는 한다'라는 다섯 가지입니다.

이 다섯 가지의 허물은 바로 나도 평일에 깊이 근심하여 바로잡으려고 노력하던 중이었는데, 공이 먼저 말을 하였습니다.

공도 주자朱子께서 중국 양자강변에 있는 여산廬山의 백록동白鹿洞이라는 곳에 서원을 차려 놓고 학생들이 지켜야 할 규약을 세워 가르친 것을 알 것입니다. 나는 위의 다섯 가지 허물을 다스리고자 하는 사람이 사용할 수 있는 약이 그 백록동서원의 규약 속에 들어 있다고 생각합니다.

그 규약은 인륜을 밝히는 것에 근본을 두고서 다음과 같이 가르치고 있습니다.

배우는 것은 넓게 하고 묻는 것은 깊이 있게 하며 생각은 신중하게 하고 판단은 밝게 함으로써 진리를 파고들어가는 요령으로 삼고, 행실은 두텁게 하는 것으로써 수신修身뿐만 아니라 사물을 받아드리고 일을 처리하는 요령으로 삼는다.

무릇 배우고 묻고 생각하고 판단하여 사물의 참 모습을 이해하게 되면 아는 것이 지극하게 되어 진리에 밝지 않음이 없는 경지에 이르게 됨으로 학문이 정밀하고 미묘한 곳에까지 이를 수 있을 것입니다.

또한 몸을 닦는 공부를 함에 있어서 충직하고 믿음성이 있으며 두텁고 경건함을 주로 하여 화나는 것을 다스리고 욕심을 막으며 착함으로 옮겨 나아가고 허물을 고쳐 가는 것으로써 그 내용을 채우면 행실이 두텁고 성실하지 않음이 없게 될 것입니다. 그래서 생각이 조급하고 잡스러운 데에까지 이르지 않게 되고 스스로의 행동이 배운 것과 반대로 되는 망령됨에까지 이르지 않을 것입니다.

일을 처리함에 있어서는 올바른 이치를 벗어남이 없도록 하여 진리를 밝히고, 사물을 접촉함에 있어서는 자신의 처지를 미루어서 남을 생각하는 마음씨를 가지고 스스로를 되돌아보아 살핀다면, 두텁고 성실한 행동이 저절로 사물에 나타날 것입니다. 들뜨고 망령된 허물이나 대충대충 넘어가서 소홀히 하는 허물은 걱정하지 않아도 될 것입니다.

내가 비록 이러한 이치를 알고는 있으나 실행이 그에 미치지 못하고 있습니다. 지금부터 밤낮으로 서로 함께 힘써야 마땅하겠습니다.

『文集』 內集, 卷29, 「書·答金而精」

· 너무 급히 나아가려 하지 말아야 합니다

그대가 지금 나에게 보내온 시를 읽으면서 속에 담긴 뜻을 헤아려 봅니다.

처음 공부를 시작하자마자 서둘러 마음이 흐뭇해지는 흥미로움과 흔들림 없는 효과가 나타나기를 바라고 있습니다. 그런가 하면 또 공부를 하노라니 매우 심하게 정력이 소모되고 견디기가 어렵게 되는 것을 괴로워하고도 있습니다.

그러한 공부의 장애물이 나타나는 이유를 태어난 성격의 바탕이 좋지 못한 탓으로 돌리고 있군요. 너무 급히 앞으로 나아가 이루려던 나머지 오히려 너무나 빨리 후퇴하는 조짐을 보이는 듯합니다.

비유하자면 100자 깊이로 우물을 파야 하는 일을 하면서 네다섯 번 삽을 뜨자마자 벌써 물이 펑펑 솟아오르는 맑은 샘을 보려고 합니다. 그래서 그때부터 이미 샘물이 보이지 않는다고 투덜거리며 몸이 피로하고 힘이 다 빠졌다고 한숨 쉬는 것과 같은 것입니다.

끙끙거리며 힘을 들여서 90자까지 파 들어갔으나 아직 샘물에 닿지 않았을지라도 지금까지 힘들인 노력을 포기하지 말고 끝내 100자까지 파 내려가 물을 얻어 우물을 완성해 내어야 하겠지만, 그것이 어찌 어려운 일이 아니겠습니까?

이러한 병통들을 먼저 제거하고 난 뒤에야 비로소 함께 이 공부의 길을 닦을 수 있을 것입니다.

『文集』內集, 卷37, 「書·答李平叔[7]」

· 공부도 건강을 유지하면서 해야 합니다

나는 젊을 때 이 우주의 진리와 인간심성과 윤리도덕에 관한 공부에 뜻을 두었습니다. 그래서 밤낮을 가리지 않고 밤이 지새도록 책을 읽었습니다.

그러나 그것이 잘못된 일이었습니다. 마침내 좀처럼 고칠 수 없는 병을 지닌 나약한 사람이 되고 말았습니다.

이 일을 배우고 이 길을 물어서 가려는 사람들은 스스로의 건강을 해치지 않도록 헤아려야 합니다. 잘 때는 자야 합니다.

다만 언제든 어디서든 관찰하고 반성하며 몸으로 그 내용을 겪어봄으로써 이 마음으로 하여금 제멋대로 빗나가는 일이 없도록 하면 되는 것입니다.

『言行錄』, 李德弘 記錄

• 옳은 것을 배운다는 뜻

어느 것이 옳은가 그른가를 잘 알아서 그 옳은 것을 배운다는 것은 아는 것을 통하여 몸소 실천한다는 뜻입니다. 옳다고 한 것은 착함과 같으며, 배운다고 한 것은 실천한다는 것과 같은 뜻입니다. 옳은 것을 배우는데 아직 옳은 데에 이르지 못하였다는 것은 한 가지 착함을 얻으면 그 것을 정성스레 가슴에 새기려고 하지만 아직 지극히 착한 경지에 이르지는 못한 것이라는 뜻입니다.

『文集』 內集, 卷14, 「書·答李叔獻 珥(戊午)」, 別紙

• 공부가 몸에 익음

몸으로 실천하는 공부와 이치를 따지는 공부가 서로 방해되어 마음과 일이 서로 어긋나는 경우가 많은데, 그것은 공부가 몸에 푹 익지 않았기 때문입니다.

…… 배나 감이 덜 익었을 때에는 시고 떫으나 익은 뒤에는 똑같이 단맛이 생기는 것과 같이 두 가지 공부가 푹 익는 경지에 이르러서야 비로소 서로 방해되는 병통이 없어질 것입니다.

그러나 자기의 사사로운 욕심을 이겨서 더불어 살 수 있는 조화로움으로 돌아오는 공부와 함께 양심을 보존하고 본성을 기르는 공부에 진실되며 열심히 오래도록 힘써야만 그러한 경지에 이를 수 있습니다.

그렇지 않고서 공부가 몸에 익는 때가 이르기를 바라는 것은 씨앗을 심지도 않고 김매고 물 주지도 않고 곡식이 익기를 바라는 것과 무엇이 다르겠습니까?

『文集』 內集, 卷29, 「書·答金而精」, 別紙

• 스승이 있어야 하겠더군요

내가 젊을 때부터 이 길에 뜻을 두었으나, 깨우쳐 줄 스승이나 벗이 없었습니다. 몇 십 년 동안을 밤잠도 안 자고 이 길로 들어갈 문이나 처음 시작하여야 할 곳을 찾느라 헛되이 몸과 마음만 낭비하였습니다.

…… 결국 마음에 병을 얻은 나머지 이 길로 가는 일을 거의 그만둔 상태에 이르렀었습니다.

늦게야 비로소 그것을 깨닫게 되어서 다시금 이 큰일을 마무리하고자 하는 것입니다.

『言行錄』, 李德弘 記錄

• 옛것을 살펴 그에 의지함

일을 시행할 때에는 그 일이 올바른 이치에 합당한가 아닌가를 비추어 볼 것이지 그때그때 사람들이 말하는 바를 눈치 볼 것은 아니라는 말은 참으로 타당합니다.

이제 일을 올바른 이치에 맞도록 시행하려면 생각되는 대로 곧바로 행할 것이 아니라 모름지기 옛 예절을 살펴서 그에 의지하여야 할 것입니다.

…… 옛것을 살펴 그에 의지하며 오늘의 것을 함께 헤아림으로써 좋은 발상을 얻어내어 일을 계획하고 처리하는 것이 어떻겠습니까?

『文集』 內集, 卷11, 「書・答李仲久」

• 성현을 눈앞에 그려봄

큰 성현이 보통으로 말하고 행동하며 노닐고 쉬는 경우와 사람을 접대하고 사물에 대응하는 경우에 어떻게 하였는지를 보십시오. 그렇게 하는 밑에 깔린 정서와 뜻이 어떠한지를 눈앞에 그리고 마음속으로 생각하십시오.

그러면 그 당시로 돌아가서 그 문 안에 모인 여러 사람들과 함께 직접 스승을 모시고 조용히 주거니 받거니 하는 것과 같을 것입니다.

때로 이러한 경치, 물건, 사람, 일을 만나게 되어 가슴 뛰게도 그 성현의 목소리를 듣고 그 몸가짐을 보게 되니 자기도 모르게 깨닫고 기뻐하며 스스로의 마음에 맞는 생각을 찾게 됩니다.

옛사람을 그리워하고 진리를 향하여 끊임없이 나아가려는 마음을 일으키는 데 큰 도움을 얻을 것입니다.

『文集』 內集, 卷14, 「書·答南時甫[8]」

· **덕과 학문을 익힘**

때와 일에 따라 마음을 잡아 지키고 스스로의 몸에서 진리를 살피는 공부를 떼어 놓지 말며 여가를 얻으면 책을 가까이하여 어떻게 해서라도 자신이 노력하던 곳을 찾아내서 요령을 얻어야 합니다.

올바른 이치와 깊은 맛으로 마음과 가슴을 푹 적시며 그 속에서 노닐기를 하루에 하루를 더하면서 오래오래 익히면 당연히 힘을 얻는 때가 있을 것입니다.

나는 요행히 이곳에 한가롭게 거처하여 바깥으로부터의 다른 방해가 없으니 지금 참으로 덕과 학문을 닦기에 좋은 환경을 만났습니다.

『文集』 內集, 卷12, 「書·答崔見叔」

• 학문을 말함

　탁한 흐름, 덕을 어지럽히는 그 형세 도도하여
　아득히 끊긴 실마리는 찾기조차 어려운데.
　오로지 윤리 지켜 지극한 진리 밝히고
　본성을 되살리며 정서 다스려 양심을 보존하리라.
　지게미를 알게 되면 묘한 경지도 전할 수 있으며
　어느 것이 더 맛 깊은지 가릴 수 있을진대.
　다만 이 산골에 벗 없음을 한하면서
　종일토록 서재에서 홀로 삼가고 있노라.

『文集』內集, 卷3, 「詩・和子中閒居二十詠」, '講學'

• 학문의 의지

　그대는 비록 나이는 젊지만 능력이 있으며 학문을 하고자 하는 정열
과 두터운 의지가 누구보다도 뛰어납니다. 자기만 못한 사람에게 묻기를
부끄러워하지도 않습니다. 그 실력의 깊이를 헤아리기 어려울 정도인 줄
압니다.

　그러나 우리 학문의 일은 서둘러 쉽게 생각한 나머지 소홀히 해서도
안 될 뿐 아니라 어렵다고 생각하여 용기를 잃어서도 안 되는 것입니다.

　오직 옳고 그름과 헐뜯고 칭찬함과 잘하고 잘못함에 대해서는 일체
생각을 끊어 버리고 용감하게 앞으로만 나아가면 어느 정도 이룰 수 있
을 것입니다.

『文集』內集, 卷28, 「書・答金惇叙(癸丑)」

▪ 학문의 두 방법

학문에는 진리를 깊이 캐어 들어가는 방법과 몸과 마음이 경건함 속에서 살아가는 방법 두 가지가 있습니다.

그 두 가지는 비록 서로 머리가 되고 꼬리가 되기는 하지만, 현실적으로 실천할 경우에는 따로 떨어질 수 있는 두 가지가 됩니다. 그러니 반드시 두 가지를 서로 병행해 나가는 방법으로 하지 않을 수 없습니다. 기다리지만 말고 지금 곧 공부를 시작해야 하며 의심으로 머뭇거리지 말고 경우에 따라 적절하게 힘써야 합니다.

텅 비운 마음으로 이치를 살필 일입니다. 자기의 의견을 먼저 고집하여 이러쿵저러쿵 정해 버리는 일이 없어야 차츰차츰 쌓이는 것이 있게 되어 완전히 성숙하기에 이를 것입니다. 한때나 한 달로써 효과를 따져서는 안 됩니다. 얻지 않고서는 그만둘 수 없다는 자세를 가지고 평생의 사업으로 삼아야 하는 것입니다.

우리 학문의 목적지는 그러한 공부가 점차로 깊어진 뒤에야 저절로 이를 수 있는 곳입니다.

이치나 진리를 깊이 캐어 들어가는 일은 실천을 통하여 체험을 하고서야 비로소 참으로 아는 것이 됩니다.

경건함 속에서 살아가는 이 공부는 마음을 두 가닥 세 가닥으로 분산시키는 일이 없어야만 비로소 참으로 얻게 될 것입니다.

지금 비록 이치와 진리를 보기는 하되 얕고 묽음을 면하지 못하고, 비록 경건함 속에서 살아가는 마음을 가졌으나 잠시 사이에 잃어버리는 정도라면, 일상생활에서 무너뜨리고자 하는 시험이 끊임없이 닥쳐올 것입니다. 어찌 여러 가지 잡된 생각이나 음식, 아름다운 얼굴, 오락을 즐기는 것만이 해가 된다고 하겠습니까?

비록 그렇기는 하지만 처음 학문을 하는 경우에는 이치를 보는 것도 참되지 못하고 경건한 마음을 지니는 것도 거듭 실수를 하게 됩니다. 이는 누구에게나 공통으로 있는 근심입니다.

…… 오늘날의 사람들을 살펴보면, 대부분 출세할 자는 과거시험에 뜻을 빼앗기고 출세를 한 자는 이권에 빠져 있는 형편입니다. 하지만 그들과는 달리 우리들의 공통된 근심을 뚫고 나갈 사람이 없는 것은 아닙니다.

…… 다만 남보다 뛰어난 자질을 가진 사람은 글을 읽고 그 뜻을 이해하는 것이 빠르기 때문에 그의 이론이 고된 노력과 깊은 고민을 거치지 않고 이루어지는 듯합니다. 그의 실행에는 간절하고 두터운 점이 부족한 듯한 면을 갖게 됩니다.

이 같은 것을 고치지 않는다면 끝까지 세상의 나쁜 습속에 물들지 않는다고 보장하기 어려우니, 참으로 두려운 점입니다.

『文集』內集, 卷14, 「書·答李叔獻 珥(戊午)」

· 학문하는 요령

성실한 자세로 정력을 쏟아가며 탐구하여 실행에 옮기기를 오래도록 거듭하여야 합니다.

그렇게 하면 그 사이에 반드시 매우 즐거웠던 바가 있을 것이고 매우 의심스러웠던 바도 있을 것입니다. 그것을 모두 집어내어 가면서 논평을 주고받아야만 나와 남 모두에게 유익함이 있을 것입니다.

그렇게 하지 못한다면 진리를 향하는 뜻이 아무리 깊고 학문을 하려는 마음이 아무리 간절할지라도 참된 보람을 얻지는 못할 것입니다.

따라서 그저 글을 읽기나 하면서 날짜만 보낸다면, 자세한 뜻을 분명히 알 수 없을 경우 그것을 어떻게 하면 자세하고 분명하게 할 수 있는지 알 수가 없을 것입니다. 실천을 하다가 어긋남이 있을 경우 그것을 어떻게 하면 어긋남이 없도록 할 수 있을지 몸으로 터득할 수 없을 것입니다.

스스로의 속을 돌이켜 볼 때, 배우지 않은 사람과 조금도 다름이 없어서 가슴 아프게 탄식도 하고 스스로를 탓하며 꾸짖기도 할 것입니다.

『文集』內集, 卷15, 「書·答朴子進 漸(壬戌)」

문을 굳게 닫고 들어앉아 옛 학문을 익혀서 날마다 새로운 얻음이 있으면, 올바른 도리가 점점 무르익습니다. 마치 사탕수수가 씹을수록 달콤해지는 것 같은 맛과 즐거움이 무궁할 것입니다.

아무런 벼슬이 없는 신분이면서 세상에 이름난 사람들과 너무 많이 왕래하면 반드시 뒷걱정이 있을 것입니다. 조심하고 조심하십시오.

『文集』內集, 卷30, 「書·答金而精」, 別紙

• 선비 학문의 특징

나의 몸과 나의 마음에 관계되는 것은 참으로 꼭 필요하고 깊이 사무치는 것이어서 무엇보다 앞에 두어야 마땅할 것입니다.

그러나 남에게 관계되는 것, 사물에 관계되는 것들이 나의 몸과 마음에 꼭 필요하고 깊이 사무치는 것이 아니라고 하여 빠뜨려서는 안 될 것입니다.

우리 선비들의 학문이 다른 학문과 다른 점이 바로 여기에 있습니다.

…… 내가 『주자전서』[9)로부터 가려 뽑아서 나의 『주자서절요』[10)에 넣은 것들 가운데는, 그대가 편지에서 지적한 것과 같이 무엇보다도 앞에 두어야 할 것들이 참으로 이미 충분히 많습니다.

그리고 편지 가운데 들어 있는 인사말, 평소에 그리던 마음을 말한 것, 자연을 감상한 것, 세상살이를 비평한 것 등 꼭 필요하거나 깊이 사무치는 것이 아니라고 할 수 있는 것들도 때때로 뽑아 넣었습니다. 그렇게 한 의도는 이를 읽을 사람들로 하여금 주자에게서 풍기는 분위기와 모습을 그분의 일상생활 가운데에서 직접 뵙듯이 하려는 것이었습니다.

『文集』 內集, 卷10, 「書·答李仲久(癸亥)」

• 선비가 학문하는 일

우리의 이 학문하는 일은 쉽게 여겨서도 안 되지만 또한 어렵게 여겨서 용기를 잃어서도 안 될 것입니다.

오직 옳고 그름과 헐뜯고 칭찬함과 잘하고 잘못함에 대한 생각을 모두 끊어 버리고 용감하게 앞으로만 나아가면 조금이나마 이루는 것이 있을 것입니다.

선비가 학문을 연구하고 갈고 닦는 것은 마치 농부가 밭을 갈거나 김을 매는 것과 같고 기술자가 무엇인가를 다듬는 재주와 솜씨 같아서 다 자기 나름대로 떳떳이 할 일이 있는 것입니다.

『文集』 內集, 卷28, 「書·答金惇敍(癸丑)」

• 기氣를 기르는 일에 대하여

사람의 몸에는 우주의 바탕이면서 동시에 사람의 바탕이 되고 있는 그 무엇이라 말하기 어려운 큰 진리가 들어와 있습니다.

동시에 삼라만상으로 변화를 일으키는 에너지가 함께 엉겨 있는데, 그 큰 진리를 리理라 하고 그 에너지를 기氣라 합니다.

리理는 일을 함이 없으면서도 모든 일이 바르게 이루어지도록 하는데 기氣는 제멋대로 피어나기 때문에 도덕적 이상을 추구하는 우리는 리理를 귀하게 여기고 기氣를 천하게 여깁니다.

리理를 몸으로 실천하려고 하면 기氣는 그에 따라서 저절로 길러지게 되지만, 기를 기르기에 치우치다 보면 작게는 나 한 사람의 바탕을 해치게 되고 크게는 사회나 우주의 바탕까지도 해치게 됩니다.

기氣를 길러 건강을 찾는 데 그치지 않고 나아가서 그 극치인 불로장생을 이루려는 방향으로 나가게 되면 나라에 대한 충성이니 부모에 대한 효도니 하는 직분은 모두 그만둔 뒤에야 가능하게 됩니다.

사람의 도리를 싫어하고 올바른 도덕을 해치게 될 위험성이 이와 같은 지경에 이르면 그들로부터 아무런 교훈도 받을 것이 없다는 것은 물론입니다.

도덕을 추구하는 사람일지라도 기를 기르는 일을 전혀 무시할 수는 없다고 하겠지만 적어도 그 속에 숨어 있는 괴이하고 터무니없는 독소들은 없애야만 할 것입니다.

『文集』 內集, 卷12, 「書·答朴澤之[11]」

• 『대학』이 가르치는 것

『대학』이라는 책에서는 스스로를 수양하고 사람을 다스리는 법을 가르치고 있습니다.

그것이 만약 양심이 근본이라는 이치를 밝히고 그것을 보존하는 것이 사회를 다스리는 길이라는 가르침을 펴는 것이 아니라 곧바로 제도나 문장을 말하는 것이었다면, 그야말로 뿌리와 가지가 거꾸로 되어서 실제로 활용될 수는 없었을 것입니다.

…… 거듭 말하면, 나는 『대학』이라는 책이 양심을 보존하고 정치를 펴내는 근본에 해당하는 책이지, 제도나 문장에 이르기까지 가르치고 있는 것은 아니라고 생각합니다.

『文集』內集, 卷19, 「書·重答黃仲擧」

사회를 다스리는 이치를 논함에 있어서는 마음을 보존하는 것이 근본임을 말했을 뿐 제도와 문장은 언급하지 않았습니다.

『文集』內集, 卷19, 「書·答黃仲擧 論白鹿洞規集解」

▪ 『서명西銘』이라는 글

이 글은 나와 하늘, 땅, 만물이 본래 하나의 진리를 바탕으로 하고 있으므로 그것을 풀어 밝힌 것입니다.

인仁이라는 것을 드러내어 오직 자기뿐이라는 이기심을 깨트려서 자기만을 내세우지 않고 모두와 함께할 수 있는 마음을 크게 열어 줍니다.

그리하여 돌과 같이 딱딱한 마음을 녹여서 환히 트이게 하고 남과 자기 사이에 간격이 없게 해서 조그만 이기심도 그 사이에 끼일 수 없게 합니다.

그러면 이 글에서 우리는 하늘, 땅과 만물이 한 집안이 되고 온 나라가 한 사람처럼 되어서 남의 괴로움과 아픔을 내 몸으로 깊이깊이 느끼는 인仁의 도리를 얻을 수 있습니다.

『文集』內集, 卷7, 「經筵講義・西銘考證講義」

▪ 책을 쓰는 일

이 책의 핵심은 오직 학문을 주로 하는 것입니다.…… 배우는 사람으로서는 모름지기 먼저 몸과 마음을 거두어 잡고 냉정한 의지로써 쓰라린 공부를 이 책에 쏟아 넣어 오랫동안 끊임없이 뚫고 갈고 씹어 삼켜야 할 것입니다. 그제야 비로소 그 참다운 맛이 얼마나 즐거운지 알게 되어 그 힘을 얻게 될 것입니다.

만약 그렇게 하지 못하는 경우라면, 과거 시험을 보는 데에 이로운 점도 없을 뿐만 아니라 시간을 다투어 급히 보아야 할 필요성도 없을 것입니다.

더구나 오늘날 사람들이 하는 학문은 글자를 풀이하고 외우는 데 깊이 빠지지 않으면 문장을 아름답게 꾸미는 데 정신이 홀릴 따름이니, 어느 누가 이 책에 머리를 숙이고 마음을 다스려 창자 속의 속된 기운을 확 씻어 버리고 일반 사람들이 맛보지 못한 것을 능히 맛볼 수 있겠습니까?

그런 사람이 몇이나 되겠습니까? 비록 이 책이 출판된다 할지라도 그러한 사람들은 읽으려 하지 않을 것입니다. 어쩔 수 없는 일이겠지요.

…… 무릇 인격자가 옛 분들을 본받아 옛것을 책으로 써서 다음 세상에 남기는 것은 다만 진리를 힘껏 밝혀서 아는 사람은 알고 즐기는 사람은 즐길 때를 기다릴 따름입니다. 세상 사람들이 좋아하거나 싫어하는 것에 맞추어 내용을 가려 뽑거나 내버리거나 해서는 안 될 것입니다.

만약 시대의 좋아함을 따르며 사람들의 칭찬이나 바라서 그 글이 세

상에 나왔다는 것만으로도 다행이라고 생각한다면, 그것이야말로 성현의
말씀을 욕되게 하고 진리를 더럽히는 것이 아니겠습니까?

『文集』內集, 卷19,「書·答黃仲擧」, 別紙

그 책이 훌륭하지 않다고 생각하는 것이 아니라 훌륭한 가운데 부족
한 부분이 있기 때문에 반드시 고쳐서 모든 것이 훌륭하게 되어야 후세
에 전할 수 있겠다고 하는 것입니다.

…… 고치고 고치고 또 고치기를 죽을 때까지 하였으므로 그 책이
나온 후 하늘과 땅 사이에 세워도 자연의 진리에 어긋나지 아니하고, 귀
신에게 물어보아도 의심스러운 점이 없으며, 몇 천 년 뒤의 성인도 의심
하지 않을 수 있습니다. 이것이 어찌 하루아침에 갑자기 글을 써서 될
수 있는 것이겠습니까?

『文集』內集, 卷12,「書·答朴澤之」

• 가르치고 배우는 법

옛 임금들이 사람을 가르쳐 사회를 순화시킬 때에는 그 가르침에 순
서가 있었습니다. 배운 것을 실천할 수 있도록 하려고 힘을 쏟았습니다.

나라를 다스리는 방법에 있어서도 양심을 보존하는 것이 다스림의 근
본이라고 말했을 뿐이고 제도와 문장에 대하여는 말하지 않았습니다.

…… 사람을 가르치기 위하여서는 넓은 지식과 진리에 대한 깊은 이
해와 두터운 실천을 갖춘 선비가 필요합니다.

진리는 정밀하고 조잡함의 구별이 없지만 배우는 일은 조잡한 것에서
시작하여 정밀한 것을 얻게 됩니다. 가르치는 말은 아래와 위를 관통하고

있지만 배우는 순서는 아래에서 사람의 일을 배워서 위로 하늘의 이치와 우주의 진리에까지 통하여 이르는 것이 마땅합니다. 이렇게 가르치면 높은 경우는 성현이 되고 낮더라도 착한 선비는 됩니다.

…… 높이 오르기 위해서는 반드시 낮은 곳에서부터 시작하고 멀리 가기 위해서는 반드시 가까운 곳에서부터 시작합니다. 낮고 가까운 곳에서부터 시작하는 것이 참으로 더딘 것 같지만 이렇게 하지 않고서 어찌 높고 먼 곳으로 나갈 수 있겠습니까? 온 힘을 다하여 차츰차츰 앞으로 나아가면 이른바 높고 멀다고 하는 것이 낮고 가까운 것과 떨어져 있지 아니함을 깨닫게 될 것입니다.

…… 지금 한 발도 들어 올리지 못하는데 갑자기 높은 곳으로 올라가라고 꾸짖거나 아직 수레바퀴가 구르기도 전에 멀리 나가기를 바라서는 성공할 수가 없습니다.

…… 아아! 오늘날 성인의 글을 공부한다는 선비들 가운데는 글 짓는 재주로 출세해서 이익을 누리는 무리들이 있습니다. 그들은 도학道學이라는 두 글자를 쓸바귀같이 볼 뿐만 아니라 참다운 말과 글은 한마디도 못하면서 스스로 잘난 척을 합니다. 그런데 그것이 버젓이 행세를 하고 있습니다.

『文集』內集, 卷19,「書·答黃仲擧 論白鹿洞規集解」

▪ 성현을 모시고 받듦

어떤 형태이든 학교를 설립하는 목적이 양심을 보존하고 본성을 기르는 학문을 하려는 것이 아니라고 말할 사람은 없을 것입니다.

특히 서원의 경우는 그러한 학문을 하기 위한 것에 주된 뜻이 있으므

로 성현을 모서 놓고 받들어 제사 지내려 할 때에는 역시 그러한 학문을
한 분을 주로 하여 찾는 것이 좋을 것입니다.

『文集』 內集, 卷12, 「書·答盧仁甫」

・ **학문의 남모르는 즐거움**

무릇 영광과 이익을 얻는 길은 세상 사람들이 모두 가고자 하는 길입
니다. 이것을 얻으면 기뻐하고 얻지 못하면 슬퍼하는 것은 모든 사람이
마찬가지일 것입니다.

그런데 그대는 시골에서 무슨 일을 하기에 이처럼 높은 의리와 절개
를 세워 놓고 저들과 같은 영광과 이익을 잊을 수가 있었는지요.

거기에는 반드시 무엇인가 온몸과 마음을 던져 일삼는 바가 있을 것
입니다. 그래서 얻는 바가 있을 것이며 그렇게 지켜 나감으로써 편안한
것이 있을 것이고 마음속에 남이 함께할 수 없는 즐거운 바가 있을 것입
니다.

『文集』 內集, 卷10, 「書·與曹楗仲 植12)(癸丑)」

・ **일상생활에서 익힘**

처음 배우는 사람들이 일상생활 속에 흘러넘치는 이치를 버리고 갑자
기 높고 멀며 깊고 크기만 한 곳에 매달려서는 지름길로 가서 그것을 얻
으려고 합니다. 그러나 그것은 이름난 현인도 못한 일인데 어찌 우리 같
은 사람들이 할 수 있겠습니까?

이것이 바로 쓸데없이 추구하고 찾는 수고로움만 할 뿐, 실제로 행하
는 데에 있어서는 망망하기만 하여 발판으로 삼을 만한 실제적인 근거가

없게 되는 이유입니다.

이 문제에 담겨 있는 도리는 오로지 일상생활에서 익숙히 행하는 데에 들어 있습니다.

『文集』內集, 卷14, 「書·答南時甫」, 別紙

・ 배우는 사람 마음의 병

배우는 사람의 마음에 생기는 병이 있습니다. 그것은 진리를 투철히 살피지 못해서 허공을 뚫고 들어가 무엇인가를 억지로 찾으려 하거나, 마음을 잡는 요령이 방향을 잃어서 억지로 싹을 뽑아 올려 자라남을 돕겠다고 하는 데 말미암습니다. 그래서 자기도 모르는 사이에 마음을 고달프게 하고 기운을 다 써 버려 병에 이르는 것입니다.

그리고 그러한 낌새가 있음을 일찍 알아차려서 속히 스스로를 고쳐나가면 아무런 근심도 없을 것이지만, 그렇지 못하여 스스로 고쳐 나가지 못하기 때문에 마침내 병이 깊어지는 것입니다.

그대가 지금까지 학문을 한 것을 살펴보면, 이치를 파고들어감에 있어서는 너무 캄캄하고 깊어서 아득하고 오묘한 지경에까지 빠져들었고, 힘써 실천함에 있어서는 지나친 자부심을 가지고 급히 성과를 내려 서두르는 경향이 있었습니다. 그래서 위와 같은 병의 뿌리가 생기고 게다가 여러 가지 근심·걱정거리가 더해져서 점점 병이 깊어진 것입니다.

제일 먼저 세상살이의 곤궁함이니 통달함이니 잘잘못이니 영광과 욕됨이니 이해관계니 하는 것들 일체를 밀어내어 버리고 마음에 두지 마십시오. 이 마음의 본모습을 힘써 터득하게 된다면 아마도 열의 다섯 일곱은 걱정이 사라질 것입니다.

나아가 모든 일상생활에서 남들과 주거니 받거니 하는 일을 적게 하고 특별히 좋아하는 것에 마음을 빼앗기는 정도를 절제하여 마음을 비우고 한가로우며 편안하고 유쾌하게 지내면서 근심을 끊어 버리십시오.

책을 읽거나 화초를 감상하고 시냇물 속의 고기나 산속의 새를 보면서 즐거움을 찾는 등, 진실로 사람의 뜻을 즐겁게 하고 정다운 감정을 느끼게 하는 것들과 항상 가까이 하십시오.

그것은 마음의 기운으로 하여금 언제나 순탄한 경계 속에 있게 함으로써 몸속에 쌓인 화가 치밀어 올라 성을 내게 되는 지경에까지 이르지 않도록 방지하는 꼭 필요한 방법입니다.

『文集』 內集, 卷14, 「書·答南時甫」, 別幅

· · ·
1) 李德弘: 1541~1596, 영천이씨, 자는 宏仲, 호는 艮齋이다. 15세에 퇴계 선생의 제자가 되었으며, 성리학뿐만 아니라 여러 학문에도 능했다. 『간재문집』에는 거북선 그림이 실려 있다. 과거를 보지 않았으나 행실로 추천되어 현감 벼슬을 지내고 임진왜란 중 세자를 보호하다가 순직하자 이조참판에 추증되었다.
2) 李達: ?~?, 신평이씨, 자는 益之, 호는 蓀谷 또는 西潭이다. 횡성에 살았다. 시문에 능하였고 제술관을 역임하였다.
3) 李天機: 1545~?, 전주이씨, 자는 自運이다. 원주에 살았다. 이른 나이에 진사시에 합격하여 벼슬에 나아갔고 임진왜란 때는 임금을 모셨다. 효행으로 마룽에 旌門이 세워졌다.
4) 金隆: 1549~1594, 함창김씨, 자는 道盛, 호는 勿巖이다. 18세에 퇴계의 제자가 되어 깊이 있게 공부하였다. 과거를 보지 않았으나 학문과 행실로 추천되어 참봉이 되었다. 임진왜란 중 각 고을에 격문을 붙이며 의병을 도왔다.
5) 許太輝: 1517~1580, 양천허씨, 이름은 曄, 호는 草堂, 太輝는 자이다. 1546년 문과에 급제하여 벼슬에 나아갔고 선조 때는 鄕約의 시행을 건의하였다. 1575년 동인·서인의 당쟁이 시작될 때 金孝元과 함께 동인의 영수가 되었으며, 청백리에 기록되었다. 장남 筬과 차남 篈, 삼남 筠, 딸 蘭雪軒과 함께 중국·일본에도 잘 알려져 있다. 『三綱二倫行實』 편찬에 참여하였고 개성의 花谷書院에 제향되었다. 저서로는 『草堂集』, 『前言往行錄』 등이 있다.
6) 許美叔 篈: 1551~1588, 양천허씨, 조선 중기의 문학가 허균의 형으로, 호는 荷谷, 이름은 篈, 자는 美叔이다. 서울에 살았다. 약관에 문과에 급제하여 서장관, 원접사종사관 등을 지내며 중국 사신들에게 조선의 시문과 학문이 높음을 보여 주었다. 저술로는 『하곡집』, 『海東野言』 등이 있다.
7) 李平叔: ?~?, 전주이씨, 왕손이었으며, 이름은 咸亨, 호는 山天齋이다. 서울에 집이 있었

고 순천에 가서 살기도 하였다. 퇴계 선생의 문하에 들어와 공부에 대한 뜻을 굳게 하고 특히 『심경』 강의에 많은 도움을 주었다. 퇴계 선생이 제자들의 질문에 답한 것들을 모아 『심경석의』, 『주자서강록』 등을 발간하였는데, 뒤에 그 안에 퇴계 선생의 답 이외의 것들도 섞여 있다는 논의가 있었다.

8) 南時甫: 1528~?, 의령남씨, 이름은 彦經, 호는 東岡 또는 靜齋, 時甫는 자이다. 花潭에게서 배우다가 퇴계 선생 문하에 들어 왔다. 과거를 보지 않고 특천으로 벼슬하여 승지를 지내다가 정여립의 난에 연루되어 면직되었다. 양주목사로 있을 때 정암서원을 설립하였고, 퇴계 선생과는 敬工夫에 대한 진지한 문답이 이루어졌다.

9) 『朱子全書』: 송나라 때의 도학자 주희의 방대한 저술을 모아서 편찬한 문집을 가리키는데, 주희 생전부터 명·청 때까지 계속 수정·보완되면서 편찬이 이루어졌으므로 여러 이름과 판본이 있다. 『회암선생문집』, 『회암문집』, 『주자대전』, 『주문공집』, 『주자집』, 『주자전서』, 『회암선생주문공문집』 등의 여러 책 제목이 있으며, 판본에 따라서 분량도 일정치 않다. 근래에 중국에서 현대 활자본으로 방대한 분량의 『주희집』, 『주자전서』 등이 발간되었다.

10) 『朱子書節要』: 퇴계 선생이 『주자대전』 가운데 중요하다고 생각되는 부분을 가려 뽑아서 간추려 엮어 놓은 책이다.

11) 朴澤之: 1493~1562, 밀양박씨, 이름은 雲, 호는 龍巖, 澤之는 자이다. 선산에 살았다. 효행이 뛰어났고, 朴英의 제자였는데 퇴계 선생을 직접 만나지 못하여 폐백을 보내고 편지로 질문하였다. 사후에 퇴계 선생이 묘갈명을 지었고 낙봉서원에 제향되었다.

12) 曹楗仲 植: 1501~1572, 창녕조씨, 楗仲은 자, 植은 이름, 호는 南冥, 시호는 文貞이다. 경상남도 삼가현 토골 출신이다. 25세 때 『性理大全』을 읽고부터 성리학에 전념하였다. 1538년 遺逸로 獻陵參奉에 임명되고 그 후로 여러 벼슬에 임명되었지만 모두 사퇴하였다. 「丹城縣監辭職疏」는 직선적인 표현으로 큰 파문을 일으켰다. 오로지 處士로 자처하며 학문에만 전념하자 그의 명성은 날로 높아져, 鄭仁弘·金宇顒·鄭逑 등 많은 학자들이 찾아와 학문을 배웠다. 1561년 진주 德山洞(지금의 산청군 시천면)으로 이거하여 山天齋를 지어 죽을 때까지 그곳에 머물며 講學에 힘썼다. 그의 사상은 경상우도의 특징적인 학풍을 이루었다. 저서에 『남명집』, 『學記類編』이 있고, 작품으로 『남명가』, 『勸善指路歌』 등이 있다.

2. 마음공부를 말하다

• 사람의 마음

사람의 마음은 바탕과 작용을 한 근원에 갖추고 죽은 듯이 조용하다가도 일이나 물건이 닥치면 곧 느끼는 능력이 있으며 움직일 때와 움직이지 않을 때를 거리낌 없이 통과합니다.

그렇기 때문에 일과 물건을 느끼지 않는 상태에서는 죽은 듯이 움직이지 않으면서도 그 안에 모든 이치를 다 갖추고 있어서 마음의 바탕이 온전히 보존되지 않음이 없습니다.

그러다가도 일과 물건에 닥쳐서 느끼고 통하게 되는 경우에는 마음의 큰 작용이 발동하여 그것들의 있는 모습 그대로를 구별해 냄에 어긋남이 없게 됩니다.

『退溪先生文集』內集, 卷19,「書・答黃仲擧1)」

사람의 마음이 표현되는 경우, 진리에 맞고 절도에 합당하게 되면 선한 방향으로 나아가고 그와 반대이면 악한 방향으로 흘러갑니다.

그 마음이 움직여 피어나는 낌새를 정밀하게 살피고 마음을 흐트러짐 없이 한결같이 지키면 진리의 마음에 어긋나지 않게 되고 욕심으로 흐르지 않게 됩니다.

『文集』內集, 卷36,「書・答李宏仲問目」

▪ 마음의 본바탕

마음이 피어 나오지 아니하고 기氣가 작용하지 않아서 마음의 본바탕
이 비어 있으면서 밝을 때에는 참으로 선善하지 아니함이 없습니다.

『文集』內集, 卷24, 「書·答鄭子中」, 別紙

사람에게는 마음 주머니라고 부를 수 있는 것이 있습니다.

사람에게 있는 마음 주머니는 곧 여닫이문의 돌쩌귀나 그물의 벼릿줄
과 같이 모든 것이 매여 있는 곳입니다. 때문에 하나하나의 물건이나 일
들이 그 안에 가득 차 있습니다.

그래서 그것은 온 세상의 큰 근본이 됩니다만, 공간적인 방향도 정할
수가 없고 형체도 없어서 안이니 밖이니 하는 구별을 할 수가 없는 묘한
것입니다.

그 속에 가득한 것이 바로 만물을 하나의 바탕으로 감싸는 마음이고
온 세상에 널리 뻗어 나가는 마음이지, 이 마음 주머니라는 것과는 따로
구별되어서 마음이 있는 것이 아닙니다.

『文集』內集, 卷19, 「書·答黃仲擧」

▪ 마음이 움직일 때와 고요할 때를 함께 관철하시오

일이 없을 때는 본심을 보존하고 본성을 익히는 공부를 독실하게 할
뿐입니다.

학문을 강습하거나 사람이나 사물을 응접할 때에는 올바른 도리를 생
각하고 헤아릴 뿐입니다. 대게 올바른 도리를 생각하기 시작하면 마음이
이미 움직여서 고요함의 경지에는 속하지 않게 되기 때문입니다.

이 뜻은 분명하여 알기 어려운 것이 아님에도 불구하고 사람들 중에서 참으로 아는 이는 드뭅니다.

"마음이 고요할 때에는 생각을 하지 않는다"고 말하니까 곧 그윽이 어둡고 적막하며 텅텅 빈 상태라고 인정합니다.

"마음이 움직일 때에는 생각하고 헤아린다"고 말하니까 곧 어수선하게 바깥 세계의 사물을 뒤쫓아 가서 전혀 올바른 진리 위에 있지 않을 수도 있다고 생각합니다.

그러므로 이름으로만 학문을 한다고 하면서도 끝내 학문에서 힘을 얻지 못하게 되는 것입니다.

오직 진리 앞에 경건한 마음을 지키는 노력이 고요할 때나 움직일 때 모두를 꿰뚫어 통하여야만 그 공부를 이루어 나가는 데 거의 어긋남이 없을 것입니다.

『文集』 內集, 卷14, 「書・答李叔獻2)」, 別紙

평소에 일이 없을 때에는 바로 근본 바탕을 수양하며 근엄하게 사색하는 마음의 자세를 가져야 합니다.

마음을 오로지 완전한 하나가 되게 하면서 흐리멍덩하지 말고 항상 깨어 있어야 되는 때이므로 한 생각이라도 잡스럽게 싹트면 그 사사로운 것을 막고 진리만을 보존해야 합니다.

그러나 모든 것을 싹 쓸어 마음에서 몰아낸다는 것은 될 수 없는 일입니다. 무릇 일이 없을 때에는 참으로 고요하게 마음을 보존하며 수양하는 것이 마땅하지만 한편 당연히 생각해야 할 것이 있을 때에는 생각을 해야 한다는 것입니다.

그럴 적에 능히 마음을 오로지 완전한 하나가 되게 하면서 다른 곳으로 달려가지 않으면 그것이 곧 고요함 속에서 움직이는 것이 될 것이니, 아마도 마음을 지키는 일에 해로움이 없을 것입니다.

일이 없을 때에 마음을 지키는 방법을 논하면서 언제나 깨어 있으면서 생각을 버리기만 하라고 하는 것은 한결같이 고요함만을 지켜 움직이지 않으려고 하는 것에 속하고, 언제나 생각을 멈추지 않으면서 깊이 파고들어가기만 계속하는 것은 움직임에 치우쳐서 고요할 때가 없는 것입니다.

주자朱子[3]께서 항상 잠만 자고 있어 깨어남이 없거나 항상 다니기만 하여 쉬지 않는 병이라고 지적한 것입니다.

『文集』內集, 卷28, 「書・答金惇敍」

· 마음을 알아야 합니다

－마음이 본성과 심정을 통틀어 거느립니다

우주 모든 현상의 바탕에는 우주의 가장 큰 근본이 깔려 있습니다. 그 근본이 움직여서 모든 현상을 일으키고 여러 가지 성질과 정황을 드러내는 것이 삼라만상입니다.

사람도 마찬가지입니다. 하지만 그 가장 빼어난 기운과 이치를 타고나서 만물 가운데 가장 신령한 능력을 갖습니다. 그리하여 그 무엇인가가 있어서 근본인 본성이 현상인 심정으로 드러나는 과정을 연결하여 통로가 되는 동시에 근본인 본성을 스스로 알아보기도 합니다. 그런가 하면 천 가지 만 가지의 형태로 어지럽게 일어나는 심정으로 하여금 근본을 해치고 파멸로 치달리는 일이 없도록 주재할 수도 있습니다.

그 무엇이 아니라면 현상인 심정은 길든 짧든 근본을 유지하지 못하고 불꽃처럼 산화해 버리고 말 것입니다.

본성을 알아차리고 보존하며 심정을 주재할 수 있는 그 무엇이라는 것이 바로 마음이라는 것입니다.

『文集』 內集, 卷7, 「箚·進聖學十圖箚」, '心統性情圖說'

─ 마음이란 신비한 밝음이다

마음을 들여다보면 그 바탕은 우주의 근본과 같아서 끝도 가도 없이 그저 텅텅 비어 있다고 볼 수밖에 없을 것 같습니다. 그렇기에 마음에는 삼라만상을 모두 다 담을 수도 있고 티끌 하나조차 담지 않을 수도 있는 것이 아니겠습니까?

한편 그 텅텅 빈 것 같은 우주의 정적 속에서 문득 무엇인가 느껴지는 것이 있고 그래서 결국에는 삼라만상으로 통하게 됩니다. 마음의 속성이라고 할까 능력이라고 할까……. 다시 말하면 마음은 텅텅 비어 있기만 한 것이 아니라 신령한 속성 내지는 능력을 갖고 있다는 것입니다.

신령한 능력 가운데 대표적인 것이 바로 어둠 속을 빛으로 비추면 그곳에 있던 것들이 드러나듯이 삼라만상 모든 사물을 비추어 알아차리고 이해하며 깨닫는 지각 능력입니다. 그래서 마음을 신명神明이라고도 말하는데, 쉽게 말하여 신비한 밝음이라고 풀이하여도 크게 틀리지 않을 것입니다.

『文集』 內集, 卷7, 「箚·進聖學十圖箚」, '心學圖說'

ㆍ마음에는 여러 모습이 있습니다

마음에는 ① 갓난아기의 것과 같이 욕심에 아직 어지럽혀지지 않은 것도 있고, ② 적든 많든 욕심에 얼룩진 것도 있으며, ③ 성인군자의 것과 같이 진리가 잘 갖추어진 것도 있고, ④ 그러한 진리를 깨닫는 것도 있습니다.

그러나 이것은 마음을 여러 측면으로 비추어 보아 찾아낸 여러 모습일 뿐, 마음의 종류가 다른 것이 따로따로 구별되어 있는 것은 아닙니다.

실제 마음에는 적든 많든 생리적인 요소와 정신적인 요소가 결합되어 있습니다. 다시 말하면 실제 생활에 있어서는 본성을 바탕으로 하지 않은 마음이 없고 몸과 기질로 말미암지 않은 마음이 없다는 것입니다.

『文集』 內集, 卷7, 「箚ㆍ進聖學十圖箚」, '心學圖說'

생각이나 마음을 가리키는 한자에 염念이니, 여慮니, 사思니, 지志니, 의意니 하는 글자들이 있습니다. 이들이 가리키는 속뜻을 알아두는 것이 좋습니다.

그대가 지금 먼 길을 감에 어렵고 험함을 따지지 않고 오직 이곳을 향한 마음만을 가지고 온 것과 같은 뜻을 가리켜 지志라고 합니다.

어떤 일을 만나서 어떻게 하겠다는 생각을 일으키게 되는데 그 어떻게 하려는 뜻을 가리켜 의意라고 합니다.

그때그때 순간순간 있는 마음을 가리켜 염念이라고 합니다.

어떤 일을 따라서 어떻게 했으면 좋을까 근심하는 바가 있는 마음을 가리켜 여慮라고 합니다.

문자의 올바른 이치를 깊이 반복하여 찾아들어가거나 사물에 대응하여 어떠한 태도를 취할 때에 새것과 옛것을 살펴서 마음에 적어 내는 생각을 가리켜 사思라고 합니다.

진리의 길을 가는 사람에게 있어서는 그것들 가운데에 지志, 의意, 사思 세 가지가 더욱 중요합니다.

지志는 바르고 크며 성실하고 확고하여 변하지 않는 그 무엇을 향하여 가고 있습니다. 그래서 공자께서는 학문, 진리, 어진 덕을 향하여 가라고 하였고, 맹자께서는 향하여 가는 곳을 고상하게 해서 지키라고 하였습니다.

의意는 선과 악이 나누어지는 갈림목에서 어느 쪽으론가 방향을 틀게 되는 조짐이 되므로, 털끝만큼의 작은 빗나감으로도 구덩이에 빠질 수가 있는 것입니다. 그래서 증자曾子께서는 혼자 있을 때에 삼간다고 하였고 주자께서는 선악의 갈림목에서 일어나는 조짐을 성문을 지키듯 굳게 막으라고 하였습니다.

사思는 하면 얻고 하지 않으면 얻지 못합니다. 그래서 기자箕子[4]께서는 다름 아니라 밝음이라 할 수 있는 것인데 이 밝음이 있으면 성인이 된다고 말하였고, 공자께서는 생각을 하여서 마음에 적어 내면 되는데 그렇게 하지 않기 때문에 사물이든 진리이든 멀리 있게 되는 것이라고 말하였습니다.

『文集』 內集, 卷29, 「書·答金而精[5]」

• 마음 닦는 공부는 이러합니다

　─욕심을 막는 일이다

밑 빠진 독을 채우는 일 같은 이 공부는

쓰라림을 달갑게 견뎌내야 하는데

피 흘리며 성 지키는 전투와도 같아서

남들과는 관계가 없는 일이다.

만약 가르침을 실천하지 않는다면

들꽃 피는 산속의 길 같아서

봄바람 언뜻 불면 잡초가 다시 우거지네.

『文集』 內集, 卷2, 「詩·閑居」 14首 중에서

ㅡ마음을 살핀다

마음 고요히 진리 앞에 경건함을 지키고자

옷깃을 단정히 할 뿐이네.

글쎄……

마음으로 마음을 본다니

마음이 둘인가?

이 뜻을 "희노애락 피어나기 전

마음속 기상이 어떤가 살펴라" 가르치시던

옛 스승에게 묻고 싶구나.

얼음 넣은 백옥 항아리에 비친 가을 달 같아서

아득하기만 할 뿐 찾아낼 길이 없구나.

『文集』 內集, 卷3, 「詩·林居十五詠」, '觀心'

－마음을 보존한다

모두 함께 취하여 세상모르고 잠든 가운데

나 홀로 깨어 있는 일인데……

제대로 조절하고 지킴에 있어 가장 어려운 일은

울려오는 종소리 들어봄이네.

안으로든 밖으로든 바르게 하려는 노력은

나 스스로로 말미암으니,

한 점 구름이라도 일으켜서

밝은 해 속에 얼룩점 남기는 잘못 없게 하리라.

『文集』內集, 卷3,「詩·林居十五詠」, '存心'

－고요함을 지킨다

이 몸 지킴에 귀한 것은

흔들림이 없는 것이요

이 마음 기르는 일은

마음이 싹트기 전 상태를 따르는 것이네.

참으로 고요함을 근본 삼지 않으면

움직일 때에 마치 축 고장 난 차와 같게 되네.

나는 타고나기를 산골에 숨어 살기 좋아하여

티끌 먼지는 털어 없앤 지 오래라.

하루아침 세상맛을 보게 되자

이미 정신이 밖으로 빠져나갔음을 느꼈었네.

하물며 도시 속에서

욕심의 바닷물이 앞뒤로 넘실거림에랴.

그대는 삼베옷 입은 사람으로서

난초를 심었으니

어찌 스스로 그것을 베어 버리겠는가?

그대 집 들어가는 어귀엔 싸리문을 굳게 닫아걸고

그대 집 우물엔 흙탕물 일지 않게 하며,

그대 방 네 벽에는 진리의 그림과 책을 채워 놓고

향을 사르며 모든 것을 뛰어 넘어 앉아 있게나.

밝거나 어둡거나 선악과 이해득실을 잘 판별하면

마음이란 한 장수가

생각이란 천만의 졸개를 지휘하게 되리니.

어찌 진리의 길 걷는 선비가 되어

품안의 보배를 팔려다가 스스로를 해칠 것인가?

얻음과 잃음이 더욱 얻음과 잃음을 가져와서

하늘과 땅처럼 벌어진다네.

그대 두 사람은 오로지

이 일에 정력을 바치기 바라며

늙은 나 또한 정성을 다할 것이네.

『文集』 內集, 卷5, 「詩・次韻奇明彦贈金而精. 二首」, '守靜'

제자 이덕홍이 물었다.

때때로 마음속에서 마치 양수기로 물을 퍼 올리는 듯 무엇이 솟구쳐 오르는 느낌이 일어나는 것은 무엇 때문입니까?

퇴계 선생이 답하였다.

마음의 기운이 편안하게 자리를 잡지 못해서 그런 현상이 일어납니다. 마음은 본래 무엇이든 한없이 받아들이면서 고요할 수 있는 것입니다. 때문에 오직 마음을 잘 가라앉혀서 편안하게 자리 잡고 있게만 하면 그와 같이 들끓어 오르는 일은 일어나지 않습니다.

『言行錄』, 李德弘 記錄

• 고요함을 기르다

산림에서 편안함을 꾀한다 이르지 말지니
마음의 근원 다해 마치지 못하면
오히려 할 일이 많다오.
눈 속이 맑고 깨끗함은 항상 고요히 기르고 있음이요
일을 치르고는 벗어남은 얽히지 않음이네.
아홉 해나 텅 빔을 살폈지만 달마의 면벽이 아니고
삼 년 동안 기氣를 익혔지만 단丹을 달이는 것과 다르네.
성현께서 고요함 말한 것이 해처럼 밝으니
터럭 끝이라도 잘못 볼까 깊이 삼가네.

『文集』 內集, 卷3, 「詩・和子中閒居二十詠」, '養靜'

• 마음을 하나로 하여 만 가지를 주재하는 공부입니다

한 가지 일을 생각하기 시작하면 동시에 다른 일이 닥칠지라도 생각할 거를이 없도록 합니다.

본래 우리 공부에서는 마음을 두 갈래로 쓰면 안 되기 때문에 한 가지만을 주로 하기 위하여서는 당연히 그렇게 하여야 할 것입니다. 그러나 모든 경우에 그러하게 되면 그 또한 도리에 맞지 않는 경우가 있을 것입니다.

예를 들어 지금 어떤 사람에게 동시에 보고 들어야 할 일이나 손과 발을 한꺼번에 사용해야 할 일이 닥쳐왔다고 합시다. 참으로 배운 바에 충실히 한다면서 듣는 데에만 오로지 마음을 쏟고 보는 데에는 전혀 마음을 두지 않거나 손을 놀리는 데에만 오로지 마음을 쏟고 발을 놀려야 할 데에는 전혀 마음을 두지 않는다면 어찌 되겠습니까?

어찌 일 처리에 대해서 한 가지는 제대로 되고 나머지는 잘못됨에 그치고 말겠습니까?

당연히 마음을 쏟아서 관리하였어야 할 것을 관리하지 않고 그대로 내버려 둔 부분 속에는 마음을 써서 대응했어야 할 것과 대응하지 않았어야 할 것이 있었을 것입니다.

결국 그와 같이 대응했어야 함에도 불구하고 멍청하고 어리석게 넘어간 결과가 나타남을 보게 되면 그것이 바로 마음이 맡은 바 임무를 다하지 못한 경우에 해당합니다. 그런 식으로 온갖 변화하는 일에 대응한다면 어찌 절도에 맞도록 할 수가 있겠습니까?

그래서 나는 다음과 같이 생각합니다.

정자程子께서 군자는 항상 ① 보는 것은 분명하게 하고, ② 듣는 것은 총명하게 하며, ③ 얼굴색은 온화하게 하고, ④ 몸가짐은 공손하게 하며, ⑤ 말은 충성스럽게 하고, ⑥ 일은 경건하게 하며, ⑦ 의심나는 것은 묻고, ⑧ 노여움이 날 때에는 곤란한 결과를 초래하지 않을까 생각하고, ⑨ 이득이 있으면 도리에 맞는가 생각하여야 한다 하셨고, 나아가서 그 아홉 가지 생각함은 결국 오로지 하나로 귀착된다고 말씀하셨습니다.

다시 생각해 보면, 그것은 한 가지 일에 나아가되 마음을 두 가지로 쓰는 경우가 생긴다면 공부하는 도리에 맞지 않는다는 말이라고 생각됩니다.

만약에 많은 일을 한꺼번에 당하여서 왼쪽으로 갔다가 오른쪽으로 갔다가 하는가 하면 또 저쪽으로 갔다가 이쪽으로 왔다가 하면서 오락가락 한다면, 어찌 복잡하게 얽힌 채 한꺼번에 닥친 그 많은 것을 한편으로 생각하고 한편으로 대응해 낼 수 있겠습니까?

오직 그러한 가운데에도 마음은 모든 일을 거느려 주재함이 우뚝 자리 잡고 있으면서 모든 일의 벼리가 되어야 합니다. 대응할 여러 일의 눈에 보이지 않는 낌새가 마음의 주재함 밑에서 저절로 눈과 귀, 팔과 다리에 나타나고 나의 몸이 말없이 그 낌새를 깨달아서 적절히 처리하게 됨에 이르러야만 처리하지 못하고 빠트리는 마디가 없게 되지 않겠습니까?

능히 그렇게 될 수 있는 이유가 있습니다. 사람의 마음은 텅 비어 있으면서도 신령스럽습니다. 그래서 헤아릴 수 없으면서도 온갖 이치를 본래 다 갖추고 있습니다. 그렇기 때문에 대응할 여러 일의 낌새가 마음의 주재함 밑에서 저절로 눈과 귀, 팔과 다리에 나타나고 나의 몸이 말없이 그 낌새를 깨달아서 적절히 처리할 수 있게 되는 것입니다.

사물을 느껴서 반응을 일으킴에 이르기 전부터 미리미리 지각이 흐리

멍덩하지 않도록 진실로 평소에 수양을 쌓게 되면 굳이 일마다 생각을 두지 않더라도 골고루 비추고 널리 대응하는 미묘한 능력이 나타나기 마련이라는 말입니다. 그러한 능력은 마음에 이미 있었기 때문이지요.

하나를 주로 한다는 것은 마음을 오로지 완전한 하나로 되게 하는 것입니다.

일이 없으면 조용히 안정해서 움직이는 사물에 놀라지 않다가, 일이 있으면 그 일에 따라 변화에 대응할 뿐 다른 데에는 마음을 쓰지 않는다는 것입니다.

어떤 일이 생기면 그 일을 주로 한다는 말은 바로 그 일 하나를 주로 삼아서 마음을 완전한 하나로 되게 한다는 것입니다. 만약 그 일에 얽매이거나 미련이 있으면 그것은 사사로운 생각이므로 반드시 일은 이미 지나 갔음에도 불구하고 마음에는 잊지 못하고 남겨두는 잘못이 나타나거나, 몸은 여기 있음에도 불구하고 마음은 저쪽에 가 있는 어리석음을 보게 될 것입니다. 그렇게 되면 마음이 이리저리 갈라져서 완전한 하나를 주로 하지 못하게 될 뿐만 아니라 오히려 우리가 공부한 것과 반대로 가게 될 것입니다.

깊이 생각해 보면, 하나의 마음은 만 가지 일을 거느릴 수 있지만 만 가지 일은 하나의 마음을 명령할 수가 없기 때문에 마음이 능히 모든 것을 거느리고 주재하게 된다는 이치를 알게 됩니다.

마음이 오로지 완전한 하나로 되기만 하면 생각하기를 기다리지 않더라도 능히 일을 그 상황에 따라 절도에 맞게 할 수가 있는 것입니다.

만약에 겨우 한 가지 일을 생각하기 시작했으므로 다른 일을 생각할 겨를이 없다는 것으로만 이해한다면 오히려 그 일에 얽매이는 바가 될 것입니다. 그래서 주자朱子의 말씀처럼 얽매이거나 미련을 갖는 사사로운 생각이 되어 결국 이리저리 갈라져서 완전한 하나를 지키지 못하는 병폐를 이루게 되고 말 것입니다.

일에 대응함에 있어서는 선하거나 악하거나 크거나 작거나를 말할 것 없이 모두 다 마음속에 두어서는 안 되는 것입니다. 마음속에 둔다는 말의 뜻은 집착하거나 얽매임을 당하는 것을 가리킵니다. 마음으로 미리 목표를 정하거나 인위적으로 억지 조장을 하거나 공로를 바라거나 이익을 헤아리거나 하는 갖가지 병통이 모두 여기에서 생겨납니다.

한편, 하루에 세 번 스스로를 반성한다고 할 때와 같은 마음가짐은 없앨 수가 없는 것입니다.…… 하루에 세 번 스스로를 반성한다고 할 때와 같은 마음가짐은 마음의 움직임에 붙어 있는 것도 아니고 붙어 있지 않은 것도 아닌 공부 상태를 가리키는 것입니다.

고요히 있을 때에는 우주 진리의 본래 그러한 그대로를 기르고, 움직일 때에는 인간적인 욕심을 그 싹트는 낌새에서 끊었는가를 살피는 것입니다. 그렇게 하기를 참으로 오래도록 힘쓰고 쌓아서 익숙하기에 이르면 마음에 움직임이 없어, 고요할 때에는 마음이 텅 비고 움직일 때에는 바르고 왜곡됨이 없게 됩니다. 일상생활 속에서 비록 생각이 백 번 일어났다가 백 번 사라진다고 할지라도 마음은 본래 그대로일 수 있게 될 것입니다. 마음이 본래 그대로이기 때문에 쓸데없고 잡스런 길고 짧은 생각들은 저절로 나의 근심거리가 될 수 없는 것입니다.[6]

『文集』 內集, 卷28, 「書·答金惇敍」

오는 사람을 맞이하지도 않고 가는 사람을 따라가지도 않는다는 말에 대하여 논한 것은 큰 줄거리가 옳았습니다.

비유하면, 한 집안의 주인은 언제나 집안에 있으면서 그 집안일을 주관하고 있다가 밖에서 오는 손님을 만나게 되면 스스로는 문을 나가지 않고 안에서 맞이하며 그 손님이 가더라도 문을 떠나지 않는 것과 같을 것입니다. 주인이 손님을 전송함이 그와 같으면 비록 매일 같이 맞이하고 보낸다 할지라도 집안일에 무슨 탈이 나겠습니까?

그렇지 않으면 동서남북에서 손님이 많이 오게 될 경우 자신이 문 밖까지 나가서 맞이하고 집안으로 들어와서 접대하느라 바빠서 쉬지도 못할 것입니다. 손님이 갈 때에도 또한 그러할 것이니, 그렇게 되면 스스로의 집에는 어느덧 주관할 사람이 없어지고 훔쳐 가려는 이들이 설치며 집을 부수고 황폐하게 만들 것입니다.

『文集』內集, 卷28, 「書·答金惇敍」

고전 속에는 마음공부에 대하여 아주 훌륭하게 비유하여 놓은 옛이야기들이 있습니다.

『열자列子』라는 책에는, 어떤 사람이 금을 탐한 나머지 주위에서 사람들이 보고 있는 것에도 전혀 아랑곳하지 않고 금은방에 들어가 금을 주머니 속에 집어넣다가 잡혀서 벌을 받았다는 이야기가 있습니다. 죄를 다스리는 관리가 그 사람에게 많은 사람이 보고 있었음에도 불구하고 감히 그와 같은 도둑질을 하게 된 동기를 물었습니다. 그는, 자기의 눈에는 금만 보였지 옆에 사람들이 있는지 없는지는 보이지도 않았다고 대답하였습니다.

『예기』라는 책에는, 정장 차림을 하고 고상한 음악을 들으면 자꾸만 졸리다가 잠이 들곤 하는데, 음탕한 음악을 들으면 재미가 있어서 더욱 눈이 말똥말똥해진다는 어떤 제후의 이야기가 있습니다.

『삼국지』라는 책에는, 권세를 잡고 있는 조조와 함께 유비가 식사를 하고 있는 대목이 나옵니다. 조조가 유비에게 "지금 세상에는 그대와 나만이 영웅인 것 같다"고 말을 하자 유비가 깜짝 놀란 나머지 손에 쥐고 있던 숟가락을 놓쳤다는 이야기가 실려 있습니다.

이 이야기들은 모두 마음이 사람의 행동을 주재한다는 것을 가르치려는 것입니다.

금을 훔친 사람의 마음은 그 당시 옆에서 보고 있던 사람들에게 있지 않고 금에만 있었습니다. 고상한 음악을 들으면 졸리고 음탕한 음악을 들으면 정신이 번쩍 드는 사람의 경우에는 그의 마음이 고상한 곳에 있지 않고 음탕한 쪽에 있는 것입니다. 유비가 숟가락을 놓친 것은 그의 마음이 숟가락에 있지 않고 조조가 자기의 속마음을 알아차리지나 않을까 하는 데에 있었기 때문이었습니다.

미루어 살펴볼 것 같으면, 수양을 하고자 하는 사람은 반드시 스스로의 마음을 거두어들여서 마음의 제자리에 보존하여 놓고 스스로를 주재하도록 하여야 할 것입니다.

『文集』 內集, 卷41, 「雜著・得其正正其心. 分體用之說. 心不在焉. 在軀殼在視聽之辯」

• 진리 앞에 경건한 마음을 지켜 나가는 요령

— 경재敬齋 글방에 걸어두고 마음 새긴 글[7]

옷과 관을 바르게 하고 눈매를 우러르듯 엄숙하게 하며 마음을 가라앉혀 생활하면서 언제나 상제上帝 앞에 마주 서 있듯이 한다. 발걸음은 반드시 무겁게 하고 손놀림은 반드시 공손하게 하며 땅을 가려가며 밟고 개미집일지언 정 밟지 않고 비켜서 말을 몰아간다.

문을 나서면 손님같이 하고 일을 할 때에는 제사 지내듯 정성을 다하며 조심 조심 잠시라도 쉽게 처리하지 않는다. 입은 병마개를 단 듯 지키고 마음속 뜻은 성을 방어하듯 지키면서 경건하고 삼가서 조금이라도 가볍게 움직이지 않는다.

동쪽에 뜻이 있으면서 서쪽으로 가는 일 없고 남쪽에 뜻이 있으면서 북쪽으 로 가는 일 없으며 일을 맡아서 몸담게 되면 그에 전념하고 다른 곳으로 돌 아다니지 않는다.

하나를 더 보태어 둘로 만들지 않고 이것저것 늘어놓아 셋을 만들지 않으며 오직 마음만을 한결같이 하여 만 가지 변화를 굽어살핀다.

이러한 일에 몸담는 것, 이것을 바로 진리 앞에 경건한 마음을 지키는 일(持敬)이라고 합니다. 움직일 때에도 움직이지 아니할 때에도 이에 어긋 나지 않게 하고 겉으로도 속으로도 서로서로 바로잡도록 합니다. 눈 깜작 할 사이에라도 틈이 생기면 사사로운 욕심이 만 갈래로 갈라져 나와서 불 없이도 뜨겁고 얼음 없이도 차갑게 됩니다. 터럭 끝만큼이라도 벌어짐 이 있으면 하늘과 땅이 뒤바뀌고 윤리와 도덕이 성난 파도 속으로 침몰 하니 모든 질서도 따라서 깨어지고 맙니다.

『文集』 內集, 卷7, 「箴・進聖學十圖箴」, '敬齋箴'; 「古鏡重磨方・敬齋箴」

─아침 일찍 일어나서 밤에 잠들 때까지 익힌 글8)

닭이 울어 깨어난다.9) 차츰 생각이 일어나니 이때에는 고요히 마음을 정돈하 여야 한다. 때로는 지난 허물을 되살피기도 하고 때로는 새로 얻은 것을 찾아 내어 하나하나 분명하고 조리 있게 정리하며 확실히 내 것으로 만든다.

근본이 섰으면 새벽에 일어나 세수하고 머리 빗고 옷차림을 가지런하면서도 위엄 있게 한 뒤에 단정히 앉아서 마음과 몸을 거두어 잡는다.[10] 마음이 떠오르는 태양과 같이 엄숙하고 흐트러짐 없이 정돈되며 텅 비면서도 밝고 한결같이 한다.

그렇게 되었으면 책을 펴고 성현들을 마주 대한다. 공자께서 내 앞에 앉아 계시고 안자顔子[11] · 증자曾子[12]가 그 앞뒤에 서 있음을 느낄 수 있을 것이다. 성인이신 공자의 말씀을 경건한 마음으로 듣고 그 제자들이 묻고 따졌던 말들을 거듭 반복하여 바른 결론을 얻어낸다.

그러는 중에 세상살이하는 일이 생기기 마련이다. 일이 생기면 그것을 받아들여서 처리하는데, 지금까지 익힌 공부가 자기의 행위에 얼마나 반영되는가를 스스로 겪어 보고 평가해 본다. 스스로를 속일 생각일랑 아예 하지를 말고 언제나 환하게 밝은 하늘의 명령에 주목하여야 하는 것이다.

일을 대응함이 끝나면 곧 일을 떠나 조금 전의 나로 돌아와서 마음을 고요하게 하고 정신을 모으며 생각을 쉬도록 한다.

모든 것이 움직임이 지극하면 고요함으로 고요함이 지극하면 움직임으로 시곗바늘 돌듯 순환하기 마련이지만, 마음만은 그 순환의 굴레를 벗어나 있으면서 가만히 스스로를 살펴보고 있도록 한다. 움직임이 없으면서 고요할 때에는 흐트러짐이 없도록 잘 보존하며, 움직이면서 작용을 할 때에는 잘못되는 낌새가 없는가 자세히 살핀다. 마음이 두 갈래 세 갈래로 쪼개지지 않도록 하는 것이다.

공부하며 오랜 시간 책을 보게 되는데 틈틈이 쉬는 시간을 갖는다. 쉬는 시간에는 모든 것을 풀어놓고 한가롭게 노닐며 정신의 긴장을 풀어서 마음의 바탕과 정서情緖를 쉬게 하는 것이 중요하다.

해가 저물고 몸과 마음이 피곤해지면 흐린 기운이 그 틈을 타고 들어오기 쉽다. 마음을 장엄하고 무게 있게 가다듬어서 정신의 밝음을 더욱 떨치도록 하여야 한다.

밤이 깊어지면 잠자리에 드는데, 손과 발을 가지런하게 하고 생각을 일으키지 말며 몸과 마음, 영혼까지도 참으로 잠들게 한다. 이렇게 하면 잠을 자는 동안에도 밤기운이 나를 기르게 되는 것이다.

모든 현상은 끝이 있으면 시작이 있고 열매가 맺으면 싹이 돋게 마련인 것이 이치이니, 훌륭한 하루를 훌륭하게 마치면 또 다시 훌륭한 내일이 시작되는 것이다.

생각을 언제나 끊임없이 여기에 매어 두고 지키며 밤낮으로 부지런히 힘쓴다.

이것이 진리 앞에 경건한 마음을 지켜 나가는 사람의 하루입니다.

『文集』內集, 卷7,「箴·進聖學十圖箴」, '夙興夜寐箴';「古鏡重磨方·夙興夜寐箴」

─ 안과 밖을 함께 서로 수양하는 도리입니다

경건한 마음을 지켜 가며 진리의 길을 닦는 요령에 관하여서 진서산 眞西山[13] 선생이 말하였습니다.

마음이 하나 되어 모든 것을 주재하면서 이리저리 빗나가지 않도록 하되 ① 가지런하게 다듬고 엄숙하게 여미는 일로써 실마리를 잡는다고 가르친 선생 도 있고, ② 언제나 변함없이 깨어 있도록 한다고 가르친 선생도 있고, ③ 스스로의 마음을 거두어들여서 어떠한 사물도 그 속에 자리 잡지 못하게 한 다고 가르친 선생도 있다.

결국 세 분 선생의 말을 합하여 힘을 쓴 뒤에야 비로소 안과 밖이 함께 서로 수양되는 도리가 생긴다.

다만, 지금 처음 이 길로 들어서면서 힘을 들여야 할 상황을 찾는다면 마땅히 정이천程伊川[14] 선생이 가르친 대로 가지런하게 다듬고 엄숙하게 여미는 일부터 먼저 하여야 할 것입니다.

그렇게 하기를 게을리하지 않으면 마음이 완전한 하나로 되어서 나쁜 것, 사특한 것들로부터 침범 당하지 않을 수 있게 될 것입니다.

① 마음이 완전한 하나로 되어 모든 것을 주재하면서 이리저리 빗나가지 않도록 하는 일이나, ② 언제나 변함없이 깨어 있도록 하는 일이나, ③ 스스로의 마음을 거두어들여서 어떠한 사물도 그 속에 자리 잡지 못하게 하는 일이 모두 그 속에 있어서 따로 단계를 나누어 공부하지 않아도 될 것입니다.

그러므로 주자께서는 말했습니다.

경건한 마음을 지켜 가며 진리의 길을 닦는 일은 말을 많이 할 필요가 없다. 다만 가지런하게 다듬고 엄숙하게 여민다거나, 몸가짐을 엄중하고 위엄 있게 한다거나, 길고 짧은 생각을 가지런하게 간추린다거나, 옷매무새를 바르게 한다거나, 존경하여야 할 것을 존경하여 우러러본다는 것 같은 몇 개의 말들을 몸에 푹 배도록 내 것으로 만들면서 실천을 통하여 공부하기만 하면 되는 것이다. 그러면 몸과 마음이 깨끗하고 흔들림이 없어져서 안팎이 한결같아질 것이다. 이른바 내면세계에서 곧바르게 된다거나 마음이 한곳으로 집중되어 하나 된다는 것이 그렇게 되려는 생각을 기다리지 않고도 저절로 이루어지게 될 것이다.

마음이 하나 된다고 말할 때에 그 하나라는 말은 세상 모든 사물에 상대적 측면이 있는 것과는 달리 상대적 측면을 곁들이지 않아서 둘이 아니라는 뜻입니다.[15] 이것저것 섞이지 않았다는 뜻이며, 또한 언제나 변함없이 한결같다는 뜻이기도 합니다.

『文集』內集, 卷29, 「書·答金而精」

• 마음을 놓느냐 잡느냐에 달려 있을 뿐입니다

마음에는 움직이는 마음과 움직임을 여의고 지극히 고요한 마음이 있다고 말하거나 들뜬 생각, 사특한 생각, 사물에 이끌리는 생각 등이 어지럽게 요동쳐도 지극히 고요한 마음은 본래 그대로 움직임이 없다고 말하는 사람이 있습니다. 그러나 마음은 언제나 하나인 것이지, 움직이는 것과 고요한 것 두 가지가 있는 것이 아닙니다. 마음은 신령스럽고 밝아서 불가사의하게 두루 흘러 다니는데, 그것을 잡으면 보존되어 고요해지고 놓아 버리면 흩어져서 어두워지고 번잡하며 산만하게 되는 것입니다.

그 모든 것이 마음을 잡느냐 놓느냐에 달려 있을 뿐인 듯합니다.

『文集』 內集, 卷12, 「書・答崔見叔[16]問目」

이른바 놓아 버린 마음이란 물건을 좇아 이리저리 분주하게 달리는 마음은 물론이고 짧은 시간 동안에 한 가닥 생각이 조금이라도 달아나거나 잃어버린 마음 모두를 일컫습니다.

그 놓아 버린 것을 찾아 거둔다는 것도 하루 한 끼 밥 먹는 잠시 동안에 붙잡아 둘 수 있음으로써 마침내 종신토록 학문하는 기본으로 삼을 수 있게 되는 거창한 경우만을 말하는 것이 아닙니다.

날이면 날마다, 생각하면 생각마다, 있으면 있는 곳마다, 어떤 경우를 당하면 그 경우마다, 언제나 끊임없이 새어 나감이 있다는 깨달음이 있자 곧 거두어 잡고 정돈합니다. 결국 깨우침을 얻게 되는 모든 일을 가리켜 마음을 거두어 잡는 공부라고 하는 것입니다.

『文集』 內集, 卷23, 「書・答趙士敬[17]」

・마음을 공부하는 방법

마음을 공부하려면 인간적인 욕심을 막아 내고 우주의 진리를 보존해 내어야 합니다.

그렇게 하기 위하여서는 마음이 가장 기본적이고 순수한 상태로 돌아가서, 마음을 우주의 진리와 하나가 되도록 오로지 한결같이 지켜 나가야 합니다. 그 방법은 다음과 같습니다.

① 저 홀로 있을 때에도 마치 성현을 모시고 있을 때와 같게 몸과 마음가짐을 조심하며, ② 스스로를 이겨 내어서 전체를 살리는 질서로 돌아갑니다. ③ 마음을 가능한 한 오래도록 한 자리에 머물러 있게 하고, ④ 흐트러졌거나 흐트러지는 마음을 찾아 모으며, ⑤ 마음을 바르게 합니다.

⑥ 그리하여 부귀로 말미암아 타락하지 않고 가난이나 사회적 지위의 낮음으로 말미암아 비뚤어지지 않으며 겁나는 무력 앞에서도 굽히지 않는 흔들림 없는 마음을 확립합니다.

⑦ 삼갈 것을 세워서 지키고 항상 모자랄까 두려워하며, ⑧ 마음의 방향을 확실히 하고 보존합니다. ⑨ 마음 자체를 따져 살피고, ⑩ 마음을 더욱 훌륭하게 기르며, ⑪ 마음의 문제를 다해 마칩니다.

⑫ 그리하여 마음 내키는 대로 따라 하여도 그것이 전체를 잘 되게 하는 규범을 벗어나지 않는 경지에 이릅니다.

그렇게 되면 마음이 곧 근본 바탕인 본성과 같은 것이었음이 확인되고, 욕심이라고 나무라던 것이 곧 그 근본 바탕의 작용이었음도 드러나게 됩니다.

본래 근본 바탕은 우주의 진리였고 그 작용은 전체를 잘되게 하는 진리를 해치는 것이 아니었던 것입니다.

『文集』內集, 卷7,「箚·進聖學十圖箚」,'心學圖說'

· 마음의 병을 다스리는 요령

마음을 조절하고 보존하며 행동을 돌이켜 살피는 공부를 정도에 맞게 하지만 한편으로는 그렇게 하고 있다는 것을 생각에 떠올리지 않습니다.

오직 일상생활에서 실천하게 되는 아주 평범하고 정상적인 일 가운데 명백한 부분에 우선적으로 초점을 맞추어서 너그러운 마음과 여유 있는 자세로 차분하게 주자의 「조식잠調息箴」을 따라 스스로 닦고 길러 나가십시오.

그렇게 오랜 세월이 쌓이면 마음의 병이 저절로 낫는 효과가 있을 뿐만 아니라 마음을 거두어 모아서 조절하고 보존하는 내면적인 열매도 이에 힘을 얻어 맺히게 될 것입니다.

마음을 조절하고 보존한다는 것과 행동을 돌이켜 살피고 있다는 것을 생각에 떠올리지 말라고 하였는데, 그것은 배우는 사람들이면 누구나 항상 그렇게 한다는 것은 아닙니다.

다만 마음의 병은 반드시 그러한 과정을 거친 뒤에야 편안하게 될 수 있기 때문에 그렇게 말하는 것입니다.

사람이 마땅히 해야 하는 도리나 우주의 진리는 안과 밖의 구별이 없어서, 밖으로 삼가면 안으로 배어들어 기르는 보람이 있게 되는 것입니다.

『文集』內集, 卷24,「書·答鄭子中」

마음이 내달리고 들뜬다는 것은 나도 바로 이 병통에 걸려서 늙도록 성취함을 얻지 못하고 있는 바입니다.

하지만 앞서 간 현인들께서 이 문제에 대하여 남긴 의논들을 살펴볼
수는 있습니다.

이 일은 억지로 움켜잡는다고 해서 잡히는 것도 아니고 급박하게 억
누르거나 묶어 둔다고 해서 되는 것도 아닙니다. 그렇게 한다면 아무 것
도 이루어지는 것이 없을 뿐 아니라 오히려 병이 생기기 마련입니다.

모름지기 생각을 너그럽게 가지고 여유 있게 몸에 푹 배도록 길러나
가며, 항상 깨어 있는 마음으로 되돌아 살피는 일을 빠트리지 않도록 하
여야 할 것입니다.

주자께서는 말하였습니다.

공부를 하다가 마음이 피어나기 전의 상태에 들었으면 그만 무엇을 찾으려
하지 말라.
이미 마음이 피어나서 무엇을 느낀 뒤에는 억지로 이리저리 꿰어 맞추려고
하지 말라.
오직 평일에 장엄하고 경건한 마음으로써 그것이 몸에 푹 배도록 기르는 일
을 가장 기본으로 삼는 공부를 하라.

이 한 구절이 다른 어느 것보다 간절한 깨우침이 됩니다.

『文集』內集, 卷36,「書·答琴聞遠[18]」

· 가족에게 화를 잘 내는 일

사람에 따라서는 여러 감정 가운데에서도 특히 화를 내거나 슬퍼하는
감정을 다스리기 어렵다는 경우가 있습니다. 그 사람은 화를 내거나 슬퍼

하는 쪽으로 기울어지는 기氣를 갖고 있기 때문이라 할 수 있겠습니다.

그래서 중국의 사량좌謝良佐[19]라는 분은 스스로를 이기는 공부를 하려면 모름지기 자기가 갖고 있는 기氣가 기울어져 있어 극복하기 어려운 곳에서부터 시작하여야 한다고 말하였습니다.

일반적으로 보면, 바깥 사람들로 말미암아 화가 나는 것은 그래도 제어하기가 쉽지만 가족들로 말미암아 피어오르는 화는 제지하기가 어렵습니다. 그것은, 가족에 대해서는 책임감도 있고 의지하는 마음도 있으며 훌륭하기를 바라는 마음도 본래부터 크게 자리 잡고 있을 뿐만 아니라, 만만하기도 하고 가깝기도 하여 화가 나도 대수롭지 않게 여기고 제지하려는 노력을 덜 하기 때문이겠습니다.

무릇 이런 경우들은 모두 공부가 푹 익지 못하고 나의 바탕을 이루고 있는 리理가 피어오르는 기氣를 조절하지 못해서 감정이 하는 대로 내버려 두는 경우입니다. 결국 어진 덕성을 해치는 병폐를 벗어나지 못하게 되는 것들이겠습니다.

『文集』內集, 卷11,「答李仲久[20]」

• **명의재[21]라는 집을 읊음**

의리의 길은 들판처럼 평탄하며 넓고도 밝지만
마음의 촛불 한 번 어두우면 걷기조차 어렵네.
큰 잠에서 깨어난 듯한 곳을 알고자 한다면
오직 정신을 수련하여 오래오래 쌓을 뿐이네.

『文集』內集, 卷5,「詩・龜巖精舍」, '明義齋'

• • •

1) 黃仲擧: 1517~1563, 평해황씨, 이름은 俊良, 호는 錦溪, 仲擧는 자이다. 퇴계의 가르침에 특히 조예가 깊어 선생의 기대를 많이 받았고 말과 글을 잘하였다. 벼슬하는 동안 세금 면제에 힘쓰고 서원을 여러 곳에 세웠으며 벼슬은 성주목사를 끝으로 일찍 세상을 떠났다.

2) 李叔獻: 1536~1584, 덕수이씨, 이름은 珥, 호는 栗谷, 시호는 文成, 叔獻은 자이다. 어려서 천재라 인정받고 일찍부터 도학에 뜻을 두었다. 모친을 여읜 뒤 19세에 금강산에 있는 절에 들어가 불경을 읽기도 하였으며, 23세 때에 도산으로 퇴계 선생을 방문하여 친히 도학 문답을 하고 돌아가서 여러 차례 편지를 통하여 공부하였다. 성리학 이론에 있어서 퇴계와 입장을 달리하였던 관계로 퇴계와 함께 조선 도학의 양대 학파를 이루게 되었다. 벼슬은 이조판서, 우참찬을 지내었고 저술로는『율곡전서』가 있다.

3) 朱子: 1130~1200, 남송 徽州 婺源 사람으로서 복건성 建陽에 옮겨 살았다. 신안주씨, 이름은 熹, 자는 元晦 또는 仲晦, 호는 晦菴, 늘그막에는 晦翁이라 불렸고 따로 紫陽이라고 부르기도 하였다. 二程의 학맥을 이은 李侗에게서 배웠는데, 周惇頤, 邵雍, 張載, 二程 등 북송 이래의 성리학을 집대성하였다. 그의 학맥을 정주학파 또는 考亭學派 또는 閩學이라 한다. 보통 晦菴先生 또는 朱子라고 부른다.『四書章句集注』,『伊洛淵源錄』,『明身言行錄』,『資治通鑑綱目』,『詩集傳』,『楚辭集注』 등을 썼다. 뒤에 사람들이 그의 글을 편찬하여『朱子語類』와『朱子大全』을 만들었다. 퇴계 선생이 도학의 正宗으로 삼고 있는 바이다.

4) 箕子: 은나라의 마지막 왕 紂의 숙부로서 이름은 胥餘, 관직은 태사였고, 箕지방의 왕으로 봉해졌기 때문에 기자라 하였다. 주왕에게 간하다가 감옥에 갇혔는데 주나라 무왕에 의하여 풀려났다. 무왕에게 나라를 다스리는 대법으로서 洪範을 설명하였고 뒤에 조선으로 와서 기자조선의 시조가 되었다고『사기』에 기록되어 있다.

5) 金而精: 1526~?, 경주김씨, 이름은 就礪, 호는 潛齋 또는 整庵, 而精은 자이다. 안산에 살았다. 퇴계 선생의 문하에 들어 경기도 안산에서 토계까지 천 리 길을 배우러 다니는 것도 고생으로 생각하지 않았다. 젊어서 학문과 행실로 추천되어 참봉 벼슬을 하다가 과거를 보아 합격하였다. 퇴계 선생 喪禮 때에 큰 역할을 담당하였다.

6) 이 편지글 속에 퇴계 선생의 敬工夫 요령이 잘 나타나 있다. 그렇지만 보통 사람들이 이 대목을 읽고서 그 요령을 쉽게 터득하기에는 어려운 점이 있을 것이다. 그 이유는 마음을 살피는 공부가 빠져 있기 때문이다. 퇴계 선생과 김돈서는 이미 오래전부터 마음을 살피는 공부가 있었으므로 그 공부의 성과 위에서 敬의 경지를 얻는 요령을 말하고 있는 것이다.

마음을 살피는 공부에도 여러 가지 길이 있을 수 있지만, 그중에서도 靜坐工夫는 빠질 수 없는 것이다. 정좌공부에도 여러 가지 방법이 있지만, 책상다리를 하고 바르게 앉아서 눈길을 코끝에 집중하여 이탈하지 않고 마음의 물결을 잠재우며 스스로의 마음이 싹트고 자라고 스러지는 모습을 감시하는 일이 가장 기본이 된다. 마음이 싹트기 전 근본 바탕과 본래 모습을 보존하는 것이 보다 근본적인 공부이지만, 경지가 높은 단계이다. 적어도 기본 정좌공부는 밑에 깔고서 이 편의 글을 읽으면 그때야 비로소 퇴계 선생이 제자들에게 준 편지의 내용이 무엇을 가르치려는 것인지 새롭게 알게 될 것이다. 그냥 글귀의 논리만으로 이해하려던 때가 얼마나 무모했었고 어리석었는지 스스로 알게 될 것이다.

7) 주자가 스스로의 인격을 수양하기 위하여 글 읽는 방 벽에 마음을 다스리는 요령을 정리하여 써 붙여 놓고 날마다 익히던 글이다. 敬齋箴이라고 부른다.

8) 夙興夜寐箴이라고 부른다. 송나라 陳柏(?~?)이 지은 것으로, 하루의 생활 속에서 경건함을 지켜 나가는 공부를 하는 사람이 기준으로 삼아야 할 요령을 잘 말하고 있다. 도학자

의 시간표라고 할 수 있을 것이다.

9) 옛날 농촌에서는 깊은 밤이 지나고 동이 틀 무렵이 되면 수탉이 잠에서 깨어나 길게 울곤 하였다. 오늘날은 5시에서 6시 사이에 해당한다고 보면 좋을 것이고 환경에 따라서는 4시로 정할 수도 있을 것이다.

10) 靜坐공부를 가리키고 있다. 다시 말하여 가부좌 자세로 곧고 바르게 앉아서 호흡을 가늘고 길게 조용히 하면서 그에 따라 마음의 물결도 고르게 하여서 말달리듯 하는 생각의 고삐를 잡는다는 것이다.

11) 顔子: 서기전 521~490, 춘추시대 魯나라, 字는 淵, 이름은 回이다. 공자의 72대 제자 중 손꼽는 한 사람이었으나 일찍 죽었기 때문에 공자의 슬픔을 초래하였다. 『論語』 20편 중의 제12편의 편명이 되기도 하였다.

12) 曾子: 서기전 505~432, 춘추시대 말기 노나라 武城(현재 산동성 평읍현) 사람으로서 이름은 參, 자는 子輿이다. 공자의 72대 제자 중 한 사람으로서 『대학』을 외워 썼다고 전해지며 吳起, 子思 등을 제자로 두었다.

13) 眞西山: 1178~1235, 남송 복건성 浦城 사람으로서 이름은 德秀, 자는 景元 또는 希元이다. 주희의 제자의 제자로서 『대학』을 중요시하였으며, 핍박을 받던 주자학을 부흥시키는 데 큰 공로를 하였다. 저술로는 『서산문집』, 『대학연의』, 『사서집편』 등이 있다.

14) 程伊川: 1033~1107, 북송 낙양 사람으로서 성과 이름은 程頤, 자는 正叔이다. 어려서 周敦頤에게서 배웠으며 理를 주로 하는 性理學說을 세워 주희에게로 이어졌다. 伊川先生 또는 程子라고 부른다. 『二程全書』가 있다.

15) 상대적 측면이 없기 때문에 절대적인 상태이다. 그래서 '오로지'라는 말을 쓸 수도 있고 '완전한'이라고 풀이할 수도 있다.

16) 崔見叔: 1514~1580, 전주최씨, 이름은 應龍, 호는 松亭, 見叔은 자이다. 일찍이 松堂 朴英에게 배우다가 퇴계 문하로 들어왔다. 문과를 장원으로 합격하고 참판에 이르렀다. 벼슬하면서도 학문에 변함이 없었다.

17) 趙士敬: 1524~1606, 횡성조씨, 이름은 穆, 호는 月川, 士敬은 자이다. 도산서원에서 남쪽으로 가까운 강가의 달내마을 사람이다. 15세부터 퇴계 선생의 제자가 되었으며, 과거를 보지 않았으나 학문과 행실로 추천되어 공조참판까지 벼슬하였다. 『퇴계선생문집』을 발간할 때 큰 역할을 담당하였고, 스스로의 저술로는 『월천문집』, 『곤지잡록』, 『퇴계선생언행총록』 등이 있다. 제자들 중 유일하게 도산서원 상덕사의 퇴계 선생 위패 옆자리에 봉안되어 있다.

18) 琴聞遠: 1530~1599, 봉화금씨, 이름은 蘭秀, 호는 惺惺齋, 聞遠은 자이다. 예안에 살았다. 20세에 퇴계 선생 문하에 들어와서 성리학에 깊이 빠졌으며, 실천이 독실하였다. 사마시를 보고 학행으로 천거되어 벼슬하였다. 봉화현감 때에 퇴계 선생의 「예안향약」을 다듬어 시행케 하고 임진왜란 때에는 명나라 군대의 군량을 주선하였다.

19) 謝良佐: 1060~1130, 북송 하남성 上蔡 사람으로서 자는 顯通, 호는 上蔡. 程顥에게서 배워서 정자 문하의 4대 선생 중 한 사람이 되었으며 상채학파의 창시자가 되었다. 주요 저술로는 『논어해』, 『상채어록』 등이 있다.

20) 李仲久: 1510~?, 용인이씨, 이름은 湛, 호는 靜存, 仲久는 자이다. 서울에 살았다. 문과에 급제하여 퇴계 선생과 함께 옥당에 올랐다가 을사사화 때에 역시 선생과 함께 삭직 당했으나 퇴계에게 후학을 자처하였다. 벼슬은 감사에 올랐고, 易學에 조예가 깊고 덕행이 높았다.

21) 明義齋: 공부하기 위해 지은 집의 이름으로서, 올바른 도리를 밝히는 공부의 집이라는 뜻이다.

▲ 진도문(박찬혁 작품)

…2부
처사의 길

▲ 매화(박찬혁 작품)

▲ 측면에서 본 도산서당 모습

1. 자연과 벗하며 세상을 즐기다

· 토계 개울가에 집을 짓고

선생은 50세에도 집이 없었다. 처음에는 하봉霞峯에 집터를 잡았는데 중간에 죽동竹洞으로 옮겼다가 결국 토계 개울가로 정하였다. 집 서쪽을 개울에 가깝게 붙여서 정사精舍를 지어 이름을 한서寒栖라 하고, 샘물을 이끌어 못을 만들고는 광영光影이라 이름 하였다. 매화와 버들을 심고 은자의 거처에 어울리도록 길을 열어 놓았다. 앞에는 탄금석이 있고 동쪽에는 고등암이 있었는데, 산과 물이 맑고 깨끗하여 완연한 하나의 별세계를 이루었다.

병진년(1556)에 성일誠一이 처음으로 이곳에 가서 절하고 뵈었는데, 그림과 책이 가득한 방안에 향을 피우고 조용히 앉아 계셨다. 사물에 얽매이지 않고 그 위에 홀로 뚜렷해 보이는 그 모습이 마치 그렇게 하여 여생을 마칠 것만 같았다.

사람들이 벼슬하는 분임을 알지 못하였다.

『言行錄』, 金誠一 記錄

· 고향 생활

형께서 고향으로 돌아가셨으니, 부인께서 봄날에 익은 술을 막 걸러 항아리에 담아 놓고 햇미나리를 소반 위에 가득 차려 깍듯이 모시겠지요.

배부른 모습으로 밥술을 놓고는 지팡이를 짚고 문을 나서서 강둑 위를 거닐면, 휘영청 늘어진 나무 그늘 아래에 새들은 여기저기서 지저귀고 동쪽 이웃과 서쪽 마을을 마음대로 돌아다니겠지요.

그 즐거움이 얼마나 좋겠습니까? 옛사람이 "마음에 만족하지 않음이 없는데 또 무엇을 바라겠는가"라고 말한 것이 이를 두고 이른 것인가 합니다.

『文集』 內集, 卷15, 「書·與吳仁遠 彦毅[1](庚子)」

· 산골 생활

산골에 사노라니 정월대보름에 등 달고 즐기는 번화로운 일을 모른 채 지내고 있습니다.

새벽에 계상서당에 앉아 시원한 샘물을 몇 잔 들이켠 뒤, 나무베개를 끌어당겨 비스듬히 누웠더니 어느 겨를엔가 한바탕 신선세계에 노니는 꿈을 꾸었습니다.

잠결에 갑자기 사람 발자국 소리가 들려 깨고 보니 그대의 아름다운 글월을 받게 되었습니다. 편지 가운데 비록 시는 없었으나 말의 내용이 시원하여 마치 산문시를 보는 듯하였습니다.

『文集』 內集, 卷19, 「書·答黃仲擧 俊良(壬子)」

· 산과 숲에 묻혀 삶

세상을 숨어 사는 사람 중에 참으로 큰사람은 도시에 숨는 법입니다. 반드시 산과 숲으로 들어가야 잘하는 일이라고 할 수는 없을 것입니다.

그러나 그런 경우는 갈아도 닳지 않고 검은 물을 뒤집어 씌워도 물들지 않을 정도로 큰 현인이 아니면 실천하기 어려운 경지일 것입니다. 그래서 보통 사람에게는 산과 숲이 도시보다 조용히 묻혀 살면서 인격을 도야하기에 낫다고 하겠습니다.

그러나 결심을 한 후 세상 사람과의 얽히고설킨 고리들을 끊어 버리고서 도시 생활을 박차고 나와 산과 숲으로 돌아가는 일은 마음만으로 되는 것이 아닙니다. 일의 형편도 그렇게 풀려 나가야만 가능한 것이겠습니다.

『文集』內集, 卷10, 「書·答李仲久」

▪ 한가히 앉다

번화한 저 도시가 내게 무슨 도움 되던가?
산림의 깊은 곳이 갈수록 싫지 않네.
몸이 여위었으니 편히 수양함이 좋겠고
바탕이 어리석으니 배움으로 다스려야 하겠네.
절간 창문에 밝은 햇빛 고요하나
염주나 헤아리며 염불 일삼지는 않으리.

『文集』內集, 卷2, 「詩·遊山書事十二首」, '宴坐'

▪ 소백산에 품겨서

선생께서 풍기豊基군수로 있을 때였다. 그곳에 소백산이 있는데, 영남에서 손꼽는 명산이다. 선생이 말을 채쳐 홀로 찾아가서 봉우리에 올랐다가 여러 날이 지나서야 돌아왔다. 표연飄然한 모습이 마치 주자가 남악南嶽 형산에 있는 도교 사당인 남악묘를 관리하던 시절 형산 최고의 축융봉에 올라가서 지은 시[2]와 같은 감흥을 느끼게 하였다.

『言行錄』, 金誠一 記錄

・강물과 암석 사이

선생께서 단양과 풍기군에 재임할 때이다. 맑은 바람이 시원하듯 한 점의 사사로운 마음이 없었다. 공무公務의 틈틈이 책 읽는 일로 스스로를 즐기다가 때로는 초연히 홀로 나가서 강물과 암석의 사이를 배회하였다. 밭 가는 늙은이나 마을의 노인들이 바라보면 마치 신선 같았다.

『言行錄』, 金誠一 記錄

・취미 생활

일이나 노름을 즐기다가 그것에 빠지게 되면 마음을 바르게 잡기 어려워지므로 여러 가지 재주와 예능에 관심을 두는 것은 심성수양에 도움이 되지 않습니다.

그러나 성인께서 예의・음악・활쏘기・수레 몰기・글쓰기・수학의 여섯 가지 예능을 가르치는 것을 인정하였듯이 절대적으로 금지시킬 것은 아닙니다.

다만 거기에 빠져서 떠날 줄을 모르게 되면 해롭게 된다는 것을 염려할 따름입니다.

『文集』 內集, 卷13, 「書・答宋寡尤[3]」 言愼(庚午)」

・시 짓기

그대가 지은 시 여러 편은 생동감이 넘치고 매우 아름다웠습니다만 우려할 만한 점도 있다고 생각되었습니다.

무릇 시라는 것이 학문 전체에 있어서 본다면 끝가지에 해당하는 예능이긴 합니다만 사람의 본성과 정서에 뿌리를 두고 있어서 바탕이 있는 것입니다. 또한 인품을 반영하고 있으므로 참으로 쉽게 생각할 수 있는 것이 아닙니다.

그런데 그대는 그저 많이 지은 것만 자랑하고 화려함을 다투며 기상이 높음을 뽐내어 남에게 이기기를 좋아합니다. 그러므로 그 말들이 때로는 엉터리이고 제멋대로이거나 거짓된 점을 가지고 있는 곳이 많으며, 그 뜻이 때로는 조촐하지 못하고 너저분하게 되었습니다. 이러한 문제에 조금도 주의하지 않고 그저 입에서 나오는 대로 붓이 가는 대로 어지러이 막 써 내려갔으니, 비록 한때 유쾌함을 얻을 수는 있겠지만 만세토록 전하기에는 어려움이 있을 것입니다.

나아가서 이런 태도를 잘하는 것이라 생각하여 습관이 되어버리면 말을 삼가며 흐트러진 마음을 거두어들여야 하는 학문의 도리에 오히려 방해가 될 것이니 깊이 경계해야 합니다.

『文集』內集, 卷35, 「書・與鄭子精 琢4)(丙寅)」

· 붓글씨

붓글씨는 기본적으로 떳떳한 격식이 있어야 하지만 그 밖에도 스스로의 개성을 드러내어야 합니다. 참으로 설명하기에 묘한 분야입니다.

그것은 마치 병법에서 무궁무진하게 기이한 계책을 내는 것과 같습니다. 그러나 기이한 재주를 드러내는 곳에도 모름지기 절도와 요령이 함께 있어야 할 뿐만 아니라 오래도록 써 온 경험이 있어서 남들이 본받을 만한 가치가 있어야 합니다.

그래야만 존중할 만큼 귀한 품위가 생겨 실패하지 않게 됩니다. 만일 이 몇 가지가 없이 지나치게 기이한 것만을 좋아한다면 실패하지 않는 사람이 드물 것입니다.

『文集』內集, 卷21, 「書·答李剛而5)」

▪ 기행문 쓰기

내가 박군朴君의 「유산록遊山錄」을 보니, 구상력이 용솟음치고 말솜씨가 자유자재입니다.

천 개의 봉우리가 빼어남을 서로 다투고 일만의 폭포가 쏟아져 내리는 듯한 문장의 흐름에, 높고 낮음과 멀고 가까움과 앞과 뒤의 모든 것을 다 품고 있으면서 하나하나 세밀하게 그려내지 않음이 없습니다.

가슴속에 바다와 산악을 품고 자연의 변화와 신묘함을 꿰뚫는 지식을 갖춘 자가 아니면 어떻게 이처럼 그려낼 수 있겠습니까? 이는 아주 뛰어난 작품으로서 얻기 어려운 보물이라고 할 만합니다.

다만 좀 거리끼는 것은 문장이 너무 거침없이 흘러내려 기이한 것을 좋아하고 숭상하는 뜻이 엿보인다는 점입니다. 그 때문에 산을 이야기하면서 군이 그 경치 밖의 터무니없는 것에 말이 이르고, 학문을 논하면서 군이 학문 이외의 아득하고 비현실적이며 불필요한 증거를 들어 이것저것을 말하고 있습니다.

그러므로 사람들로 하여금 용기가 나게 하고 가 보고 싶은 마음이 일게 하는 좋은 점이 있는 반면, 자주 분명하지 못한 말들로 인하여 사람들을 어리둥절하게 합니다. 문장이 어렵고 뻑뻑하여 읽기 어렵게 만드는 결점을 면하지 못하기도 합니다.

　명산을 유람한 기록은 자연 그 말이 기이한 것을 주로 하기 마련입니다만, 그 기이함에는 저마다 구분이 있어야 하고 그 말에는 말마다 마땅한 점을 갖고 있어야 합니다. 만약 한결같이 특별하고 이상한 것만을 좋아한 나머지 그렇게 그려내기 위하여 억지로 말을 꾸며내기에 이르면, 마침내는 마음조차 방탕해져서 돌아올 줄을 모르게 되고 학문이 아무렇게나 흘러가며 기이한 것만을 따라가게 될 것입니다.

　내 소견으로는 모름지기 이런 것들을 한꺼번에 모두 털어 버린 뒤에야 비로소 더할 수 없이 훌륭한 글이 될 것이라고 생각됩니다.

『文集』內集, 卷35, 「書・與金舜擧 八元6)(癸亥)」

• 국화 길에 서리 내리다

서릿발 안개 속 국화는 생생히 만발한데
가을바람에 시골 사람의 집은 썰렁하구나.
꽃 중의 은일인 저 국화 사람의 뜻 알아보나니
해는 저물어도 마음속 기대함이야 어찌 끝이 있으랴.

『文集』內集, 卷3, 「詩・韓上舍永叔江墅十景」, '菊逕秋霜'

• 눈 속 대나무를 노래함

한양 성안에 사흘 동안 눈이 내려
문밖 거리에 사람 발길 갑자기 끊겼구나.
병들어 누웠노라 몇 자나 왔는지 물어볼 마음 없으나
다만 이 홑이불 쇠처럼 싸늘하구나.

외진 마루 앞 푸른 대는 내 마음 깊건마는
밤마다 바람에 옥 부딪는 소리 내어 울더니,
놀란 아이 알려 와서 나를 이끌어 내기에
지팡이 짚고 나와 보고 멀거니 한숨만 나는구나.
끝가지는 파 묻혀 끝도 보이지 않고
가지는 억눌리어 꺾어지려 하는데,
어여쁘기도 해라,
그 가운데 한두 줄기
높이높이 솟아 오히려 꼿꼿하구나.
속이 비었기에 얼어 터질 걱정 없고
묶은 뿌리 있어 땅 가르고 나옴을 어쩔 수 없으리니.
밝고 빛난 태양 머리 위에 이르는 철 되면
채색 봉황도 끝내 먹을 것 없다 하지 못하리.

『文集』內集, 卷1,「詩・雪竹歌」

・달구경

눈 덮인 천 개의 바위 우쭐우쭐 솟았는데
그 위로 달 뜨니 더욱 맑고 조용쿠나.
그윽한 이 사람이 졸음 없이 앉아 있었더니
차가운 거울 하나 암자 밑에서 떠올랐네.
밤이 이슥하여 향불마저 스러지니
참으로 그윽하고 조용함이 이루어지누나.

『文集』內集, 卷2,「詩・遊山書事十二首」,‘翫月’

- **대숲의 맑은 바람**

  빼곡히 함께 솟은 줄기는 푸르른 구슬인데

  유월 창문에 흩뿌리는 눈발이 차구나.

  바람에 흔들리며 이 소리 저 소리 생겨나는 것 아니라

  맑은 바람 가득 부니 온 숲이 저절로 함께 즐기는 것이네.

  『文集』內集, 卷3, 「詩·韓上舍永叔江墅十景」, '竹林淸風'

- **매화가지 끝에 밝은 달**

  공중에 뜬 얼음 쟁반 둥글기도 한데

  뜰 앞 옥꽃 핀 가지에 내려와 걸렸구나.

  옛 궁궐의 맑고 고운 것은 숨겨 둠이 좋겠지만

  숨어 사는 이 백번 돌아봄이야 싫어할 것 무에 있으리.

  『文集』內集, 卷3, 「詩·韓上舍永叔江墅十景」, '梅梢明月'

- **봄을 느끼다**

  맑디맑은 이 새벽에 한가히 일이 없어

  옷을 떨치고서 서쪽 마루에 앉았는데

  아이놈이 뜰을 맑게 쓸고

  싸리문 굳게 닫아 집안이 고요하네.

  섬돌 깊은 속에도 가는 풀이 자라나고

  보기 좋은 나무들 꽃다운 동산에 흩어져 있는데

  살구꽃은 곡우 전에 드물어졌고

복사꽃은 밤들어서 활짝 피었어라.

붉은 앵두꽃은 향그런 눈처럼 나부끼고
하이얀 오얏꽃은 은빛 파도 부서지는 듯
아름다운 새소리는 스스로 자랑스러운 듯
제각기 무어라 아침 볕에 우지지네.

세월은 흘러가며 멈출 줄 모르나니
깊숙이 스민 회포 섭섭하기 짝이 없네.
삼 년이나 서울에서 이 봄을 맞으며
옹종한 망아지가 끌채에 매인 듯
하염없이 지났으나 끝내 무슨 보탬 있던고?
밤이나 낮이나 나라 은혜 부끄러울 뿐이네.

나의 집이 어딘가?
맑디맑은 낙동강 위 넓은 들에 즐겁고도 한가한 마을.
이웃 동네 농부들 봄 일 나가고
닭이랑 개랑 울타리 지키고 있는데
그림과 책 속에 책상 자리 고요하고
이내와 노을이 시내 언덕에 비치네.

흐르는 시내에는 새와 물고기
소나무 그늘에는 두루미와 원숭이

아아 즐거울사 그 산중 그 사람이여.

'나 이제 돌아가 술이나 담겠소' 말로는 하오.

『文集』內集, 卷1, 「詩·感春」

· 연꽃을 사랑함

하늘이 선생 낳아 건곤을 여시니

맑은 가슴속엔 흠집 한 점 없었건만,

오히려 맑고 속 빈 한 줄기 예쁜 풀 사랑하셨는데

꽃 가운데 군자는 묘한 자태로 말이 없구나.

『文集』內集, 卷3, 「詩·鄭子中求題屛畵八絶」, '濂溪愛蓮'

· 세상 떠나 살아서 계절마다 좋은 점

봄날 세상 떠나 삶에 좋은 점 있으니,

수레바퀴 말 자국이 문 밖 멀리에 끊어지고

동산에 핀 꽃에는 성정의 이치 맺히며

뜰에 돋은 풀에는 건과 곤이 묘하다네.

놀빛 조용한 고을에 깃들어

세상 멀리 물가 마을에 사노라니

읊조리며 집으로 돌아오는 즐거움

저 기수 강물 없어도 된다는 것 알아야겠네.

여름날 세상 떠나 삶에 좋은 점 있으니,

찌는 더위를 푸른 계곡물로 씻고

해당 석류가 이때에 꽃 피며
점박이 죽순이 비로소 가지런히 솟아오르네.
옛집엔 섬돌에서 구름 이는데
깊은 숲에선 사슴이 새끼를 기르네.
예로부터 몸 가리라 타일러 왔듯이
음기가 자라나는 길에서 미혹에 끌려가지 말지라.

가을날 세상 떠나 삶에 좋은 점 있으니,
서늘한 바람 불어 옷깃 절로 상쾌하고
벼랑의 단풍 붉은 비단인 양 문드러지며
울타리의 국화는 황금빛 찬란하다네.
벼가 익으니 다시 밥 짓고 술 빚으며
닭이 살찌니 때때로 삶아 내는구나.
서리 오면 얼음 언다, 예로부터 경계하였으니
한 해가 저묾에 마음먹음 어떠해야 할 건가.

겨울날 세상 떠나 삶에 좋은 점 있으니,
농삿집 그 많던 일도 또한 쉬고
마당 다지고 채마밭 개간하며
외나무다리 걸쳐 놓아 시냇물 건너네.
병든 몸 따뜻이 함은 나무하는 아이가 맡고
추위 떨쳐 냄은 베 짜는 아낙네가 헤아리네.
깊은 샘 바닥에서 양기의 덕 자라나니

이로부터 온갖 일에 근심 걱정 스러지리라.

『文集』內集, 卷3,「詩·四時幽居好吟」

· 월란대 절에 묵으며 감회를 적음

열다섯 해 전 이곳에서 글 읽었는데
세속 티끌 속에 날뛰다가 끝내 어찌 되었는가?
이제 병든 뼈로 신선 비결 미혹되지만
의구한 여울 소리 푸른 공중에 사무칠 뿐인데,
거사는 집을 잊고 노장의 벗 되어 있고
화상은 약속 지켜 그윽한 암자 지어 놓았네.
임금 은혜 무거움에 번번이 누 끼칠 수 없음이지
높은 이름 얻기 위해 고기 낚음 아니니
번화한 서울 거리에서 공무용 말 타지 않고
푸른 산 이곳에 와서 월란암 중과 짝하여 지내네.
고요함 속에서 마음 평안한 방법 절로 얻음에
다시는 세상 속 뼈아픈 시행착오 없으리.

『文集』內集, 卷1,「詩·寓月瀾僧舍」

· 벼랑 위의 참나무

절벽 따라 벼랑길에 많은 참나무 심어져 있는데
재목감이 되지 못한들 무슨 해로움 있는가?
그 나이 이미 수백 년을 넘었더라.

『文集』內集, 卷3,「詩·櫟遷」

* * *

1) 吳仁遠: 1494~1566, 이름은 彦毅, 호는 竹塢, 仁遠은 자이다. 퇴계 선생의 숙부 李堣의 둘째 사위이다.

2) 주자는 「醉下祝融峯」이란 제목의 시에서 다음과 같이 읊었다.

만 리 길 와서 긴 바람 타고 날아오르니　　　　　　　　我來萬里駕長風
깎아지른 골짜기 구름 위에서 가슴 썻어 내리네.　　　　絶壑層雲許盪胸
막걸리 석 잔에 호탕한 기운 용솟음쳐　　　　　　　　濁酒三杯豪氣發
소리 높이 시 읊으며 축융봉 날아 내리노라.　　　　　朗吟飛下祝融峯

3) 宋寔尤: 1542~1612, 여산송씨, 이름은 言愼, 호는 壼峰, 시호는 榮襄, 寔尤는 자이다. 柳希春, 盧守愼과 퇴계 선생 문하에서 두루 배웠다. 문과에 급제하여 벼슬하며 언관으로 서인을 공격하였다. 전에 鄭汝立과 가까이 지냈다는 죄목으로 己丑獄事 때 벼슬에서 물러났다. 그 뒤 평안도관찰사, 대사간, 병조판서, 이조판서를 역임하였다.

4) 鄭子精 琢: 1526~1605, 청주정씨, 호는 藥圃, 琢은 이름, 子精은 자, 시호는 貞簡이다. 안동에서 살다가 예천으로 옮겼다. 16세에 퇴계 선생 문하에 들어 심학을 배워 실천에 힘썼다. 문과에 급제하여 벼슬하였고 임진왜란 때에는 임금을 모시고 서쪽으로 피란했다. 사후에 道正祠에 제향되었다.

5) 李剛而: 1512~1571, 사천이씨, 이름은 楨, 호는 龜巖, 剛而는 자이다. 17세 때에 송인수에게 배웠고, 25세에 문과에 장원급제하였다. 영주군수 시절에 도산으로 가서 퇴계 선생을 찾았다. 선조 초에 부제학에 임명받았으나 물러나 귀암정사를 짓고 침식을 잊어가며 유생들과 강론하였다. 학문을 일으키는 일을 사명으로 삼았다. 『성리유편』, 『대학혹문의의』, 『심경의의』 등 많은 저술이 있다.

6) 金舜擧 八元: 1524~1569, 강릉김씨, 호는 芝山, 八元은 이름, 舜擧는 자이다. 안동에 살았다. 처음 周世鵬에게 배우다가 퇴계 선생 문하에 들어와서 도의를 공부하였다. 대과에 합격하고도 벼슬길로 나가지 않고 부모를 모시며 책을 읽었다. 끝내 벼슬이 내려 현감을 지냈다.

2. 스스로 경계하며 사람들과 함께하다

· 몸가짐

나의 생각으로는 우리들의 몸가짐이 임금을 섬기는 도리와 다를 것이 없습니다. 입으로는 과장된 말을 하지 않고 손으로는 진실 되지 않은 글을 쓰지 않기를 마치 단단한 땅을 밟듯 해야 한다고 생각합니다.

이와 같이 하면 비록 힘껏 날개를 펴고 이것저것 살필 것 없이 한 차례 높이 솟구치는 해방감을 느낄 수는 없을지라도, 마침내 낭패스런 꼴을 당하고 말 걱정은 면할 수 있을 것입니다.

그렇지 못하면 결국 끝에 가서 반드시 수습하기 어려운 큰 낭패를 당하게 될 것입니다.

『退溪先生文集』 內集, 卷26, 「書 · 答鄭子中」

· 학자의 병

일 벌리기를 좋아하여 조용히 있지를 못하는 버릇이나 이상한 것을 내세워 명성을 얻으려는 병이 학자에게 있으면 세상 사람들이 조금도 용서 없이 무섭게 꾸짖는 법입니다.

그런데 오늘날 이른바 학문에 뜻을 두었다는 사람들을 자세히 보면, 학문에서 무엇인가 얻은 것이 있기도 전에 벌써 이러한 버릇과 병에 빠져드는 사람이 실제로 많이 있습니다.

이는 이제부터라도 배우는 사람들이 깊이깊이 조심하여서 그렇게 하지 말아야 할 것입니다.

『文集』內集, 卷13, 「書·答宋寡尤 言愼(庚午)」

・착실한 공부

그 사람의 말솜씨와 지식은 참으로 훌륭합니다.

염려되는 것은 일상생활에서 익히는 착실한 공부와 인류의 근본 바탕 연구에는 전연 힘쓰지 않는다는 것입니다. 그리고는 오로지 고매한 지식에 대한 견해와 남보다 뛰어난 재주만을 믿고서 한결같이 실속 없는 말만 늘어놓습니다. 남의 말은 한 마디도 받아들이지 않을 뿐만 아니라 선배 어진 분들에 대하여서까지 자신과 견해가 다른 곳이 있으면 번번이 비평을 해 붙이고 있습니다.

끝에 가서도 얻는 것이 아무 것도 없어서 별로 이루는 것이 없을까 매우 두렵습니다.

『文集』內集, 卷25, 「書·答鄭子中」

・입으로 하는 학문

요사이 어느 고명한 분의 편지를 받아 보았습니다.

요즈음 배우는 사람들이 손으로는 물 뿌리고 빗자루로 쓸어 내는 가장 기초적인 수신修身 절차도 모르면서 입으로는 우주의 진리를 늘어놓으며 명성을 도둑질하고 있습니다. 다른 사람들을 속이려 하다가 도리어 다른 사람들로부터 누명을 뒤집어쓰거나 헐뜯음을 당하곤 합니다. 그리고는 그 피해가 다른 사람에게서 다른 사람으로 번져 나가게 됩니다.

이것이 어찌 선생이나 사회의 어른들이 꾸짖어 말리지 않았기 때문이 아니겠습니까? 충분히 그들을 말리시고 타일러 조심하도록 깨우쳐 주십시오.

…… 우리는 이러한 면에 있어서 스스로 뼈저리게 경계하고 조심하지 않을 수 없습니다.

『文集』內集, 卷35, 「書・答李宏仲」, 別紙

· 요행을 기뻐하지 마라

나의 재능이 참으로 우월함에도 남의 밑에 놓이는 대우를 받는 것은 해로울 것이 없다.

그러나 만에 하나 나의 재능이 보잘것없고 뒤떨어짐에도 불구하고 요행으로 높은 자리에 오르게 된다면 이는 기뻐할 일이 아니다.

학업을 함에 있어서 마음가짐을 이와 같이 가지고 노력하여야 마땅할 것이다.

『陶山全書』遺集, 外篇, 卷6, 「寄寯1)」

· 끝내 성과가 없는 사람

옛날부터 이 길에 뜻을 둔 사람이 많았습니다. 사람의 마음은 본래부터 신령하고 밝으니, 성현의 글을 읽다가 보면 하나나 반 토막을 알게되어서 성현의 그림자가 언뜻 지나간 듯한 경지를 엿볼 수 있는 사람들이 어찌 없겠습니까?

그때에 그 사람의 마음이 별안간 오만하여지고 스스로 만족하게 되어서 '나는 이미 알고 있지만 세상 사람들은 모두 알지 못한다'고 여기며 자신을 높여서 세상의 제일가는 수준에 들었다고 믿습니다. 그런 나머지 더욱 배우려 하지도 않고 선한 사람들을 받아들이지도 못합니다.

심한 경우에는 한 세상 사람들에 대하여서 그럴 뿐만 아니라 옛날의 선현들에 대해서도 능멸하고 짓밟아 그 윗자리에 올라서야만 속이 시원한 사람들이 나옵니다. 안타깝게도 그런 사람들이 많습니다.

이런 사람들이 바로 경솔하게도 스스로를 대단하게 여기다가 끝내 성과가 없는 사람들입니다.

『文集』 內集, 卷23, 「書·答趙士敬」

·과장하여 빛내려 하지 말라

오늘날 사람들은 자기가 속하는 스승의 문을 지극히 높이 올리기에만 힘쓸 뿐입니다. 그것이 걸맞은지 걸맞지 않은지는 논하지 않은 채 그냥 세상에 과장하여 빛내려고만 합니다.

사람들의 마음 씀씀이가 공평하지 못한 것이 이와 같습니다. 그러나 일반 사람들도 속일 수 없거늘 하물며 어찌 뒷날 안목을 갖추고 참과 거짓을 꿰뚫어 볼 수 있는 사람을 속일 수 있겠습니까? 이는 매우 두려워할 만한 일입니다.

『文集』 內集, 卷14, 「書·答南時甫」

·너무 빠른 성공은 좋지 않습니다

보내온 편지를 보니 "벼슬살이가 사람을 해친다"고 말하였군요.

과연 그대처럼 이 벼슬살이라는 것이 어떤 일인지 아는 사람이 얼마나 될는지요. 그런 사람들도 하나같이 탄식을 하면서도 마침내 그 길로 빠져들고 맙니다.

부디 그대는 너무 빨리 나아가려다가 영광이라는 이름의 구렁텅이에 빠져들지 않기를 바랍니다.

언제나 생각하는 바이지만, 시작은 있는데 끝이 없게 되는 일의 수치스러움은 시장판의 많은 사람들 앞에서 매를 맞는 것보다 더한 것입니다.

밤낮으로 마음을 가다듬으며 노력한다면 어느 정도 희망이 있을 것이고 그렇지 않다면 다만 어스레한 한 평생을 보낼 뿐입니다. 그 이름을 떨어트리고 절개와 옳은 도리를 욕되게 하는 틈바귀에 빠져들기도 할 것입니다. 오히려 세속에서 세상 돌아가는 대로 나타났다 사라졌다 하는 것보다도 못할 것입니다.

『文集』內集, 卷25, 「書·答鄭子中」

▪ 날마다 노력함

날마다 생활 속에서 생기는 일을 처리하거나 물건을 맞이하여 처리함에 있어서는 언제나 나의 행동과 조치가 하나하나 이치에 맞는지 맞지 않는지를 점검하여야 합니다. 이치에 맞으면 더욱 힘쓰고 이치에 맞지 않으면 빨리 고쳐야 합니다.

만일 언제나 몸소 실행하고 마음으로 터득함을 삼가며 두려워하면서 게으르거나 소홀하거나 제멋대로 하거나 하지 않으면, 마음은 겸손해지려고 애쓰지 않아도 저절로 겸손하게 되고, 행실은 성실하려고 애쓰지 않아도 저절로 성실하게 되며, 말은 좀 더 참아가면서 하려고 애쓰지 않아도 저절로 참아가면서 하게 될 것입니다.

그래서 지난날에 행하였던 터무니없고 과장된 말이나 일을 돌이켜 보고는 그때 그것이 한낱 마음이 제자리를 못 지키거나 어긋남에 지나지 않았던 것임을 깨닫습니다. 스스로 뉘우치고 스스로 부끄러워한다면 다시는 그렇게 하라고 권할지라도 스스로 그렇게 할 수가 없을 것입니다.

만일 나의 이 의견이 그대가 겪고 있는 실제 사정과는 맞지 않다고 생각하여 이 같은 걱정거리를 털어 버리지 않고 이러한 습관을 고치지 않는다면, 그대가 비록 이름으로는 나와 함께 학문한다고 되어 있을지라도 오히려 저 배우지 않은 사람들이 분수를 지키며 다른 잘못 없이 살아가는 것보다 못할 것입니다.

『文集』 內集, 卷29, 「書·答金而精」

· 과감한 힘

과감한 힘이란 억지로 되는 것이 아닙니다. 다만 도리에 밝은 말을 알고 氣를 기르는 법을 알아서 진리를 보면 반드시 따르고 올바름을 들으면 반드시 실행에 옮길 때에야 차츰차츰 과감한 힘을 이룰 수 있게 될 것입니다. 한계를 긋지 말고 계속 노력하십시오.

『文集』 內集, 卷15, 「書·答朴子進2)(癸亥)」

· 세속의 흐름을 따르지 않기

지금 사람들은 보통 세속의 물결을 따라 허물어지고 쓰러지며 그 흐름을 타고 흘러가는 것을 상책으로 생각합니다. 사회생활이나 공부를 함에 있어서 이와 같이 하는 사람들이 자주 있습니다.

그러나 그대들은 이런 구렁텅이에 빠지지 않기를 바랍니다.

『文集』 內集, 卷23, 「書·與吳謙仲3), 趙士敬, 琴夾之4)」

• 학문의 타락

보내온 편지를 보니, "세속의 사무에 파묻혀 있다"고 하였군요. 그런 일은 누구에게나 있을 수 있는 것이겠습니다.

또 "날로 소인이 되는 쪽으로 치닫고 있다"고 말하였군요. 그대가 사실 그렇게 되고 있다고 믿기는 어렵고, 단지 스스로를 경계하는 말인 것 같습니다.

그러나 참된 공부로 탄탄한 내용이 있는 바탕을 근거로 하지 않는 경우에는 우물쭈물하는 사이에 자신도 모르게 그와 같은 지경으로 떨어지게 되는 것도 사실입니다.

…… 지금 세상에 높은 벼슬아치의 자제된 사람들을 볼 것 같으면, 선과 악의 두 갈림길에서 선한 길을 따르는 사람은 열 명, 백 명 가운데 겨우 한두 명이고 악한 길을 따르는 사람은 흘러가는 물에 휩쓸리듯 도도한 형세로 대부분에 이릅니다.

『文集』 內集, 卷35, 「書·答李宏仲(癸亥)」

• 스스로를 꾸짖음의 한계

지금과 같이 수양하면서 오래오래 앞으로 나아가면 새롭게 얻는 것이 날로 풍부해지고 묵은 습관은 자연히 없어지게 될 것입니다.

다만 일시적으로 뜻을 세운 것은 믿기가 어렵습니다. 마치 불타버린 들판에 다시 잡초가 돋아날까 두려울 뿐입니다.

옛사람들은 비록 잘못을 뉘우치고 자신을 꾸짖는 것을 귀하게 여겼지만 그렇다고 너무 심각하게 하거나 절박하게 하지는 않았습니다. 왜냐하면 그렇게 할 경우에는 오히려 허물을 뉘우침에 얽매이고 가슴속에 부끄러움과 한스러워함이 쌓이게 되기 때문입니다.

…… 이제 보내온 편지를 보니 이런 병폐가 없지 않군요. 만약 이런 병폐를 없애려고 한다면, 모름지기 일체 잡념을 없애고 날마다 마음을 비우며 기운을 화평하게 하여 글을 읽고 일을 처리하되 올바른 도리가 몸에 푹 젖도록 기르기를 오래오래 하여야 할 것입니다.

그러면 저절로 올바른 도리가 어떤 것인지 얻는 바가 있게 되고 물질에 대한 욕심은 절로 가볍고 적어져서 인격자다운 기상이 점점 이룩될 것입니다.

그렇게 하지 않고 그저 지난 허물을 하나하나 되새김질하거나 자질구레한 보람이나 이익을 이리저리 저울질한다면, 언제나 불만으로 가득 찬 소인과 별로 다를 것이 없게 될 것입니다.

『文集』內集, 卷36,「書·答琴聞遠(丁巳)」

· 변명하지 않음

말을 하면서 다른 사람이 반드시 믿게 하기 위하여 온갖 정성을 다할지라도 사람들은 알아주지 않는다는 옛말이 있습니다.

나는 평소 이 말에 깊은 맛이 있음을 느끼고 있습니다. 다른 사람의 책망을 받자 곧 참지 못하고 입을 열어 변명하는 태도를 떨쳐 버리지 못하면 대장부가 되기에 부족할 것입니다.

『文集』內集, 卷23,「書·與趙士敬」

· 공부를 하다 말다 하는 병폐

말재주만으로 서로 경쟁하듯 하는 것은 참으로 아무런 도움도 되지 않습니다.

참된 공부를 하려고 마음먹어도 하다가 말다가 하는 현상이 일어나는 것은 스스로 괴로운 일입니다.

그러나 하다가 말다가 하는 병통을 자세히 생각해 보면 결국 ① 타고 난 기질이나 세상에서 익힌 습관이 그렇게 잘못되었거나 ② 물질적인 욕심에 마음의 눈이 가려졌거나 ③ 밖으로 특별한 세상일이 생겨서 어쩔 수 없이 그만두게 되거나 하는 세 가지에 지나지 않을 것입니다.

다행히 이곳은 산속이라서 물질적인 욕심이 마음의 눈을 가리거나 공부를 그만두게 할 만큼 특별한 세상일이 일어나는 경우는 없습니다.

하지만 타고난 기질과 그동안 몸에 익힌 습관은 바로잡기 어렵습니다.

그래서 자연의 벗들 사이를 서성이면서 한결같이 친구의 힘 있는 도움이 있었으면 좋겠다고 생각하지만 그런 만남을 얻을 수가 없었습니다.

『文集』 內集, 卷17, 「書 · 答奇明彦5)(癸亥)」

· 꿋꿋해야 합니다

이 공부를 하는 사람은 어떠한 경우를 당하여서도 그것이 자기에게 명예로울 것이냐 아니냐를 헤아리거나 높은 지위를 가져올 것이냐 아니냐를 걱정해서는 안 됩니다. 그런 염려를 하면 이미 자기가 공부하는 사람의 신분이라는 자신감을 갖기 어렵게 될 것입니다.

이 공부를 하는 사람은 안으로 충실한 공부를 해야 합니다. 그렇지 않아서 갑자기 남다르게 특별한 주장을 하여 남들로부터 이상한 사람이라고 손가락질을 받는다면 스스로를 지켜낼 수가 없을 것입니다.

요점을 말한다면, 공부하는 사람은 모름지기 꿋꿋해야만 비로소 스스로의 입장을 확실히 하여 지킬 바가 있다는 것입니다.

『言行錄』, 金富倫[6] 記錄

• 공변된 마음

공로가 있으면 공로가 있다고 생각하는 것이 공변된 것이고, 잘못이 있으면 잘못이 있다고 생각하는 것이 공변된 것입니다. 어찌 사사로운 마음을 받아들이겠습니까? 공변된 것을 한결같이 따를 뿐이면 어찌 선비들의 마음이 복종하지 않을 걱정이 있겠습니까?

『文集』內集, 卷12, 「書・擬與榮川守論紹修書院事(丙辰)」

• 납작바위

흙탕물 넘쳐흐를 땐 얼굴 문득 숨기더니
물길 잔잔하자 비로소 분명쿠나.
거센 물결 휘덮일 땐 그리도 가련했건만
천고에 넘어지는 일 없구나, 저 납작바위는.

『文集』內集, 卷3, 「詩・陶山雜詠」, '盤陀石'

• 이익 추구와 도의

이익이라는 말은 쓰이는 경우에 따라서 그 뜻에 차이가 있습니다.

이익을 온 나라의 이익과 같이 근본 된 뜻으로 이해하면 결국 도의의 조화에 해당하게 됩니다.

그러나 이익을 좇는 것을 두고 말하자면, 군자가 되려는 사람에게는 그 마음 씀씀이를 해치는 결과를 가져올 것이고, 보통 사람의 경우에는 사사로운 자기 탐욕의 구렁텅이가 될 것입니다.

결국 세상에서 악이라고 하는 모든 것이 이로부터 나올 것입니다.

…… 이익과 도의라는 말은 서로 대립되게 쓰이기도 하고 서로 화합되게 쓰이기도 합니다.

두 말이 서로 화합되게 쓰이는 경우에는 이익이 도의의 밖에 있지 않고 도의를 바르게 함으로써 이익이 그 안에 있게 되는 것입니다.

그러나 대부분의 경우, 이익이 마침내 도의와 반비례되어 한쪽이 줄어들면 한쪽이 자라나고 한쪽이 이기면 한쪽이 지게 되는 일이 일어나고 맙니다.

이것은 이익의 근본이 원래 그러한 것이 아니라 사람의 마음이 그러하게 만드는 것입니다.

이 때문에 인격자의 마음이 비록 처음에는 도의를 바로 행하려다가도 막상 일에 부딪쳐서는 순수하게 도의로 밀고 나가지 못하는 경우가 때때로 생깁니다.

그 경우를 살펴보면 조금일지라도 이익 쪽으로 뜻이 향하여 있기 때문입니다. 그것은 무엇인가 꾀하는 것이 있어서 그 마음이 이미 도의와 반대 방향으로 되어 있으므로 결국 이익이 도의의 조화에 해당하지 않게 되고 오히려 서로 반대가 되고 마는 것입니다.

…… 이익이라는 글자가 처음부터 좋지 않은 것이 아니고 이익을 좇는 그 마음이 좋지 않기 때문에 결국 이익이라는 말조차 좋지 않은 쪽으로 쓰이게 되었음을 알 수 있습니다.

『文集』內集, 卷19,「書·答黃仲擧論白鹿洞規集解」

∙ 참다운 이익

백성이 살아감에 있어서 의지하는 바로는 재물보다 더 절실한 것이 없고, 이해관계를 따져서 욕심을 내는 것으로도 재물보다 더 큰 것이 없습니다. 그러므로 이해관계를 따짐에 있어서는 올바른 도리와 이익과의 관계 및 구별을 분명하게 하여야 합니다. 참다운 이익이 무엇인가를 밝혀주어야 합니다.

…… 어떠한 일이든 물건이든 말할 것 없이, 그것이 올바른 도리에 합치되어 순조롭고 편리하게 되는 것을 참다운 이익이라 합니다.

한편, 개인적인 욕심에서 출발하여 어느 한 측면의 이로움으로 치우쳐지는 것을 억지로 변명하며 이익이라고 몰아가는 것은 억지 이익입니다.

참다운 이익과 억지 이익은 다른 것입니다.

『文集』 內集, 卷38, 「書∙答趙起伯7)大學問目」

∙ 밭을 사는 일

벼슬 못하는 사람으로서 농사를 짓기 위하여 밭을 사는 것은 본래 잘못된 도리가 아닙니다.

그러나 그 밭의 가격을 매김에 있어서 비싸지도 헐하지도 않게 공평하도록 정하는 것이 도리일 것이고, 조금이라도 자기에게는 이득이 되고 남에게는 손해가 되게 하려는 마음이 있어서는 안 될 것입니다.

이 점에 주의해서 올바른 도리냐 아니면 나만의 이익이냐를 엄격히 구분하여야 겨우 소인을 면하고 군자가 되는 것이지, 반드시 밭을 사지 않는다는 것만으로 고상하게 생각할 것은 아닙니다.

『文集』 內集, 卷24, 「書∙答鄭子中」

▪ 참다운 우정

우리 무리들 가운데에서는 혹 작은 허물이 있는 사람이 있을지라도 마땅히 그 잘못될 수밖에 없는 실정을 이해하여서 우정으로 너그럽게 용서해 주는 것이 서로 아는 사이라고 할 것입니다.

만약 작은 어긋남이 있다고 하여 곧 의심을 품고 엄격하게 배척하여서 사귐을 끊어 버린다면, 이는 속된 무리들 사이에서는 있을 수 있는 일이겠으나 우리들 속에서 일어나서는 안 될 일입니다.

『文集』 內集, 卷23, 「書·與趙士敬」

▪ 친분이 있는 사람과 없는 사람

도리가 어둡고 힘없이 된 어지러운 세상에서 처신하는 도리를 스스로 판단해야 할 경우에는 그 상대방이 되는 사람과 자기와의 관계가 어떤 것인지 살펴야만 할 것입니다.

그 상대방이 그래도 무언가 충고해 줄 수 있는 사람이거나 자기와 친분이 있는 사람일 경우에는 곧바로 충고하여 고치게끔 하여야 할 것입니다. 그래야만 선행은 자기 혼자 차지하고 악행은 남에게 떠밀어 두었다는 의심을 사지 않을 것입니다.

그러나 불행하게도 그 사람이 허물을 고칠 가능성이 없거나 자기와 친분관계도 없는 경우라면 서로 모르는 것으로 치고 그 자리에 자기가 없는 듯이 처리하는 것이 좋은 방법이 아니겠습니까?

『文集』 內集, 卷33, 「書·答丁景錫」

• 스승과 제자 사이의 예절

스승과 학생 사이에는 특히 두텁게 예의를 앞세워야 합니다. 스승은 엄하고 학생들은 존경하여 각자의 도리를 다하여야 하는 것입니다.

엄하다는 것은 서로 무섭게 대한다는 뜻이 아니고, 존경한다는 것은 굴욕을 받는다는 뜻이 아닙니다. 예의를 갖추어 행하는 것을 중요하게 여기기 때문일 뿐입니다.

스승과 학생 사이에서 예의를 갖추어 행동에 옮기는 모습은 결국 옷차림을 단정하게 하고 음식을 절도 있게 먹으며 몸을 굽혀 절하고 길을 비켜서며 만나려고 앞으로 나아가거나 헤어져 물러날 때에 예절에 벗어나지 않게 행동하는 것에 지나지 않습니다.

옛사람들은 단 하루라도 예절을 실행하지 않으면 안 된다는 것을 잘 알고 있었습니다. 그래서 "예를 한 번 잃으면 오랑캐가 되고 두 번 잃으면 짐승과 같이 된다"고 말하였습니다.

『文集』 內集, 卷41, 「雜著・諭四學師生文」

• 어른 앞에서는 이름을 부른다

임금에게 신하를 가리켜 알릴 때에는 그 가리키려는 신하의 이름을 부르고, 어버이에게 그 아들인 자기가 스스로를 가리켜 알릴 때에는 스스로의 이름을 부르는 것이 예입니다.

『文集』 內集, 卷18, 「書・答奇明彦」, 別紙

• 평소의 예절

요즈음 평소에 사람들을 맞이하고 응대할 때에 세속적이고 잘못된 관습들을 따른 일이 없었던가 스스로의 행동을 돌이켜 살펴보니 잘못된 것이 열의 예닐곱이나 되었습니다.

편지에서 말씀하신 바와 같이 처세하기는 참으로 어렵습니다.

법도는 놀랍도록 엄중하며 겉모습이 흐트러지면 마음도 변하는 것이 사실인데, 그러한 것들이야말로 우리들에게 있어서 작은 병이 아닙니다. 마땅히 빨리 고쳐야 할 것이지만 그것을 고치는 일이 또한 쉽지가 않습니다.

그저 말하는 것 한 가지만을 들어서 논하여도 그 안에 모든 문제가 들어 있습니다. 하지만 그 문제를 글이나 말만으로 이렇다 저렇다 따지고 이렇게 해야 한다 저렇게 해야 한다 평가를 하는 것만으로는 참다운 성과를 얻을 수가 없습니다.

다만 경건함을 지키며 살아가는 수양의 태도를 잃지 말고 그 속에 깊고 두텁게 몸 담가 길러갈 뿐입니다.

때때로 실제 사람을 맞이하여 응대할 일이 닥치게 되면 그때마다 함부로 쉽게 여기거나 마음을 풀어놓는 일이 없도록 하면서 익힌 대로 활용해 보는 것입니다.

이렇게 하기를 오래오래 하여 차츰 익숙해지면, 자연히 스스로가 실수하지 않고, 사람을 맞이하여 응대할 때에도 절도에 맞을 수 있을 것입니다.

비록 절도에 맞지 않는 경우가 생긴다 할지라도 사람들이 또한 크게 원망하거나 괴이하게 여기는 일만은 없을 것입니다.

『文集』 內集, 卷24, 「書·答鄭子中」

· 도리와 인정

안타깝게도 올바른 도리와 인정을 둘 다 온전하게 할 수 없는 처지에 놓인 경우에는 도리를 잃고 인정을 따르기보다는 인정을 굽히더라도 도리를 따르는 것이 낫다고 생각합니다.

한편, 사람들이 임금과 부모는 한 몸과 같으니 하나인 것처럼 섬겨야 한다고 말하는데, 이는 참으로 옳은 주장입니다. 그러나 그 사이에는 절대로 같지 않은 점도 있습니다. 부모와 자식의 관계는 태어나기 전부터 이루어진 것이므로 그 섬기는 일에는 어떤 방법을 정할 수가 없습니다.

하지만 임금과 신하의 관계는 도리로써 만난 것이므로 그 섬기는 일에는 일정한 방법이 있게 됩니다.

그러므로 부모나 임금이 돌아가셨을 때에 부모와 자식의 관계에서는 섬기는 방법을 정할 수 없고 언제나 은혜가 도리를 덮고서 앞서기 때문에 그를 버리고 떠날 수가 없습니다. 그러나 임금과 신하의 관계에서는 섬기는 방법이 정해질 뿐만 아니라 도리가 은혜를 이기고 앞서는 경우도 생기므로 그 상례를 마치지 못하였음에도 불구하고 어쩔 수 없이 떠나야 마땅한 때가 있는 것입니다.

『文集』內集, 卷32, 「書·答禹景善9)」

· 위생의 이치를 지킴

이 못난 사람은 기운이 허약하고 늙어서 질병의 소굴 같이 되어 있음에도 불구하고 병을 예방하고 건강하게 살 수 있는 방도를 알지 못하여 계절을 따라 질병이 문득 발작하곤 합니다.

…… 그대가 두 차례의 편지10)에서 마땅히 보호하고 길러야 할 것을

일러주고 아울러 위생의 이치를 말하면서 삼가 조심하여 지키도록 하여주니 매우 보배롭게 받겠습니다. 부지런히 스스로 반성하면서 종신토록 따라 지키겠습니다.

『文集』內集, 卷11, 「書·答李仲久(乙丑)」

· 가난을 참으며 순리대로 살아라

아들 준寯아!

네가 보내온 편지에 나는 다음과 같이 답한다.

네가 처가에 얹혀살고 있는 것은 어디까지나 좋은 일이 아니다. 그러나 내가 살림 형편이 어려워서 어떠한 도움도 못 주고 몇 년이 지나갔구나. 이제 너의 형편이 더욱 어려워졌다니 참으로 안타깝다.

그러나 가난함은 선비라면 흔히 당하는 일이니 마음에 매어 두어서는 안 될 것이다. 너의 아비가 지금까지 살아오면서 이 때문에 남의 비웃음을 산 적이 많았으니, 너라고 다를 수가 있겠느냐? 다만 굳게 참으면서 모든 일을 도리에 따라 대처하고 스스로의 인격을 닦으며 천명을 기다릴 수밖에 없는 일이다.

『陶山全書』遺集, 外篇, 卷6, 「答寯」

· 칭찬 듣는 것이 걱정

후배가 선배들이 모여 있는 문에 오를 적에 주인과는 비록 서로 믿는 사이라 할지라도 그곳에 있는 손님들까지 다 미더운 사이라고 할 수는 없을 것입니다.

이 때문에 한 걸음 발을 내딛거나 한 마디 말을 하는 사이에도 칭찬을 듣지 않으면 반드시 헐뜯음을 듣기 마련인 것입니다. 헐뜯음을 듣는 것이야 당연히 두려워하고 조심할 일이지만 칭찬을 듣는 것이 사실은 더욱 근심스러운 것입니다.

옛사람이 후배들을 경계하는 말에 "오늘은 임금님 앞에서 한 마디 장려의 말씀을 듣고 내일은 재상으로부터 한 마디 칭찬하는 말을 듣게 되어 이 때문에 스스로 실수하는 경우가 많다"는 것이 있습니다. 이 말이 참으로 깊이 와 닿는 지극한 이치의 말입니다.

그대가 지난날 서울에 있을 때 이미 칭찬이 자자하여 심지어 대제학께서 직접 집으로 찾아가 존경하는 뜻을 표하였는데, 이것이 다 기쁘기만 한 일은 아닐 것입니다.

『文集』 內集, 卷24, 「書 · 答鄭子中」

· **퇴계 선생의 예절 생활**

선생의 평소 생활은 언제나 가지런하고 엄숙하기 때문에, 겉으로 보기에 매우 의지가 굳고 꿋꿋해 보이셨다. 그래서 함부로 가까이 다가가서 말을 붙여 보기 어려울 것만 같았다.

그러나 실제로 사람을 맞이할 때에는 따뜻하고 겸손하여 푸근한 기운이 돌았으며, 마음을 열어 이야기할 때에는 진심을 활짝 드러내 보이셨다. 그리고 겸손하게 묻기를 좋아하며 자신을 버리고 남을 따랐다. 누구에게든 조금이라도 좋은 점이 있으면 마치 스스로의 것인 양 좋아하셨다.

스스로에게 조금이라도 잘못된 점이 있으면 비록 하찮은 사람이 지적할지라도 조금도 주저하지 않고 이를 고치셨다.

『言行錄』, 鄭惟—[11] 記錄

선생은 평소에 날이 밝기 전에 일어나서 이부자리를 거두어 정돈하고 세수하고 머리 빗고 옷과 관을 가지런히 갖추어 입고는 글방에 나가 무엇에도 기대지 않고 단정히 앉아서 글을 읽으셨다.

때로 조용히 앉아서 사색에 잠길 때에는 그 자세가 마치 깎아 놓은 석고상 같았지만 배우는 사람들이 질문을 하면 탁 트이도록 자세하게 설명하여 아무런 의문이 남지 않도록 하셨다.

젊은이나 어른들이 글방에 모여서 여럿이 제멋대로 몸가짐을 흐트러트리고 있을지라도 선생은 그 속에서 반드시 몸을 거두어 단정하게 앉았으며 옷매무새를 단정히 하고 말과 행동을 언제나 삼가셨다.

그래서 사람들이 모두 선생을 좋아하고 존경하였으며 감히 소홀히 대하지 못하였다.

『言行錄』, 金誠一 記錄

선생은 사람을 대하거나 사물을 접할 때에 항상 경우에 마땅한 행동과 말을 절도 있게 하셨다.

만약 누군가 묻지 않아야 할 것을 묻거나 말하지 않아야 마땅한 말을 하면 반드시 얼굴빛을 바르게 할 뿐 대답을 하지 않으셨다.

그래서 사람들이 스스로 두려워하였고 남들의 허튼 소리가 선생의 귀에 들린 적이 없었다.

『言行錄』, 金誠一 記錄

선생이 평소에 하는 말은 마치 입 밖으로 나오기도 힘든 듯하였지만, 학문을 논하는 논리는 시원스럽고 막힘이 없어서 의문 나는 것이 없었다.

몸은 마치 옷을 이기지 못하는 듯하였으나, 일을 처리함에는 꿋꿋하여 흔들림이 없으셨다.

『言行錄』, 禹性傳 記錄

조정에 벼슬살이 할 때에는 조용히 자신을 지켜서 비록 잘 아는 사이라 할지라도 번거롭게 찾아가거나 맞아들이지 않으셨다.

그럼에도 선생을 따르거나 함께 사귀는 사람들은 모두 그 시대에 남들로부터 존경을 받는 사람들이었다.

『言行錄』, 金誠一 記錄

선생은 가정을 다스리는 법도가 매우 엄하셨지만 집안이 화목하였다. 형님 섬기기를 마치 엄한 아버지를 섬기듯 하셨고 가난한 친척을 구제하기 위하여 힘을 다하셨다.

『言行錄』, 鄭惟一 記錄

선생은 일찍이 아랫사람을 꾸짖거나 욕하는 모습을 보인 적이 없으셨다. 만일 잘못하는 사람이 있으면 반드시 "이런 일은 마땅히 이렇게 하여야 할 것이다"라고 가르치되 그 말소리를 거칠게 바꾼 적이 없으셨다.

『言行錄』, 禹性傳 記錄

선생은 아들에게 주는 편지에서 다음과 같이 말하셨다.

어버이와 자식이 서로 딴 살림을 하는 것은 본래 바람직한 일이 아니다. 다만 너의 경우에는 자식들이 장성하여 혼인을 치르게 되었으나 모두 함께 살 수 있는 공간을 마련하지 못하여 어쩔 수 없이 이 문제가 생긴 것이다. …… 이제 억지로 같이 살면서 재산을 서로 구별하기보다는 차라리 따로 살면서도 재산을 함께하던 옛사람들의 본래의 뜻을 잃지 않는 것이 낫지 않겠느냐?

『言行錄』, 家書

향리의 마을 사람들이 모일 때에 둘러앉을 자리에 관하여 선생은 고금의 사례들을 이끌어 대며 열성으로 주장하셨다.

고을 모임에서의 좌석을 사회적 지위의 귀하고 천함에 따라서 나누는 것은 잘못입니다. 옛날의 방식대로 나이 순서에 따라 앉는 것이 마땅합니다.

『言行錄』, 李德弘 記錄

선생은 사람을 대하는 것이 매우 관대하셨다. 큰 잘못이 없는 사람이라면 딱 잘라 끊어 버리지 않고 모두 받아들여 가르치면서 스스로 고쳐서 새로운 사람이 되기를 바라셨다.

『言行錄』, 金誠一 記錄

선생은 손님을 맞아 식사를 할 때에는 언제나 스스로의 살림 형편에 따라 접대를 하셨다. 아무리 귀한 손님이 찾아와도 형편에 맞지 않게 잘 대접하지 않았을 뿐만 아니라 아무리 사회적 신분이 낮거나 어린 사람일지라도 소홀하게 대접하지 않으셨다.

손님이 오면 언제나 술상을 차려 대접하였는데, 반드시 사전에 집 사람에게 알려서 준비하게 하셨다.

『言行錄』, 金誠一 記錄

선생은 제자들 대하기를 마치 벗을 대하듯 하셨다.

비록 젊은이라 할지라도 이름을 부르거나 '너'라고 부르지 않으셨다. 맞이하고 보낼 때에는 여러 가지 준비를 잘하여 주셨으며 예절을 차려서 지극히 공경하게 하셨다.

만나서 자리에 앉으면 반드시 먼저 어버이의 안부를 물으셨다.

『言行錄』, 金誠一 記錄

벗이 죽으면 아무리 멀더라도 반드시 자식이나 조카를 보내어 문상하게 하고, 제문을 지어 제사를 올리게 하셨다.

『言行錄』, 金誠一 記錄

·퇴계 선생의 협동과 검소함

선생께서는 농사나 누에치기 같은 집안일들을 때 놓친 적이 없었으며, 수입을 헤아려 지출하고 갑작스러운 쓰임에 미리 대비하셨다.

집이 원래 가난하여 자주 끼니를 못 이으셨다. 집안이 쓸쓸하여 비바람을 막을 수 없어서 사람들이 견뎌 내기 어려웠으나 스스로는 너그러운 듯 사셨다.

『言行錄』, 李德弘 記錄

선생께서는 본래 검소함을 좋아하시었다. 흙으로 구운 그릇에 물 담아 세수하고 부들로 만든 자리에 앉았으며 베옷에 끈으로 된 띠를 매고 칡으로 엮은 신발에 대지팡이를 짚으면서 담박하셨다.

계상서당이 매우 작아서 모진 추위와 무더운 날의 비를 견디기 어려웠건만 너그러운 듯 그곳에 사셨다.

언젠가 영주군수가 찾아뵙고는 "이처럼 비좁고 누추한 곳에서 어떻게 사십니까?" 하였더니, 선생께서는 천천히 "오랫동안 습관이 되어 못 느끼겠습니다"라고 답하셨다.

『言行錄』, 金誠一 記錄

선생께서 서울에 계실 때에 수레 타기를 좋아하지 아니하여 심지어 궁궐로 들어가 임금을 뵙는 날에도 말이 없으면 남의 말을 잠시 빌려 탈지언정 수레를 타지 않으셨다.

『言行錄』, 禹性傳 記錄

선생은 1521년에 부인 허씨를 맞이하였는데, 부인의 집이 자못 부유하여 부인의 농토가 영주군에 많이 있었다. 그렇지만 선생은 고향 토계에 겨우 토박한 밭 몇 마지기가 있을 뿐이었음에도 끝내 영주에 가서 사시지 않았다.

선생께서 가끔 영주에 가는 일이 있었지만 언제나 여윈 당신의 말을 타셨다. 처가에 비록 살찐 말이 있었지만 일찍이 그것을 탄 적이 없었다.

『言行錄』, 李安道 記錄

명예직이지만 중추부지사나 판사 벼슬을 지니고 있었음에도 불구하고 선생께서는 실제 벼슬살이를 떠나서 고향에 살 때에 부역이나 세금이 나오면 반드시 남보다 먼저 바쳤으며 그 기한을 넘긴 적이 없었다.

그래서 아전들도 선생의 집이 높은 벼슬을 하는 사람의 집이라는 것을 몰랐다.

『言行錄』, 金誠一 記錄

선생의 논이 있는 지역으로 관개용수를 공급하기 위하여 시냇물을 10리 밖에서 이끌어 왔는데, 물은 적고 물 댈 지역은 넓어서 물꼬로부터 멀리 떨어진 곳은 가뭄에도 땅을 적셔 줄 수가 없었다. 해를 거듭해서 수확을 내지 못하는 농토가 많았다.

선생은 스스로의 논을 밭으로 바꾸면서 "우리 논이 상류에 있기 때문에 이런 일이 생긴다. 나는 비록 마른 밭으로 사용할지라도 먹고살 수 있지만 저들은 논을 적셔 주지 않으면 안 되는 처지이다"라고 말하셨다.

『言行錄』, 李德弘 記錄

· 남이 보지 않는 곳에서 더욱 삼가셨다

선생은 본성을 잘 지키며 몸에 배게 하기 위하여 장엄하고 경건하게 마음을 하나로 모으는 공부에 힘쓰셨다. 특히 남이 보지 않는 자유로운 혼자만의 곳에서 더욱 엄격하게 노력하셨다.

일상생활에서는 새벽 일찍 일어나서 반드시 세수하고 머리를 빗고 관을 쓰고 옷을 갖춘 다음 종일토록 책을 보곤 하셨다.

때로는 해가 뜰 때까지 향을 피우고 조용히 앉아서 스스로의 마음을 돌이켜 살피며 가다듬기도 하셨다.

『言行錄』, 金誠一 記錄

∙ 퇴계 선생이 바라는 것

나는 어린 나이에 일찍 이 길에 대한 뜻을 가질 수 있었으나 그 방법을 몰라서 무작정 힘만 썼습니다. 그것이 너무 지나쳐서 야위고 파리해지는 병을 얻었습니다. 그 뒤로도 이끌어 줄 사람이 전혀 없었을 뿐만 아니라 친구 가운데에는 우선 눈앞에서 사람의 비위를 맞추기 좋아하는 사람들이 있어서 잘못된 방향으로 꼬드기기도 하였습니다.

그래서 그만 이 길을 멀리 내쳐 버리게 되었고 또한 뜻밖에 세상 벼슬살이에 발이 빠져서 시대의 풍속을 따르는 일에 정신이 팔리게 되었습니다. 그러다 보니 깨닫지 못하는 사이에 수십 년 세월이 흘러가 버렸습니다. 뒤돌아보면 아득하기만 하여 몸을 어루만지며 크게 한숨짓지만 어찌할 수 없고 부끄럽기만 할 뿐입니다.

다행히도 죽기 전에 몸을 거두어 본래의 분수에 맞는 상태로 돌아와 옛 책에서 실마리를 찾으니, 때때로 나의 뜻에 맞는 곳을 찾을 수 있게 되었습니다. 기쁜 나머지 밥 먹는 것도 잊어버립니다. 시냇가에 몇 칸 집을 얽어 만들었으니, 지금부터 죽을 때까지 묵묵히 앉아서 고요히 살피며 남은 생애를 보내고자 기약합니다.

하늘의 신령함에 힘입어서 혹시나 우주의 진리가, 그 길(道)이 크게 밝아진 나머지 조그만 틈 사이로 새어 나오는 빛이나마 내가 엿볼 수 있다면 나의 소원을 다하게 될 것입니다.

그렇다면 못난 선비의 모자라는 처지로서는 다행이 아니겠습니까? 다른 것이야 무엇을 더 말할 것이 있겠습니까?

『文集』 內集, 卷23, 「書·答趙士敬」

• 평소에 품고 있는 뜻

나는 한 번 세상에 나옴으로써 모든 것이 나의 뜻과 어긋나게 되었습니다.

지금은 겨울 내내 병으로 자리에 누워 있으며 오는 봄에는 고향으로 돌아갈 계획이지만 그 뜻이 이루어질지는 모르겠습니다. 정신과 기력이 날로 시들어 가고 더욱 굳어진 병의 뿌리는 뽑기 어려움을 스스로 깨닫고 있는 형편입니다.

만약 다행히 돌아간다고 할지라도 조용한 가운데 책이라도 보는 조그만 공부조차 지난날처럼 하기는 어려울 것 같습니다. 그러나 아름다운 산, 좋은 물 가운데에 하늘이 주신 즐거움이야 지난날과 다를 것이 없으리라 생각됩니다.

참으로 늘그막에 이르러서야 평소에 품고 있던 뜻을 하루라도 빨리 실천해 내야 되겠습니다.

『文集』 內集, 卷23, 「書・與趙士敬(壬子)」

. . .

1) 寯: 1523~1580, 진성이씨, 자는 廷秀, 寯은 이름이다. 퇴계 선생의 맏아들이다. 특별히 참봉 벼슬을 받아 첨정에까지 올랐다. 어려서부터 퇴계 선생의 훈도를 착실히 연마, 실천하였다.

2) 朴子進: 1532~?, 고령박씨, 이름은 漸, 호는 復庵, 子進은 자이다. 서울에 살았다. 퇴계 선생의 제자로서 문과에 급제하여 참의 벼슬을 하였으며 임진왜란 때 황해도 관찰사로 재직 중 순직하였다.

3) 吳謙仲: 1521~1606, 고창오씨, 이름은 守盈, 호는 春塘, 謙仲은 자이다. 예안에 살았다. 16세부터 퇴계 선생 문하에 들어와 경공부를 열심히 실천하였다. 벼슬은 동지중추부사를 지냈고 퇴계 선생 글씨를 잘 본받아 써서 宣城三筆의 한 사람으로 불렸다.

4) 琴夾之: 1526~1596, 봉화금씨, 이름은 應夾, 호는 日休堂, 夾之는 자이다. 예안에 살았다. 도학 특히 경공부의 실천에 힘썼기 때문에 『소학』의 본보기로 일컬어졌다. 천거로 벼슬하여 익찬에 이르렀고 죽은 뒤에는 洛川祠에 제향되었다. 저술로는 『심경질의』가 있다.

5) 奇明彦: 1527~1572, 행주기씨, 이름은 大升, 호는 高峯 또는 存齋, 시호는 文憲, 明彦은

자이다. 광주에 살았다. 어려서부터 학문적 소질이 뛰어났고 성현 공부에 몸담았다. 문과에 급제하여 서울에 있으면서 퇴계 선생과 학문적 교류가 생겨 많은 서신을 주고받았다. 특히 理氣論, 四端七情論에 대하여 서로 주고받은 논변은 오늘날까지 학자들의 연구 대상이 되고 있다. 퇴계 선생의 묘갈명을 지었다. 부제학을 끝으로 귀향하다가 46세의 나이로 세상을 떠났다. 저술로는 『고봉전서』가 있다.

6) 金富倫: 1531~1598, 광산김씨, 자는 惇敍, 호는 雪月堂이다. 어릴 적부터 퇴계 선생의 제자가 되어 공부하려는 뜻을 굳게 세웠다. 과거는 보지 않았으나 학문과 행실로 추천되어 현감이 되자 봉록으로 책을 사서 학문을 권장하였고, 임진왜란 때에는 재산을 털어 의병을 도왔다.

7) 趙起伯: 1543~1625, 양주조씨, 이름은 振, 호는 聾隱, 起伯은 자이다. 서울에서 살았다. 퇴계 선생의 문하에 들어와 농운정사에서 『심경』, 『근사록』 등 수양에 관한 가르침을 받았다. 천거로 왕자사부가 되어 벼슬이 공조판서에 이르렀다. 저술로는 『계문상제문답』이 있다.

8) 丁景錫: 1531~1589, 나주정씨, 이름은 胤禧, 호는 顧庵, 景錫은 자이다. 퇴계 선생 문하에서도 뛰어난 수재였고 원주에 살았다. 1556년 문과에 장원하여 벼슬은 관찰사에 이르렀다.

9) 禹景善: 1542~1593, 단양우씨, 이름은 性傳, 호는 秋淵, 景善은 자, 시호는 文康이다. 서울에 살았다. 퇴계 선생에게서 경공부, 상수역학, 예학을 배웠고, 문과에 급제하여 삼사의 벼슬을 역임하다가 임진왜란을 만났다. 90세 노모를 모시고 의병을 일으켰으며 강화도에서 김천일과 함께 바다를 지키다가 순직하였다. 저술로는 「논계몽」, 「태극도」, 「상례문답」 등이 있다.

10) 두 차례의 편지: 李仲久가 1564년 음력 10월과 11월 두 차례에 걸쳐서 퇴계에게 편지를 보냈다.

11) 鄭惟一: 1533~1576, 동래정씨, 자는 子中이고, 호는 文峯이다. 퇴계 선생의 제자로서 安東에서 살았고 벼슬은 대사간을 지냈다. 저술로는 『閑中筆錄』, 『퇴계선생언행통술』이 있다.

▲ 낙동강으로 합류하는 계곡 안에 계상서당이 보인다.
(17세기 김창석의 그림으로서, 『퇴계 이황』[서울: 예술의 전당]에는 「李文純公陶山圖」라 하였다.)

▲ 아무런 벼슬 없이 오직 先生 두 글자만으로도 존귀한 퇴계 선생의 위패

▲ 도산서당 관란헌

1. 집안을 꾸리다

• 부부 사이의 존경

무릇 부부는 인륜의 시초이고 만 가지 복의 근원이며, 지극히 친밀한 관계이면서도 지극히 바르고 조심해야 할 관계이다.

인격자의 도리는 부부에게서 출발한다고 말한다.

세상 사람들은 예의를 차리고 존경함을 가져야 한다는 점을 완전히 잊어버리고 곧바로 서로 너무 구별이 없거나 억누르다가, 마침내 업신여기고 인격을 무시하며 못하는 짓이 없게 되어가고 있다. 모든 것이 서로 손님처럼 존경하지 않는 것이 원인이다.

이러한 점들로 미루어 볼 때, 한 사람이 그 집안을 바르게 세우려고 한다면 당연히 그 처음 출발선이 되는 결혼식 때부터 이미 삼가 신중하여야 되는 것이다. 천만번 스스로 깨우치며 조심하여라.

『退溪先生文集』內集, 卷40,「書·與安道[1]孫(庚申)」

• 부부 사이의 애도하는 정과 효도

조카 치實[2]가 죽자 그 아내가 상례를 굳게 지키려고 고기도 먹지 않고 목욕도 하지 않아서 건강을 잃고 있었음을 알았습니다.

이 일은 벌써부터 그렇게 하지 말고 평상시의 생활로 돌아가도록 조처했어야 옳습니다. 지금에야 사람을 보내어 타이르게 되었는데 혹시라도 고집을 부리며 듣지 않을까 염려됩니다. 이 일은 집안 어른들이 간절히 달래어서 반드시 말을 듣도록 하여야 합니다.

그렇게 건강을 해치더라도 굳게 상례를 지키고 싶다고 그 아이가 이미 말하였으므로 인정으로 말하면 그 뜻을 따라 주는 것이 마땅할 것 같으나 올바른 도리로 말하면 그렇지 아니합니다.

시집과 친정 두 집안 모두 늙은 어버이가 살아 있으니 어찌 그분들로 하여금 참혹하고 마음 상하는 일을 매일 같이 눈앞에 두고 보라고 할 수 있겠습니까?

불효하기가 이보다 심한 일이 없을 것입니다. 이 일로 인하여 어버이 마음이 항상 즐겁지 못할 것이므로 두 집안에 있는 동생들이 모두 어버이 마음을 즐겁게 해 드리려고 효도를 다할지라도 결국 이 일에 가로막히게 될 것입니다. 뿐만 아니라 그 밖에도 여러 면으로 가정생활에 방해됨이 말할 수 없이 많을 것입니다.

보다 크게 보아 올바른 도리로 일 처리를 하여야 하는 것은 어쩔 수 없는 일입니다. 그 아이가 원하는 바를 이루지 못하게 하는 것을 애처롭게 여기어서 결정을 내리지 못하고 계속 미루어 나갈 일이 아닙니다.

더구나 미망인이 남편의 죽은 혼을 위하여 정성을 다할 수 있는 일은 오직 제사 한 가지뿐입니다. 그럼에도 불구하고 지금 평생토록 상례를 굳게 지키어 제물을 다른 사람의 손에 맡기고 스스로는 음식을 장만하지도 않고 먹지도 않는다면 이는 결국 남편의 제사를 평생 지내지 않는 것과 같습니다. 이 또한 어찌 죽은 사람의 뜻이겠습니까?

『文集』 內集, 卷27, 「書·與琴夾之, 壎之3)(癸亥)」

· 지극한 효도와 참다운 효도의 이치

전하는 말을 들으니 그대의 몸이 부모님의 상례를 치르느라 지나치게 수척해졌다고 하더군요. 모두 매우 걱정하고 있습니다.

옛 성인께서는 부모의 상을 당한 자식이 그 상례를 이겨내지 못하는 것을 자식이 없는 것과 같다고 생각하였습니다. 그것이 어찌 성인께서 사람들로 하여금 효도를 다하지 못하여도 좋다고 이끄는 것이었겠습니까?

지나치는 것은 못 미치는 것과 같을 뿐입니다. 시골에서 남의 자식 된 사람들 중에는 지극한 효성만 있고 효도의 이치를 모르는 사람들이 있어서 죽은 부모로 말미암아 산 사람을 손상시키는 경우가 있습니다.

이러한 사람들을 구제하기 위하여 그러한 훈계를 남겼을 따름입니다.

『文集』 內集, 卷22, 「書·答李剛而(丁卯)」

· 몸을 훼손하여 효도하는 일

어느 날 퇴계 선생의 제자인 우경선이 다음과 같은 편지를 보냈다.

"허벅지의 살을 베어 내어서 돌아가시려 하는 부모에게 먹인다는 일에 관해서는 앞선 선비들이 거의 다 설명해 놓았습니다.

어떤 일에 있어서든 너무나 절박한 상황에 이르러 달리 방법이 없으면 어쩔 수 없이 그 상황에 맞추어서 특별하게 일 처리를 하지 않을 수 없지요. 또한 달리 어떤 방법이 없는 경우에는 스스로의 몸을 훼손해서라도 부모의 목숨을 구하려는 것이 자식으로서의 참으로 애절한 마음이긴 합니다.

그러나 이러한 행동을 가지고 딴 사람들에게 효도라고 가르칠 수는 없습니다. 그렇기 때문에 주자께서도 정성스런 마음이라면 못할 일이 없다는 점만은 인정하였지만 지극한 선행이라고 생각하지는 않았던 것입니다.

…… 깊이 살펴야 할 것이니, 그렇지 못하면 어그러지거나 치우치게 되어 도

리를 어지럽히는 지경에 이를 수가 있습니다."

위의 말은 선생님께서 일찍이 이이에게 답한 편지입니다만 저 우경선의 생각은 이와 다릅니다.
사람의 자식으로서, 부모의 병이 절박한 지경에 이르면 약을 구하여 병을 낫게 하려는 마음이야 어찌 끝이 있겠습니까?
그러나 사람 고기를 써서 사람의 병을 고치는 것과 같은 이치가 어찌 세상에 있겠습니까? 그것이 이치에 맞지 않는 줄 분명히 알면서도 시험 삼아 해 본다는 것은 도리에 밝고자 노력하는 사람으로서 해서는 안 될 일일 것입니다. 중국에서 예전에 어떤 사람이 "훌륭한 의사가 의학 서적에 따라서 사람 고기가 아니면 어떤 약도 효력이 없다는 처방을 내렸음에도 불구하고 그 처방이 근거 없다고 생각하여 어머니께서 돌아가시는 것을 하릴없이 앉아 보고만 있어야 할 것인가?"라는 문제를 내놓은 적이 있습니다.
그러나 저는 생각건대 정말로 훌륭한 의사라면 정녕 그런 처방은 내놓지 않을 것 같습니다.

이 편지에 대하여 퇴계 선생은 답하였다.

뒤에 생각해 보니 지난번에 내가 한 말에는 옳지 않은 곳이 있는 듯합니다. 이 일에 관해서는 그대의 생각을 옳은 것으로 보아야 할 것입니다.

『文集』內集, 卷32, 「書 · 答禹景善問目」

• 부모를 위하여 직접 음식을 만드는 일

어떤 성현께서 "어버이를 섬기거나 제사를 받드는 일을 어찌 남을 시켜서 하겠는가?"라고 말하였듯이 직접 맛난 음식을 마련하는 것은 어버이 섬기는 일 가운데 아주 중요한 일입니다.

그러니 그것이 학업에 방해가 된다 하여 그만두라고 권한다면, 성현의 뜻과는 다르게 됩니다.

그러나 오늘날과 같이 풍속이 이미 허물어져서 자식 된 사람들로서 이를 실행하는 자가 드물어졌음에도 불구하고 어느 날 갑자기 뜻이 우러나서 매 끼니마다 직접 음식을 마련한다면 혹시 어버이께서 오히려 불안한 마음을 가질 염려도 있습니다.

역시 일의 형편에 따라 너무 일을 곤란하게 만들지 않도록 주의하면서 차츰차츰 습관이 되게 해야 할 것입니다.

어버이를 섬기는 일의 핵심은 결국 그 드러난 모양에 있는 것이 아니고 눈에 보이지 않는 스스로의 마음을 극진히 하여 어버이의 뜻을 거스르지 않는 데 있을 것입니다.

『文集』內集, 卷24, 「書・答鄭子中4)」

・ 지조 있게 부모 모시기

부모에게 맛있는 음식을 장만해 드리지 못하는 것이 자식 된 사람의 마음에 무척 걸리는 일이기는 합니다.

그러나 그 때문에 특별히 계획을 세우고 방법을 구하여 억지로 얻으려고 해서는 성현들이 지킨 도리에 맞지 않게 될 때가 많습니다.

왜냐하면 부모에게 좋은 음식을 마련해 드리는 것을 너무 중요하게 여기게 되면 참으로 큰사람의 도리를 가볍게 여기게 되기 때문입니다.

지금 사람들은 너나없이 부모를 영광스럽게 모신다는 것을 구실로 예에 어긋나고 의리에 맞지 않는 재물과 음식을 받아들이고 있습니다.

만약 이러한 일을 극단적으로 비유한다면, 공동묘지에 가서 남들이 그 조상에게 제사 올리는 음식을 빌려다가 맛있는 음식을 만들어서 자기 부모에게 드리고는 스스로 효도했다고 말하는 것과 같은 것입니다.

그러므로 인격자는 부모를 받들어 모시는 것을 하루라도 늦출 수 없는 일로 생각하기는 하지만 그 때문에 지키고 있는 지조가 변하지는 않습니다.

『文集』內集, 卷21,「書·答李剛而問目」, 朱書

• 효도하기 위해 벼슬하는 일

어버이를 위해서 벼슬살이하여 봉급을 받는 일은 옛사람도 어쩔 수 없다고 한 경우가 있습니다.

그러나 반대로 봉급을 위하여 벼슬살이하는 것을 효도로 생각하지 않는 사람도 있습니다.

하물며 효도하기 위함이라는 이유를 핑계로 하루라도 빨리 벼슬하여 봉급을 받겠다고 마음먹어서야 되겠습니까? 이것이 오늘날 사람들의 제일 큰 병통입니다.

그대가 봉급 받으려고 벼슬하는 이 일을 가볍게 여긴다면 얼마나 좋은 일이겠습니까?

······ 나아가서 봉급을 위하여 벼슬하고자 하는 이 마음의 뿌리를 다시 되살아나지 못하게 끊어 버린다면 더욱 좋은 일이겠습니다.

『文集』內集, 卷25,「書·答鄭子中」

• 부모를 욕되게 함

말이 입에서 나가면 소리가 귀로 들어오는 법입니다.

나의 입에서 나온 나쁜 말이 남의 부모를 언급하자마자 귀로 들어오는 추한 소리가 이미 나의 부모에게 미치게 됩니다.

그러니 이는 스스로 직접 부모를 욕하는 것은 아닐지라도 어찌 그와 거리가 멀다고 하겠습니까?

말하는 자가 거리낌이 없고 듣는 자가 성내지 않으며 그 하는 말이 입으로는 차마 말할 수 없고 귀로는 차마 들을 수 없으며 몸이 떨리고 마음이 아프며 하늘이 놀라고 귀신이 놀라는 것인데도, 뻔뻔스럽게 제 잘난 체하며 자신이 기발한 생각을 내었다고 생각합니다.

그러고 나서 물어보면 "지금 세상에서 이렇게 세상 흐름에 따르고 더러움에 기꺼이 섞이지 않으면 몸을 보전할 수 없다"고 합니다.

아아! 헷갈림이 너무나 심합니다. 부모를 욕되게 하면 살고 부모를 욕되게 하지 않으면 죽는 경우, 참으로 양심이 있는 자라면 부모를 욕되게 하여 삶을 구하려 하지는 않을 것입니다. 더군다나 부모를 욕되게 하지 않은 자가 반드시 죽는 것은 아닙니다.

욕됨이 남으로부터 온 것도 사람의 아들 된 자로서 스스로 자신의 죄로 여겨야 마땅하거늘, 하물며 나로 말미암아 욕되게 한 것에 있어서이겠습니까?

이와 같은 자가 혹 본래의 마음을 잃지 않았다고 변명하더라도 나는 믿지 않습니다.

『文集』內集, 卷12, 「書・擬與豐基郡守論書院事(丁巳)」

• 부모의 상례와 인정

부모가 돌아가시고 상례에 정해진 절차를 밟아 나가는 경우, 상례의 정해진 바에 의하면 울지 말아야 마땅한 단계에 이르렀으나 아침저녁으로 슬픈 감정이 치밀어 오르면 울어도 좋지 않겠느냐는 질문에 대하여 퇴계 선생은 다음과 같이 답하였다.

> 지금 자기 뜻대로 행하려는 것은 마땅치 않은 것 같습니다. 옛날 효성이 지극하기만 한 사람들이 때때로 그와 같이 행한 적이 있지만, 예절의 정신을 아는 인격자라면 마땅히 예법을 따르는 속에서 정성을 다해야 할 것입니다.
> 개인적인 감정에 이끌리어 떳떳한 도리를 벗어난 특별한 행동을 함으로써 세상을 어지럽혀서는 안 됩니다.
> 만일 인정을 따라 그것이 일어나는 대로 행하려 한다면, 인정이란 것이 어디 끝이 있겠습니까?

『文集』內集, 卷32, 「書·答禹景善」, 別紙

· 어버이로서의 자식 걱정

아들 준寯에게 이 편지를 준다.

네가 어버이를 봉양하려는 마음으로 말미암아 나에게 여러 가지 물건들을 보내왔구나.

그러나 이러한 물건들은 한 고을을 맡아 다스리는 네가 사적으로 어버이에게 보내와서는 안 되는 매우 적당하지 않은 것들이다.

나는 처음부터 너의 고을에 번거로움을 끼치지 않으려는 뜻을 가지고 있는데, 네가 이렇게 물건들을 보내온다면 나의 마음이 어떠하겠느냐?

내가 속마음은 좋으면서 겉으로 꾸며서 말로만 이렇게 한다고 생각하느냐? 그렇지 않다.

참다운 효도는 어버이의 뜻에 순종하는 것이라고 옛사람이 말한 것을 너는 생각하지 않느냐? 다음부터는 나의 뜻을 자세히 살펴 주기 바란다.

『退溪先生續集』, 卷7, 「寄寯」

준寯아, 네가 제사에 쓰라고 보내온 쌀을 받고 답한다.

심한 가뭄에 비가 조금 왔으나 온 것 같지도 않구나. 올 가을 추수도 기대하기가 어렵겠다.

백성이 심하게 가난에 시달리면 관리라 하여 저 홀로 곤궁하지 않을 수 있겠느냐?

제사 쌀을 다음 제사에는 보내오지 않는 것이 좋겠다. 아무리 조상을 위하는 일이라 할지라도 도리를 어기며 억지로 할 수는 없기 때문이다.

…… 내가 여러 번 이런 말을 하는 것은 다름이 아니라 네가 혹시라도 고을을 망쳤다는 허물을 듣지나 않을까 걱정이 되어서 그러는 것이다.

…… 그리고 민물고기니 은어니 하는 것들을 자주 보내오는데, 이것 역시 아랫사람들을 지나치게 고생시킬 우려가 있을 터이므로 잘 헤아려서 정도에 지나치지 않도록 해라.

『陶山全書』 遺集, 外篇, 「寄寯」

• 어버이의 적절한 자식 사랑

어버이는 인자하고 자식은 효도하는 것이 사람의 큰 윤리이니, 자식이 윤리에 어긋남이 있으면 제대로 가르쳐야 하는 것은 당연합니다.

그렇지만 가르치는 사이에 어버이로서 베풀어야 할 올바른 은혜와 다정함을 해치게 된다면 그것 또한 인륜을 해치는 것이 되고 맙니다. 그렇다면 가르치기를 어떻게 하여야 적절한 정도에 이르게 되겠습니까?

자식을 사랑함이 정도에 지나쳐서 그가 윤리에 어긋남을 알지 못하게 되면 그 사랑은 한쪽으로 기울어진 사랑일 것입니다.

한편 가르치고 채찍질함이 정도에 지나쳐서 어버이로서 사랑해야 하는 도리를 잃고 감정적으로 분개하거나 억지로 참음으로써 올바른 은혜와 다정함을 해치고 윤리를 손상시키기에 이른다면 그것도 또한 한 측면으로 치우쳐진 마음일 것입니다.

그러므로 사랑하되 그 자식의 잘못함을 알고, 미워하되 어버이와 자식 사이의 올바른 도리를 지나치지 않도록 하는 것이 어버이의 적절한 자식 사랑이 될 것입니다.

『文集』 內集, 卷38, 「書·答趙起伯大學問目」

· 남의 어버이와 나이 많은 사람 섬기기

무릇 훌륭한 사람이라면 나의 어버이와 형에게 효도와 존경의 도리를 다하여야 마땅할 뿐만 아니라, 그에 그치지 않고 남의 어버이와 남의 어른에게까지도 그렇게 하여야 합니다.

나이가 두 배로 많으면 어버이로 섬기고 10년이 많으면 형으로 섬기며 5년이 많으면 어깨를 조금 뒤쳐져서 따르는 정도로 합니다.

이것은 꾸며서 억지로 하는 것이 아니라 스스로 나의 어버이와 형에게 효도와 존경을 하는 마음과 실천이 넘친 나머지 저절로 그러하게 되는 것입니다.

…… 하늘은 나의 아버지이고 땅은 나의 어머니라는 입장에서 넓게 보면 모든 백성이 다 나의 형제자매이고 세상의 나이 많은 사람이 모두 우리 한집안의 어른인 것입니다.

내가 어떻게 나의 어버이나 형님께 효도하고 섬기는 마음을 미루어서 그들을 섬기지 않을 수 있겠습니까?

『言行錄』, 李國弼5) 記錄

ᆞ어른을 존중하는 것이 시초이다

백성이 어른을 존중하고 노인을 받들어 모실 줄 안 뒤에야 가정에 들어와서 부모에게 효도하고 형제 사이에 우애를 유지할 수가 있습니다.

백성이 가정에 들어와서 부모에게 효도하고 형제 사이에 우애하며 사회에 나아가 어른을 존중하고 노인을 받들어 모신 뒤에야 나라의 풍속이 순화됩니다.

나라의 풍속이 순화된 뒤에야 나라가 안정될 수 있습니다.

인격자를 가르치는 일은 집집마다 찾아다니며 가르치거나 날마다 불러 모아서 타이를 것이 아니라, 마을에 모임이 있을 때에 그들을 모아 놓고 먹고 마시는 예법을 가르치면 되는 것입니다.

마을 사람들에게 모여서 먹고 마시는 예법을 가르치게 되면 나아가서 부모에게 효도하고 형제 사이에 우애할 수 있는 덕행의 출발선이 정해지는 것입니다.

…… 세상살이에서 존중함을 받는 조건이라고 널리 인정되는 것에는 이 세 가지가 있습니다.

도덕이 높거나 벼슬이 높거나 나이가 많은 것이 그것입니다.

학교에서는 도덕이 높은 것을 중하게 여기고 마을 모임에서는 나이가 많은 것을 중하게 여깁니다.

『文集』內集, 卷38,「書ㆍ答趙起伯大學問目(戊辰)」

▪ 조상의 업적을 기록하는 일

　조상의 덕을 빛나게 전하려고 하신다면 우선 사방으로 소문을 들어서 자료를 모으십시오.

　어진 사람(賢者)은 그분의 큰 활동 분야를 알 것이고 그 아랫사람(下者)은 그 사소한 분야를 알고 있을 것이니, 부지런히 찾아낸다면 반드시 얻는 바가 많아질 것입니다.

　그렇게 한 뒤에 모든 사실을 참작하여 의심스러운 것은 버리고 믿을 만한 것은 취하여 그 업적을 기록하는 글에 보탠다면 내용이 충실하게 될 것입니다.

　이렇게 해 놓은 뒤에 다시 당대의 저명한 사람을 찾아서 정성으로 부탁한다면 반드시 글을 지어 줄 분이 있을 것입니다.

『文集』 內集, 卷15, 「書·答趙大字 容6)」

▪ 혼인 예물을 분수에 맞게 하자

　세상 풍속이 분수에 넘치는 사치에 젖어서 혼인 예절을 과장되게 치르기를 좋아하고 있습니다. 때문에 가난한 사람들이 예식을 제대로 거행할 수 없게 되는 풍속이 걷잡을 수 없게 퍼져 가고 있습니다. 저는 항상 그것을 보면서 마음으로 동의하지 못하고 있었습니다.

　이번에 귀댁에서 보내온 혼인 예물은 너무 성대하여서 나의 처지에는 분수에 넘치므로 감당하기 어려울 정도로 놀랍고 두렵습니다.

　그러나 도리에 비추어 보면 이미 대문 안으로 들어온 이상 거절하기도 어려운지라 무식하다는 말을 들을 각오를 하고 받아들이기는 합니다만 저희 쪽에서 보답으로 사례할 예물이 없어서 매우 부끄럽습니다.

귀댁에서 부디 이러한 저의 심정을 이해하시고 검소하고 절약하는 수준으로 서로 대접함으로써 간소하고 꾸밈없이 처신할 수 있게 된다면 못난 이 사람의 마음에 불안함이 없어질 수 있겠습니다.

『陶山全書』 遺集, 內篇, 卷2,「謝裴習讀 天錫7」(己巳)」

▪ 예식을 정하는 일

예식禮式을 정하는 일은 참으로 중대한 일이어서 나같이 어리석은 사람이 문득 일어나는 망령된 생각만으로 정할 수 있는 것이 아닙니다.

너무 급히 일을 이루려고 하면 많은 폐단이 생기는데, 그것은 이미 공자께서 경계하셨던 바입니다.

예식에 관한 일은 급히 성취시키려 애쓰지 말아야 합니다. 고을의 여러 어진 이들과 상세하게 상의하여 놓았다가 뒤에 서울에 들어갈 기회가 생겼을 때에 이 시대에 명망이 높고 예禮를 아는 이에게 내력을 자세히 알려서 자문을 받고 또한 옛 기록에 있는지 없는지를 널리 찾아본 다음에 결정을 내려야 할 것입니다.

그래야만 앞서 간 현인들을 존경하는 것이 될 것이고 뒤에 배우는 사람들이 사모하고 본받게 될 것이며, 그제야 비로소 후대에 물려주어 오랫동안 폐지되지 않을 수 있을 것입니다.

『文集』 內集, 卷12,「書·答盧仁甫」

아직까지 옛날의 의식儀式이 많이 남아 있다고 할 수 있을지라도 한결같이 옛 의식을 따른다는 것은 어려운 일이 아닌가 생각합니다.

『文集』 內集, 卷15,「書·答安東府官(乙丑)」

무릇 예절에 관한 문제를 의논하게 되면 온갖 의견을 말하게 되는 것이 예로부터 그러하였습니다.

나는 꼭 어떤 것을 고집할 생각이 없으니 그대가 좋은 대로 결정하되 뒷날에 가서 비난을 받지 않을 수 있도록 하는 것이 좋겠습니다.

『文集』內集, 卷20, 「書·答黃仲擧」

공자께서는 "어리석으면서 자기 생각대로 하기를 좋아하고, 지위가 낮으면서 자기 뜻대로 하기를 좋아하며, 오늘날의 세상에 태어나서 옛날의 도리를 바꾸려고만 하면, 재앙이 그 사람의 몸에 미치게 될 것이다"라고 말하였습니다.

그대의 병통은 선함을 그리워하지 않음에 있지 않고 그 그리워함이 지나침에 있습니다.

학문을 좋아하지 않음에 있지 않고 너무 급하게 좋아함에 있습니다.

예절을 좋아하지 않음에 있지 않고 그것을 좋아함이 너무 한쪽으로 치우쳐 있음에 있습니다.

선함을 그리워함이 너무 지나치므로 자칫하면 어리석은 사람을 참으로 착하다고 여기게 됩니다.

학문을 좋아함이 너무 급하므로 아직 배우지 못한 것을 이미 배운 것으로 여길 수가 있습니다.

예절을 좋아함이 너무 한쪽으로 치우치므로 백이면 백 시속의 예절을 바로잡는 것으로써 예를 얻은 것으로 여길 수가 있습니다. 이러한 것은 모두 근심거리가 있는 것입니다.

…… 시속의 예절이 잘못된 것을 바로잡아서 옛날의 도리로 돌아가

게 하는 것은 참으로 인격 높은 사람들이 해야 할 일입니다만 한편 생각 나는 대로 가벼이 해서는 안 되는 측면이 있습니다. 가벼이 하지 않아야 만 화를 당하는 불행함을 피할 수 있을 뿐만 아니라 도리로 보아도 마땅 히 그렇게 해야 하는 것입니다.

…… 공자께서는 천자가 아니면 예를 논하지 못한다고 하였습니다.

『文集』內集, 卷29, 「書·答金而精」, 別紙

예절에 관한 일을 자기 뜻대로 행하려고 하는 것은 타당하지 않은 것 같습니다.

옛날에 효성이 지극하기만 한 사람들이 때때로 자기가 하고 싶은 대 로 행하였음을 짐작하게 하는 기록이 있지만, 예절을 아는 인격자라면 그 렇게 해서는 안 됩니다.

마땅히 예법을 따르며 오직 정성을 다하여 행할 따름입니다. 자기만 의 감정에 이끌리어서 일반적인 도리를 벗어난 특별한 행동으로 세상을 어지럽혀서는 안 됩니다.

만일 인정을 따라 인정대로 행한다면, 인정이란 것이 어디 끝이 있겠 습니까?

『文集』內集, 卷32, 「書·答禹景善」, 別紙

· 제사 예절

제사 지내는 절차나 찬수 같은 것은 문헌에 있는 예절 관련 글을 따 르는 것이 마땅하겠습니다. 그러나 옛날과 지금은 상황이 매우 달라져서 하나하나 문헌에 있는 대로 따를 수 없는 곳도 있습니다. 그런 경우에는 선조들이 행하였던 대로 따르면 안 될 것도 없을 것입니다.

『文集』內集, 卷13, 「書・答宋寡尤 言愼(庚午)」

음식의 종류에 있어서는 옛날과 매우 다르기 때문에 옛날의 예절 책에 나오는 것과 똑같게 차릴 수는 없을 것입니다. 옛날 책을 보면 소금만을 따로 접시에 차려 놓았으나, 오늘날은 평일 봉양할 때와 같게 생각하여 간장으로 대신하는 것이 잘하는 일일 것입니다.

『文集』內集, 卷15, 「書・答金敬夫8)肅夫9)」

지금 만약 어떤 사람이 조상 제사를 주관하는 책임을 맡고 있으면서 효도에 독실하고 예절 지키기를 좋아하여 스스로 옛 예절 책에 나오는 것과 같이 4대 할아버지까지 제사를 올리려고 생각한다면 그것도 또한 하나의 도리일 것입니다.

어찌 현행 예절에 관한 규정과 격식이 그와 다르다고 하여 행하지 못한다고 할 수 있겠습니까?

나는 항상 이러한 일들은 스스로 옳다고 생각되는 도리와 능력을 헤아려서 행하면 된다고 생각하였습니다.

다른 사람에게 내가 행하고 있는 내용을 일러 주어 그 사람도 스스로 즐겨 따랐다는 경우라면 그 또한 괜찮겠습니다.

그러나 만일 다른 사람을 억지로 이끌어 가면서 반드시 나와 같이 행하라고 한다면 이는 천자나 제후가 할 일이지 하나의 선비가 할 일은 아닐 것입니다.

『文集』內集, 卷17, 「書・答奇明彦(乙丑)」, 別紙

제사 의식 가운데 잘못된 것이 있다면 고쳐야 할 것이지만 한편으로는 선조들이 했던 대로 따르는 것이 좋을 것입니다.

부형이 계신데 그것을 스스로 갑자기 고치기는 어렵습니다. 그러나 내가 정성을 다하여 올바르게 몸으로 실천하기를 두텁게 함으로써 부형이나 집안사람들로부터 차츰 믿음을 받아내도록 하여야 할 것입니다.

그렇게 된 뒤에야 선조들로부터 행하여 내려왔으나 예법에 맞지 않는 의식들을 하나씩 하나씩 상황에 맞추어 가면서 고치자고 청하여 좋은 쪽으로 따르게 할 수 있을 것입니다.

『文集』內集, 卷28, 「書·答金惇敍(癸丑)」

▪ 상례 예절

"상례 때에 부인들이 머리에 쓰는 것이나 허리에 두르는 것 같은 상복 입는 예절을 옛 예법대로 다시 시행할 수가 없는 것입니까?"라는 질문을 하셨군요.

부인들의 상복 입는 예절을 옛 예법대로 따라 하는 것이 좋기는 하지만 그것 또한 어디까지나 자기 가문에서 상례를 어떻게 행하고 있는지 살펴보아서 시행해야 할 것입니다.

만약에 다른 일은 다 예법대로 하지 못하면서 그 한 가지만 따라 행한다는 것은 유익함이 없을 뿐 아니라 세상 사람들의 풍속에 대한 눈만 놀라게 하는 데 지나지 않을 것입니다.

『文集』內集, 卷28, 「書·答金而精問目」

옛날에는 사람들이 상례 치르기를 매우 신중히 하였기 때문에 그 제도가 두루 갖추어져 있습니다.

그러나 죽은 사람 때문에 산 사람의 생명을 손상시키지는 않았으므로 생명을 유지해 낼 수 있는 방도 또한 그 제도 안에 넣어 두었습니다.

공자께서도 굶주려서 상례 치르는 일을 견딜 수 없게 되는 것도 예절이 아니고 배불리 먹어서 슬픔을 잊는 것도 예절이 아니라고 말하였습니다. 그런 뒤에 "병이 있으면 술과 고기를 먹는다.…… 몸이 야위어서 병이 되도록 하는 것은 인격을 갖춘 사람이 할 일이 아니고, 몸이 야위어서 죽는 것은 남의 자식 된 도리가 아니라고 말한다"고 하였습니다.

『文集』 內集, 卷29, 「書·與金而精」, 別紙2

▪ 가정생활

듣건대 옛사람들은 학문을 함에 있어서 반드시 부모에 대한 효도, 형제간의 우애, 나라에 대한 충성, 벗과의 신의에 근본을 둔 다음에 세상 모든 일에 대해서도 본성을 다하고 생명을 다하였다고 합니다.

그러므로 학문을 함에 있어서 가장 먼저 급히 하여야 할 것은 뭐니 뭐니 해도 가정에서 일어나는 일을 잘 처리하는 것입니다.

그런데 지금 집안일을 돌보게 됨으로써 학문에 힘을 잘 쏟을 수 없게 된다니, 이는 옛사람들의 말과 다르게 되는 것이 아닙니까?

만약 그렇다면 집안일을 돌보는 내용이 혹시 올바른 도리는 가볍게 보고 오직 재산을 경영하는 데만 기울어지기 때문에 차츰 이해타산에 얽매여 들고 있는 것이 아닙니까?

바라건대 그 맡은 처지를 고치려 하지 말고 처리하고 있는 일의 내용을 고치십시오.

그렇게 하여 어버이의 뜻을 잘 따르며 즐거워하시도록 받들어 모시는 일에 있어서도 올바른 도리를 다할 뿐만 아니라 그 밖의 모든 일에 있어서도 오직 올바른 도리를 다한다면 재산을 경영하는 일도 저절로 그 안에서 이루어질 것입니다.

『文集』內集, 卷24,「書·答鄭子中」

▪ 가정을 거느리는 일상생활에서도……

보내온 편지를 보니 조용한 곳에서 오로지 한결같은 마음을 만드는 공부를 하고 싶다고 하였는데, 이것 역시 그렇게 하는 것만이 다는 아닌 듯합니다.

만약 세속 일에 대응하느라 바쁘다면 사실 배움에 방해가 될 때가 있습니다. 그렇지만 가정을 거느리는 일상생활에서 일어나는 일이라면 모두 다 큰 근본을 세워놓고 그것에다 오로지 한결같이 마음과 힘을 쏟아야 할 것입니다.

조용한 곳에서 마음을 오로지 한결같이 하는 일은 어렵지 않으나 시끄러운 곳에서 오로지 한결같이 하는 일이 어려운 것입니다.

『文集』內集, 卷24,「書·答鄭子中」

▪ ▪ ▪

1) 安道: 1541~1584, 진성이씨, 퇴계 선생의 맏손자이며, 자는 逢原, 호는 蒙齋이다. 퇴계에게서 직접 가르침을 깊이 받았다. 퇴계 선생 사후에 문집의 초록과 연보를 수집하여『퇴계선생문집』이 이루어지는 데 큰 공헌을 하였다.

2) 寊: 1534~1555, 진성이씨, 자는 持國, 李瀣의 넷째 아들로서 퇴계 선생의 조카이다. 22세로 요절하였다.

3) 琴壎之: 1540~1616, 봉화금씨, 이름은 應壎, 호는 勉進齋이다. 일찍이 퇴계 선생의 문하에 들어와 한서암 옆에 집을 짓고 독실하게 배움에 힘썼다. 사마시에 합격한 뒤에 천거를 받아 현감을 역임하였다.『퇴계선생문집』간행을 위하여 현감 벼슬을 사양하였다. 洛川

祠에 제향되었다.

4) 鄭子中: 1533~1576, 동래정씨, 이름은 惟一, 호는 文峯, 子中은 자이다. 곧고 바른 성품으로 벼슬하여 대사간을 지냈으나 일찍 죽었다. 저술로는 『한중필록』, 『퇴계선생언행통술』 등이 있다.

5) 李國弼: 1540~?, 용인이씨, 자는 棐彥이다. 서울에 살면서 퇴계 선생 문하에서 배웠다. 벼슬은 현감을 지냈다.

6) 趙大宇 容: 1518~?, 한양조씨, 容은 이름, 大宇는 자이며, 정암 조광조의 아들이다. 벼슬은 관관을 지냈다.

7) 裵習讀 天錫 퇴계 선생의 제자 裵三益의 부친이다. 안동에 살았고 벼슬은 副同果를 지냈다.

8) 金敬夫: 1524~1590, 의성김씨, 이름은 宇宏, 호는 開巖, 敬夫는 자이다. 퇴계 선생의 문하로서 김우옹의 형이며 星州에 살다가 후에 尙州로 옮겼다.

9) 金肅夫: 1540~1603, 이름은 宇顒, 호는 東岡, 肅夫는 자, 시호는 文貞이다. 퇴계와 남명의 문하에서 두루 배워 鄭逑와 병칭되는 조선 중기의 저명한 학자로서, 성주에서 살았다. 벼슬은 대사헌에 이르렀고 저술로는 「喪祭疑禮問答」, 『續資治通鑑綱目』이 있다.

2. 나라를 생각하다

· 벼슬살이

    사람이 벼슬을 하는 것이 있을 수 없는 일은 아니니, 벼슬살이를 하고 안 하고는 오로지 여건과 도리에 따라 정할 것입니다.…… 융통성 없이 외고집으로만 일생을 계획해서는 안 될 것입니다.…… 다만 이름나고 이익을 얻는 세계가 곁에 있어 사람은 그곳에 빠지기 쉽기 때문에 무엇보다도 자신을 굳게 지켜서 스스로를 욕되게 하지 않는 것이 첫째로 해야 할 일입니다.

『退溪先生文集』內集, 卷20, 「書·答黃仲擧」

    세상에 나가면 반드시 깊이 살펴야 할 것이 있습니다.

    옳고 바른 것을 지키면 거리끼는 일과 물건과 사람이 많이 생깁니다. 반면에 뭇사람들이 하는 대로 따르면 스스로의 절개와 지조를 잃게 됩니다. 이것이 가장 어려운 일입니다.

    …… 그러나 지금이나 옛날이나 벼슬하는 사람은 무엇보다도 행동을 남이 하는 대로 따라 해서는 안 됩니다.

    비록 죽는 한이 있을지라도 내가 지켜야 할 바를 버려서는 아니 되는 것입니다.

『文集』內集, 卷20, 「書·答黃仲擧」

▪ 선비의 벼슬살이

선비가 세상을 살아가노라면 때로는 세상에 나아가기도 하고 물러나기도 하며 때로는 때를 만나기도 하고 만나지 못하기도 합니다. 그럴 때에 마지막 판단 기준은 몸을 깨끗이 하고 옳은 도리를 행하는 것일 뿐이요 화와 복은 논할 바가 아닙니다.

…… 세상에 나아가 벼슬할 때에는 오로지 나랏일을 걱정할 것입니다. 그 이외의 경우에는 항상 한 걸음 물러서고 한 계단 낮추어 학문에 전념하며 "나의 학문이 아직 지극하지도 못한데 어찌 나라를 경영하고 백성을 어려움에서 구해낼 책임을 맡을 수 있겠습니까?"라고 생각해야 합니다.

그리고 시대에 맞지 않을 때에는 외부의 일에 조금도 상관하지 말고 반드시 한가한 자리를 청하거나 물러나기를 바라면서 학문에 전념하여 "나의 학문이 지극하지 못하니 지금이 마음을 안정하여 몸을 닦고 학문의 깊이를 더할 수 있는 시기로구나!"라고 생각하십시오.

오래도록 이와 같이 하기를 결심하고서 나아가거나 물러나거나 모두 학문으로써 주를 삼고 항상 스스로 부족하다는 생각을 가져야 합니다.

허물 듣기를 좋아하고 착함 따르기를 즐기어 오랫동안 노력을 쌓는다면 도가 이루어지고 덕이 쌓여서 공력이 저절로 높고 넓어질 것입니다. 이때에 이르러서야 비로소 세상일을 다스리고 도를 펴는 책무를 맡을 수 있을 것입니다.

『文集』內集, 卷16, 「書・答奇明彦」

- **벼슬 생활**

　벼슬자리는 백성의 일을 근심하는 것을 직책으로 하는 자리인지라 정성을 다해야 마땅합니다.

　구지레한 일을 돌보지 않는 것을 고상하다고 생각해서는 절대로 안 됩니다. 그래야만 고을 백성을 위하여 다행한 일이 될 것입니다.

『文集』 內集, 卷20, 「書・答黃仲擧」

- **벼슬을 사양하는 이유**

　벼슬자리에 임명되어도 받지 않아야 마땅한 것이 있다면 힘써 사양하고 나아가지 않는 것, 이것도 또한 하나의 도리인가 합니다.

　만약 자기의 분수를 헤아리지 아니하고 마땅한지 아니한지도 묻지 않으며 그저 받음은 있되 사양함은 없고 나아감은 있되 물러감은 없으면서 이로써 임금을 섬기는 공손함이라 한다면, 이는 도리에 어긋나는 말이요 일을 그르치는 생각일 것입니다.

　세상을 다스리는 모범이 될 수는 없을 것입니다.

『文集』 內集, 卷9, 「書・答洪相國退之[1]」

　중추부의 직함을 아직도 벗지 못하고 있어서 이 일이 저를 매우 곤란하게 합니다. 실제로 맡은 일은 없으면서도 높은 벼슬자리를 지키고 있기 때문입니다. 옛날 분들이라면 저처럼 옳고 그름을 가리지 않은 채 이름만 조정에 걸어 놓고 산골에서 묵묵히 세월을 보내고 있지는 않을 것입니다.

　하물며 지금은 나라가 어지러워서 지혜와 힘을 한곳으로 모으고 있으니 공로 있는 사람에게 벼슬을 주더라도 오히려 벼슬자리가 넉넉하지 않을 것입니다.

어찌 산골에 버려져야 할 병든 사람에게 헛되이 주어서 공로 있는 사람이 오히려 녹을 받지 못하는 일이 있게 할 수 있겠습니까?

『文集』內集, 卷9, 「書·答宋台叟2)(丙辰)」

다만 "임금의 명령은 어길 수 없다"고 핑계를 대면서 자기의 이익을 굳게 움켜잡고 뻔뻔스럽게도 부끄러움을 알지 못한다면, 탐욕스러움과 천박함으로 말미암아 남들이 어찌 그를 존경하고 따르려 하겠습니까?

…… 벼슬자리가 높으면 책임과 기대도 더욱 무겁고 책임과 기대가 무거우면 나아가고 물러나는 것이 더욱 어렵다고 하였습니다.…… 그래서 나는 일찍이 '나아가는 것이 옳을 때에는 나아가는 것이 공손함이 되고, 나아가지 않는 것이 옳을 때에는 나아가지 않는 것이 공손함이 된다'고 생각하였습니다.

…… 나의 경우에는 쌓인 병이 없다면 나아갈 수 있고, 늙어 쇠약하지 않다면 나아갈 수 있고, 썩은 재목처럼 쓸데없지 않다면 나아갈 수 있고, 낮은 자리를 사양하여 높은 자리를 얻게 되지 않았다면 나아갈 수 있겠으나 지금은 그렇지 않습니다.

『文集』內集, 卷9, 「書·答閔判書 箕3)(丙寅)」

나는 어리석고 재주가 아주 낮은 수준이며 병이 매우 심하고 나이가 늙어서 지극히 쇠약함에도 불구하고, 오히려 이름이 지나치게 높고 책임이 지나치게 무거우며 지위가 지나치게 높고 나라의 은혜가 지나치게 큽니다. 이 많은 것이 모두 정상이 아닌 경우입니다.

만일 내가 인격자라면 그중 한 가지 이유만으로도 반드시 실패할 조짐임을 알고서 재빨리 물러났을 것입니다.…… 내가 만약 임금님의 명령에 급히 달려 나갈 줄만 알아서 앞뒤 무릅쓰고 나아간다면, 이는 나 때문에 우리 임금님께서 훌륭한 신하를 얻으려는 저 아름다운 뜻이 결국 충신들이 눈물을 흘리며 탄식하는 지경으로 돌아가고 말 것입니다. 이것이 내가 몸 둘 바를 모르고 어쩔 줄을 모르며 아주 곤란하게 움츠러들어서 감히 나아가지 못하는 까닭입니다.

…… 나 또한 사람이니, 위로는 천둥과 같은 위엄이 있고 아래로는 가난이 윽박지르고 있는데 한 번 하늘과 같은 은혜를 받으면 크게 부귀의 즐거움을 누리고 남들의 의심과 헐뜯음도 없어진다는 것을 어찌 모르겠습니까?…… 그러나 시골구석의 보잘것없는 신하의 구부정하고 추한 모습을 임금님께서 한 번 가까이 보신다면 문득 싫증을 내시고 이상하게 생각하실 것입니다.

더구나 속에 아무 것도 든 것이 없는 이를 억지로 시험이나 한다면 응답함이 뜻에 맞지 않을 것이고 그 제안하는 것에 책략이 없을 것입니다. 이 또한 반드시 일어날 일입니다.

이것은 단지 우리 임금으로 하여금 어진 신하를 대접하려던 것을 후회하게 하며 계속해서 그런 신하를 찾으려는 뜻을 게으르게 할 뿐이니, 조그만 이익을 구하려다가 도리어 큰 손해를 보게 될 것입니다. 어찌 임금의 은혜에 보답할 수 있는 행동이겠습니까?

『文集』內集, 卷9, 「書·答朴參判 淳4)」

· 벼슬을 사양하는 도리

예로부터 신하된 사람은 그의 능력이 드러나서 벼슬을 하게 되면 몸을 바쳐 맡은 책임을 다하고, 늙고 병들어 일을 할 수 없게 되면 그만두고 물러나기를 희망하는 것이 마땅한 도리입니다. 이 밖에 다른 길은 없는 것입니다.

『文集』內集, 卷8,「辭狀啓辭·辭免同知中樞府事狀 1」

임금의 은혜와 영예롭고 화려한 생활을 탐하여서 하는 일 없이 나라의 밥을 얻어먹고 능력이 없으면서 물러날 줄을 모르는 것은 위로는 훌륭한 조정을 욕되게 하고 아래로는 선비들의 기풍을 파괴하는 것입니다.

『文集』內集, 卷8,「辭狀啓辭·禮曹判書病告乞免狀 2」

옛 훌륭한 선비들의 일을 통하여 배운다면, 벼슬에 임명되어도 마땅히 받지 않아야 할 경우에는 힘써 사양하고 나아가지 않는 것이 하나의 도리입니다.

자기의 분수를 헤아리지 않고 마땅한지 않은지도 묻지 않으며 오직 받을 줄만 알고 사양할 줄을 모르면서 그것이 나라의 명을 받드는 공손함이라고 생각하는 것은 도리에 어긋나는 일이요 일을 그르치는 생각입니다.

『文集』內集, 卷9,「書·答洪相國退之」

· 개혁의 어려움

일찍이 장횡거張橫渠[5])께서 말하였습니다.

학문이 지극하지 못하면서 개혁하는 것을 말하기 좋아하는 사람은 마침내 근심거리가 생기기 마련입니다.

섭평암葉平巖6)도 말하였습니다.

무엇을 바꾼다는 것은 어떤 형편에 따라서 그에 알맞도록 고치는 것입니다. 그러나 진리나 도리를 살핌이 밝지 못하고 일을 마름질하여 처리하는 능력이 정밀하지 못한 사람은 그 일에 참여할 수가 없습니다.

『文集』 內集, 卷34, 「書·答金士純問目」

신의와 예절

조카 교가 물었다.

『논어』를 보면, 백성은 신의가 없으면 존립할 수 없고, 예절을 모르면 백성을 안정시킬 수가 없다고 하였습니다. 그렇다면 신의와 예절 어느 것이 더 중요합니까?

퇴계 선생이 설명하였다.

변란을 당하여 백성과 조정이 함께 나라와 사회를 지켜야 할 때에는 신의가 중하다.
학문을 익혀서 몸으로 실천할 때에는 예절이 중하다.
신의와 예절은 경우에 따라서 그 중요한 바가 다르기 때문에 그것이 효과를 나타내게 되는 까닭도 다르다.
신의가 없으면 백성이 세상에서 안정된 생활을 할 수가 없고 나라 또한 튼튼하게 서 있을 수 없게 되기 때문에 "신의가 없으면 존립할 수 없다"고 말한 것이다.

예절을 모르면 남의 말을 듣거나 상대방을 마주 대할 때뿐만 아니라 모든 사회생활에서 어떻게 몸가짐을 하여야 할지 모르게 되어 안정되게 처신할 수 없기 때문에 "예절을 모르면 백성을 안정시킬 수 없다"고 말한 것이다.

『言行錄』,「論語講錄」

· 임금과 신하 사이의 예우와 도리

임금이 신하에게 궁중의 의원을 보내서 병을 치료하게 하는 것과 같이 특별한 예우禮遇를 하는 것은 그럴 만한 인재를 찾아서 그에 합당하게 베푸는 것일 경우 참으로 아름다운 일이 될 것입니다.

그러나 그만한 대우를 받을 만큼 재주와 능력을 갖추지 못한 사람이 은혜와 영광만을 탐내어 분수도 모르고 부끄러움도 잊은 채 예禮와 도리를 돌보지 않고 그냥 받아들여서 벼슬에 나아간다면, 반드시 그 시대의 공명한 여론뿐만 아니라 후세의 공정한 눈을 가진 사람들로부터 예와 도리를 흐려 놓았다는 비평을 받게 될 것입니다.

그렇게 되면 임금과 신하 사이에 지켜져야 할 예와 도리를 흐렸다는 이유만으로도 나라에 죄를 짓는 것입니다.

『文集』內集, 卷8,「辭狀啓辭·辭免同知中樞府事召命狀 3(二月)」

· 임금의 이기심에 대하여

이기심은 마음의 좀이고 모든 악의 근원입니다.

옛날부터 나라가 잘 다스려진 때보다는 어지러운 날이 많아서 임금이 몸을 파멸시키고 나라를 망치곤 하였습니다.

그것은 다 임금이 하나의 이기심을 버리지 못했기 때문입니다. 무릇 한때 한 가지 일에 있어서 힘써 이기심을 일으키지 않는 것은 어렵지 않으나 평소에 모든 이기심을 제거해서 말끔히 다 없애 버리는 것은 어렵습니다.

비록 어떤 때는 이미 다 제거해 버려도 알지 못하는 사이에 문득 다시 꿈틀꿈틀 싹트기를 처음과 같이 하니, 이것이 그 어려운 이유입니다.

이 때문에 옛 성현들은 조심하고 삼가기를 깊은 못가에 이른 듯이 하고 엷은 얼음을 밟듯 하여 날마다 끊임없이 노력하고 밤마다 조심하였습니다. 오직 잠깐만이라도 게으르고 가벼이 여겨 구덩이에 빠지고 벼랑에 떨어지는 일이 일어나지 않을까 두려워하였습니다.

…… 옛 성인이신 기자箕子께서는 이렇게 가르쳤습니다.

치우침이 없고 기울어짐이 없게 하여 임금으로서의 올바름을 따르라.
이기적으로 좋아함이 없게 하여 임금으로서의 도리를 따르라.
이기적으로 싫어하는 일이 없게 하여 임금으로서의 길을 따르라.
치우침·기울어짐·공평하지 않음이 없어야 임금의 도리가 멀리 고르고 바르게 미친다.

이로 미루어 보면, 비록 성인의 경지에 이르렀더라도 오히려 혹시 이기적으로 치우치는 사사로움이 있지나 않을까 항상 조심조심하였습니다.

하물며 성인에 이르지 못했다면 어떻게 해야 마땅하겠습니까?

…… 바라옵건대 우리 임금님께서는 정신을 가다듬어서 살피고 생각하소서.

『文集』 內集, 卷7, 「箚·戊辰經筵啓箚 2」

· 임금의 정치 방법

신은 아룁니다.

임금은 권세와 지위가 지극히 높습니다. 그래서 나아감이 다하면 반드시 물러서게 되고, 존재하는 것은 반드시 멸망하며, 얻음이 있으면 반드시 잃음이 있다는 이치를 자칫하면 알지 못하고 스스로 위대하다는 생각을 가지기가 쉽습니다.

그러면 그 일을 처리하는 뜻이 교만하고 넘쳐서 어진 이를 업신여기고 스스로 성인인 체하며 혼자만의 꾀로 세상을 다스리려 하게 됩니다. 신하와 더불어 마음과 덕을 같이하고 성의로 서로 믿어서 함께 나라 다스리는 도리를 성취시키고자 함을 즐거워하지 않게 되어 은택이 백성에게 내려가지 아니합니다.

이것이 이른바 "절정까지 오른 용은 후회하게 된다. 그것은 더 올라갈 곳 없는 꼭대기까지 올라간 재난이다"라는 것입니다. 그러므로 옛 어진 임금들은 깊이 이 이치를 알고서 항상 스스로를 낮추고 굽히며 겸손하고 경건하여 스스로 마음을 비움으로써 도를 쌓았던 것입니다.

…… 이른바 "가득 차는 것은 오래갈 수 없다"는 교훈을 알고서 극도에 이르기 전에 방지한다면 후회할 것이 없게 될 것입니다.

…… "망하지 않을까! 망하지 않을까! 하고 조심하여야 나라의 뿌리를 튼튼하게 한다"는 말이 있습니다.

엎드려 바라건대 우리 임금님께서는 항상 이를 경계하시어 스스로 위대하다는 마음 때문에 생기는 후회가 없도록 하신다면 나라에 큰 행복이 되겠습니다.

『文集』 內集, 卷7, 「經筵講義 · 乾卦上九講義」

- **참된 교육을 위하여 서원을 키워야 합니다**

중국의 옛날 일입니다만, 도시에서부터 시골에 이르기까지 학교가 없는 곳이 없었음에도 불구하고 서원을 그렇게 숭상한 것은 무엇 때문이었겠습니까?

숨어 살며 뜻을 구하는 선비나 도를 말하고 학업을 익히는 사람들은 대부분 세상에서 시끄럽게 다투는 것을 싫어합니다. 책을 짊어지고 넓고 한가한 들판이나 고요한 물가로 몸을 피합니다. 옛 성인과 임금들의 도를 노래하고 고요히 세상의 옳은 도리를 살피면서 덕을 쌓고 어짊을 익히는 것으로써 인생의 즐거움을 삼습니다. 그들은 그 일을 하고자 기꺼이 서원에 나아갔습니다.

나라에서 세운 학교나 향교는 사람이 많이 모이는 성안에 있어서 앞으로는 규칙에 얽매이고 뒤로는 공부 이외의 잡다한 일에 마음이 옮겨가게 됩니다.

그것과 비교하여 볼 때, 서원의 보람과 효과를 어찌 동등하게 말할 수 있겠습니까?

이러한 관점에서 말하고 보면, 서원이 단지 선비 개인이 학문을 한다는 측면에서만 효과적인 것이 아니라 나라의 입장에서 어진 이를 얻고자 하는 측면에서도 나라와 지방의 학교보다 나을 것입니다.

옛날 현명한 임금은 그 까닭을 알았습니다.

…… 그래서 임금의 직접 명령으로 여러 서원에 편액을 내려 주고 은혜를 베풀어 영화롭게 하였던 것입니다.

이로써 본다면 중국 선비의 풍조가 아름다운 것은 오직 선비들 스스로의 노력으로 그렇게 만들었을 뿐만 아니라 위에서 배양해 준 덕에 말미암았다고도 할 수 있을 것입니다.

현재 우리나라에서 가르침을 여는 방법은 한결같이 중국의 제도를 따르고 있는데, 안으로는 성균관에 딸린 동서남북의 네 학교가 있고 밖으로는 지방의 향교가 있습니다. 아름답다고 할 수 있겠습니다만 서원이 설치되어 있다는 말은 아직까지 듣지 못했습니다. 이는 우리나라에 크게 부족한 것 중의 한 가지입니다.

주세붕 군수가 처음 서원을 건립하는 것을 보고 세상의 속된 사람들은 이상하다고 생각하였으나 그럴수록 주 군수의 뜻은 더욱 굳고 성실해졌습니다. 뭇사람의 비웃음과 헐뜯음을 무릅쓰고 전에 없던 큰일을 이와 같이 이룩하였습니다.

이것이 어찌 우리나라에서도 서원 교육을 일으키려는 하늘의 뜻이 아니겠습니까?

비록 그렇기는 하지만, 가만히 생각해 보면 교육이라는 일은 반드시 위에서부터 아래로 사무치게 된 뒤에야 그 근본이 서게 되어 멀리 오래 갈 수가 있는 것임을 알 수 있습니다. 그렇지 않으면 마치 근원 없는 물이 아침에 가득했다가 저녁에는 없어지는 것과 같을 것이니 어찌 오래갈 수 있겠습니까?

위에서 이끌면 아래에서 따르게 되며 임금께서 숭상하면 한 나라가 우러르게 되는 것입니다.

지금 주 군수가 이룩하여 놓은 것이 참으로 훌륭하고 위대하지만 역시 한 군수가 만든 것으로서 임금의 명을 얻지 못한 일에 지나지 않을 뿐만 아니라, 이곳에 모신 안향 선생의 업적도 국사에 아직 실리지 않았습니다. 그렇기 때문에 사방의 많은 사람에게 알려지고 뭇사람이 의심을 하지 않으며 온 나라에서 본을 받아 영구히 전해져야 할 일이면서도 그렇게 되지 못할 염려가 있습니다.

…… 서적과 편액을 내려 주시고 토지와 일할 사람을 딸려 주시어 그 힘을 넉넉하게 하시옵소서. 그러하되 감사와 군수로 하여금 선비 기르는 방책이나 공급하는 물건만 감독하게 하시고 가혹한 법령이나 번거로운 조목에 얽매이지 않게 해 주시옵소서.

이렇게 하면 서원은 한 고을 한 도의 교육 장소에 그치는 것이 아니라 한 나라의 교육 장소로 될 것입니다. 그 가르침이 임금에게 근원을 두기 때문에 선비들이 와서 공부하기를 더욱 즐거워하고 오래도록 전하여질 것입니다.

뿐만 아니라 사방에서 기쁜 마음으로 앞다투어 본받아서 혹은 조정의 명으로 혹은 사사로이 서원을 세울 것입니다. 마침내 참으로 책 읽고 학문하는 곳에는 서원이 있게 될 것입니다. 우리 임금께서 백성으로 하여금 학문을 숭상하게 하고 인재 기르기를 즐거워하는 큰 뜻이 훌륭히 퍼질 것입니다.

…… 살피건대 지금 나라의 학교는 참으로 어진 선비가 맡고 있으나 지방의 향교 같은 것은 다만 이름만 갖췄을 뿐 가르치는 방법이 크게 무너져 있습니다. 선비들이 그곳에서 공부하는 것을 도리어 부끄럽게 여기고 그 병폐가 매우 심하여 구할 방법이 없을 정도로 한심한 상태입니다.

서원의 교육이 이제 힘차게 일어난다면 교육 정책의 부족한 부분을 구제할 기회가 생기게 될 것입니다. 배우는 사람이 돌아가 몸담을 곳이 있게 되고 선비의 풍조가 크게 좋아질 것입니다. 사회 풍속이 날로 아름다워지며 임금의 뜻이 백성에게서 이루어질 수 있을 것이니 나라의 정치에 작은 보탬만은 아닐 것입니다.

…… 또한 서원에는 가르침을 관장할 스승을 두어야 마땅할 것입니다. 이는 모름지기 여유 시간이 많은 사람 중에서 가려 뽑되 그 재주와 덕망이 남보다 뛰어나고 한 시대의 모범이 되는 사람이어야 할 것입니다. 그저 세상에 이름나기만 잘하는 사람을 앉힌다면 지금 제도권의 교수나 훈도訓導로서 제 할 일을 감당하지 못하는 자와 다름이 없을 것입니다. 반드시 뜻있는 선비가 뒤돌아보지도 않고 떠날 것이니, 도리어 서원에 손상만 입힐 것입니다.

『文集』內集, 卷9,「書·上沈方伯 通源7)(己酉)」

· **선비의 귀함**

국립학교와 향교는 법령의 얽매임을 받습니다. 때문에 서원이 어진 이를 높이고 진리를 연구하는 아름다움에 전념할 수 있는 것보다 못합니다.

…… 그래서 선비로서 서원에 와서 노니는 사람은 비록 과거를 보는 학문의 티끌을 털어 버리지 못하거나 또는 진리를 연구하는 방도를 아직 깨닫지 못하였다 할지라도 어느 정도는 도의를 높이고 예절과 겸양을 존중할 줄 알게 됩니다. 그러므로 보기에도 훌륭하게 인격 높은 선비다운 모습을 익힙니다. 이것이 바로 서원이 귀한 까닭이며 서원에 들어온 선비를 영예롭게 생각하는 것입니다.

…… 이제 옛것을 회복하여 새롭게 시작하려는 때에 먼 곳의 이름난 선비들이 약속하지 않고도 함께 모였습니다. 마땅히 그 몸가짐을 무겁게 하고 보통 선비들 앞에 서서 행동을 다잡으며 서원의 기풍을 아름답게 하여야만 서원을 세운 뜻을 잃지 않고 우리 학문이 힘을 얻게 될 것입니다.

…… 또한 도의와 벼슬은 어느 것이 귀하고 어느 것이 천하며, 어느 것이 무겁고 어느 것이 가벼운 것입니까?

…… 옛 선비들은 참으로 남의 위세와 지위 앞에 굽히지 않았습니다. 그 이유는 "저편이 자신의 권력과 부유함으로써 한다면, 나는 나의 어짊과 올바름으로써 한다"고 생각하였기 때문입니다.

또 "저편에 있는 것은 어느 것이나 내가 스스로 취하지 않는 것이고, 나에게 있는 것은 예로부터 내려오는 도道이다"라고 생각하기 때문이기도 합니다. 이것뿐입니다.

어찌 저편 사람을 능멸하고 오히려 그 의관을 모욕하는 말을 해서이겠습니까?

무릇 부러워하지도 우러러보지도 않고 붙좇지만 않으면, 내가 저편에게 스스로 행실을 잃는 일은 없을 것입니다. 저편의 세력을 빌리지 않고 저편에서 가진 것을 탐내지 않는다면, 저편이 나에게 무엇을 어쩔 수 없는 것입니다.

그래서 하찮은 한 사나이로서 천자를 벗하여도 분수에 넘치지 않고, 임금이나 높은 벼슬아치로서 보통 백성에게 자신을 낮추어도 치욕이 되지 않는 것입니다.

이것이 선비가 귀하고 존경 받을 수 있는 까닭이며 절개와 옳은 도리라는 말이 이루어질 수 있는 까닭입니다.

『文集』內集, 卷12, 「書·擬與豊基郡守論書院事(丁巳)」

• 선비를 양성하는 일

성주목사인 공이 정치를 잘한다고 이름났으며 서원을 설립하여 선비를 양성하는 자랑스러운 일을 하고 있다고 편지가 왔습니다. 이 편지를 보니 공을 그리워하는 마음과 선비로서의 기개가 솟구칩니다.

그러한 일은, 우리나라에서는 요사이에야 처음 보는 것이어서 매우 잘하는 일로 여겨야 할 터입니다. 그럼에도 불구하고 세속에서는 별난 일로 여겨서 안전한 자리나 엿보는 사람들 대부분이 그 책임을 맡으려고 아니합니다.

이번에 공이 영봉서원을 지어 용감하게 그 책임을 지고서 크게 일을 시작하였으니, 우리 학문을 위하여 다행스러움을 무어라고 이루 다 말할 수가 없습니다.

『文集』 內集, 卷12, 「書·答盧仁甫 慶麟8)(庚申)」

▪「예안향약」의 조목들

덕성을 장려하는 일은 서로 권하고, 예절바른 풍속으로써 서로 사귀며, 어려운 일을 당한 사람을 서로 돕는 것은 「여씨향약」을 그대로 따르면 된다.

규제를 가할 경우만 따로 정리하여 다음과 같이 정한다.

○엄한 벌을 받을 행위
- 부모에게 순종하지 아니함
- 형제끼리 다툼
- 가정의 도리를 어지럽힘
- 관청의 일에 간섭하거나 마을의 풍속을 어지럽힘
- 함부로 세력을 등에 업고 공적인 일을 방해하며 사사로운 일을 행함
- 마을 어른을 업신여기거나 욕되게 함

· 수절하는 과부를 유혹, 협박하여 타락시킴

○중간 벌을 받을 행위
· 친척 사이에 화목하지 못함
· 본부인을 소홀하고 가볍게 대우함
· 이웃과 화목하지 못함
· 친구 사이에 서로 때리고 욕함
· 염치없이 선비의 풍모를 더럽힘
· 강함을 믿고 약한 사람을 업신여기거나 가진 것을 빼앗거나 싸움을 일으킴
· 할 일 없이 무리를 모아 자주 난폭한 짓을 저지름
· 회의하는 자리에서 정부의 정치를 시비함
· 헛말을 꾸며 남을 죄에 빠뜨림
· 남의 걱정과 어려움에 힘이 미치면서도 나서서 구제하지 않음
· 관청 일을 맡은 자가 공무를 핑계로 폐를 끼침
· 혼인이나 상례, 제례에 까닭 없이 때를 놓침
· 마을 행정 책임자를 업신여기며 규칙을 따르지 않음
· 마을 여론에 복종하지 않고 도리어 원망함
· 마을 행정 책임자와의 사적관계를 내세워 마을 행정에 함부로 끼어듦
· 떠나는 기관장을 송별하는 자리에 이유 없이 참석치 않음

○가벼운 벌을 받을 행위
· 공적인 모임에 늦게 옴
· 앉은 자세가 흐트러져 의젓하지 못한 행동을 보임
· 여럿이 모인 자리에서 시끄럽게 다툼
· 맡은 자리를 비워 놓고 자기 편한 대로 함
· 모인 자리에서 이유 없이 먼저 나감

○기타 벌 받을 행위
- 관청 직원으로서 악의 우두머리가 되어 관청이나 민간에 폐를 끼침
- 나라에 바칠 공물의 대가를 지나치게 받아냄

· 나랏일 걱정

요사이 가뭄이 너무나 심하여 사람들이 다 죽을 판이었는데, 이달 초순에 비가 내려 타들어 가던 곡식이 많이 되살아났습니다. 사람들도 비로소 살아날 가망이 있게 되었습니다만, 논벼는 아주 버리게 된 것이 반을 넘고 있습니다. 다른 고을들 중에는 어린 싹이라고는 볼 수도 없는 곳이 많아 사람들은 모두가 아우성을 치면서 죽기만을 기다리고 있답니다.

이런 형편으로 본다면 반드시 도적 떼가 크게 일어날 것인데, 나라에서는 장차 어떻게 대처해야 좋을지 모르겠습니다. 생각이 여기에 이르니 밤잠을 이룰 수 없어 괴로울 뿐입니다.

어찌하면 좋겠습니까?

『文集』內集, 卷5, 「書·答李公幹9」

지난해에 비록 굶주림이 심했다 하나 우리 고향 지방은 그렇게 심하지 않았습니다. 그런데 이제 들리는 소문에 의하면 가는 곳마다 풀잎 하나 볼 수 없게 되었답니다.

일가친척들이 앞으로 떠돌이 생활 속에 엎어지고 자빠질 것을 생각하면 잠시라도 마음이 놓이지 않아 하늘에 호소하고 싶은 아픔을 가눌 길 없습니다.

팔도 중에서도 호남 해변과 영남 모든 지역이 더욱 심하다고 합니다.

그것에다가 왜인들이 자주 틈을 노리니 전란이 일어나지 않는다고 보장하기 어렵습니다.

엎친 데 덮쳐서 북쪽으로는 오랑캐가 우리와의 관계가 나빠진 뒤로한 차례 침범하여 와서 약탈하여 갔다고 합니다. 가을이나 겨울에 크게 침범할 것이란 소문이 있어서 온 조정이 방어 계책을 세우느라 어수선하게 돌아가고 있습니다.

그러나 병사도 없고 식량도 없다면 제 아무리 좋은 전략가가 있다 할지라도 어찌 가엽고 딱한 처지가 아니겠습니까?

『文集』 內集, 卷15, 「書·答吳仁遠(甲寅)」

남쪽과 북쪽의 큰 난리가 아침저녁으로 위급한 상황인데, 나라의 처지를 둘러보니 한 가지도 믿을 만한 것이 없습니다.

그러니 산골 숲에 숨어 산다고 할지라도 어찌 즐거움이 있겠습니까? 이 때문에 나름대로 근심하고 탄식하면서 어쩔 줄 몰라 합니다.

『文集』 內集, 卷19, 「書·答黃仲擧」

· 병적 조사에 대하여

나라의 큰일은 본래 군대를 유지하는 일에 있는데, 지금은 군졸이 줄어들어서 이름만 있고 실제 인원이 없는 것이 서울이나 지방이나 마찬가지입니다.

병역 해당자를 찾아서 빠진 인원을 다시 채우는 것이 당장 급한 일임에는 틀림없으니 백성이 원망한다고 해서 그만둘 수는 없을 것입니다.

…… 그러나 백성은 배고픔과 추위가 절박하여 돌아보고 의지할 데

없는 뜨내기가 되어 단봇짐을 싸 짊어지고 흩어져 다니게 되었습니다. 지방 수령들이 그 처참한 모습을 보고서 구하여 도와주어야 하겠다는 보고를 잇달아 올리고 있습니다. 그럼에도 불구하고 나라에서는 한 번도 명령을 내려 시궁창에 빠진 백성의 목숨을 구제하려는 계획을 세우지 않았습니다. 바야흐로 집집마다 뒤지고 찾아내서 젊은이들을 낚아 가고 중들을 잡아들이고자 하기에 이르렀을 뿐입니다.

인정사정없고 사나운 아전들이 이를 빌미로 간사한 계교를 꾸며 윽박지르며 독촉하기를 불같이 하여서 등살을 깎고 뼈를 짓이기는 듯한 착취가 끝이 없게 될 것입니다.

무식한 백성은 위에서 덕 베푸는 것을 보지 못하고 아래에서 오직 쳐들어와 빼앗아 가는 것만 보게 되어 서로 원망하며 탄식할 것입니다.

그리고 부모의 은혜를 저버리고 아내와 자식의 사랑을 끊은 채 이곳을 떠나 저곳으로 가지만 그곳 역시 그러하니 사방이 넓기는 해도 숨고 도망갈 곳이 없을 것입니다.

힘센 젊은이들은 무리를 지어 도둑이 되고 노인과 어린이들은 구렁에 굴러떨어져 죽으면, 아아 나라의 근본이 어찌 흔들리지 않겠습니까?

…… 어찌 백성의 부모가 되어 정치를 하면서 질병의 극심함과 춥고 배고픔의 절박함에 대해서는 못 들은 체하는 일이 있을 수 있겠습니까?

이미 먹을 식량이 떨어지고 병 고칠 약도 없는데, 병역이 중요하다는 구실로 차마 하지 못할 일을 함으로써 그들을 몰아세우고 협박하여 물과 불 속에 집어넣게 될 것입니다. 구원해 주기는커녕 나무를 모아 더 지펴서 뜨거움을 돋움이요, 물에서 건져 주기는커녕 물결을 일으켜서 빠지게 함입니다.

이에 더하여 매질하고 잇달아 형벌을 주면 비록 나라에서 중요하게 여기는 일이 그렇게 하여 이루어진다 할지라도 그것은 부모가 자식을 사랑하는 도리가 결코 아닐 것입니다.

하물며 백성이 분노를 일으키면 이기기 어렵고 형벌을 내리면 피비린내만 날 뿐이겠습니까?

만에 하나 놀라고 두려워서 난리라도 일어나라고 생각하는 백성이 사방에서 서로 무리를 지을 수도 있습니다. 또 지난날 색출된 병사들조차 그들 속에 끼어들어서 감정적으로 일반 백성에게 흉악한 짓을 할 수도 있습니다. 그러면 그러한 환난을 당했을 때 나라는 텅 빈 병적만을 가지고 무슨 수로 막아낼 수 있을지 모르겠습니다.

…… 이 때문에 신은 오늘날 병적의 정리를 잠시 멈추었다가 풍년이 들고 백성이 평안해진 뒤에 다시 하는 것이 도리에 있어서도 옳고 일에 있어서도 편리하리라 생각합니다.

『文集』 內集, 卷7, 「箚·戊辰經筵啓箚 1」

▪ 백성 걱정

지금의 형편을 보니 백성이 모두 머지않아 구렁 속으로 쓰러질 형편인지라 밤낮으로 근심하고 두려워하는 마음만 앞설 뿐, 어떻게 구제하여야 좋을지 모르겠습니다.

한밤에도 잠을 이루지 못하면서 나라 다스리는 계획이 잘못되었음을 생각하고는 등불 심지를 돋우고 이렇게 그대들에게 편지를 씁니다.

『文集』 內集, 卷23, 「書·與趙士敬, 琴聞遠」

· 세금 걷는 일

지방의 수령들을 보면, 처음에는 매우 백성을 사랑한다는 소리를 듣다가도 세금이나 빚을 거두어들이는 종류의 일에 이르게 되면 흉년이 심하여 떠돌다가 굶어 죽는 꼴을 눈으로 보고서도 인정사정없이 조치를 심하게 하여 모두 긁어내려고 하는 경우가 많습니다.

이는 다른 까닭이 아니고 욕심이 단단하게 그의 마음을 가려서 처음 먹었던 마음을 잃기 때문입니다.

…… 나라의 곡식을 거두어들이지 않을 수는 없지만 반드시 채워 놓기에만 급하여 백성에게 잔인한 조치를 가하는 것은 하지 않는 편이 좋을 것입니다.

『文集』 內集, 卷26, 「書·與鄭子中」, 別紙

· 대마도 주인에게 답함

지난날 대마도가 우리나라에 대하여 잘못을 범한 경우가 없지 않았으나 잘못을 뉘우치고 마음을 고쳐서 정성을 보이고 물품을 바치며 할 일을 하였다.

이런 까닭에 우리 조정도 하늘 같이 어진 마음으로 잘못은 덮어 주고 잘한 것은 드러내며 작은 나라를 보호하고 은혜를 베풀었다. 접대하고 구제하여 도와주는 모든 도리가 지극하지 않은 점이 없었다.

그대의 입장에서 도리를 따져 보면 마땅히 큰 은혜를 감격스럽게 받들고 더욱 보답할 길을 생각하느라 다른 겨를이 없어야 할 터이다. 그럼에도 불구하고 지금은 벌써 은혜를 가볍게 여기면서 그때의 굳은 약속을 돌아보지 않는다. 분수에 지나치게도 갖고 싶은 것만을 얻으려고 억지를 쓰며 소란을 피우고 고집을 부리니, 큰 나라를 섬기고 하늘을 두려워하는 도리에 어긋나지 않겠는가?

…… 지금 어찌 그대의 일시적인 요청에 의하여 옛 약정을 가볍게 고칠 수 있겠는가?

…… 우리나라가 은혜와 신의로써 그대들 왜인을 대접하기는 하지만 어찌 울타리마저 모두 철거할 수 있겠는가?

이러함에도 불구하고 그대는 이전의 조약은 생각하지 않고 또 자기반성도 하지 않은 채 다만 노여움과 원망만을 품고 있으니 어찌 옳다고 하겠는가?

…… 이런 까닭에 어쩔 수 없이 신의로써 다스리고 조약에 따라 처리하는 것일 뿐 그 사이에 인색한 점이 있는 것은 아니다.

『文集』 內集, 卷8, 「書契修答・禮曹答對馬島主宗盛長[10]」

• 왜의 사신을 끊지 말기를 바라는 상소

오랑캐를 오랑캐로 대접하면 모든 오랑캐가 그 처지에 맞게 잘 있을 것입니다. 그렇기 때문에 왕 되는 사람은 오랑캐를 다스리지 않습니다. 오직 오는 자를 거절하지 않고 가는 자를 말리지 않을 뿐입니다.

다스리지 않는 방법으로 다스리는 것이 곧 잘 다스리는 것입니다. 만약 임금과 신하의 처지임을 고집하여 그에 맞는 예절과 인륜 도덕을 따지면서 그들과 더불어 옳고 그름을 가려서 복종할 것을 확인한 다음에야 속 시원하게 여긴다면, 이것은 짐승을 몰아서 예절과 음악을 하게 하는 꼴일 것입니다.

…… 왕의 길은 넓은 것입니다.…… 상대편이 진실로 굴복하는 마음

으로 오면 받아들일 따름입니다.

그렇다면 오늘날 왜인들이 하는 요청은 허락할 만한 것입니다. 그럼에도 불구하고 허락하지 않으니 어느 때가 되어야 허락할 수 있을지 모르겠습니다.

…… 서로가 양보 없이 맞서게 되는 셈이니, 무식한 이 소인배들이 반드시 앞으로 크게 원한을 품게 되어서 뒷날 끝없는 근심거리가 될 것입니다. 변방의 약점이 한 번 드러나면 전쟁이 이어져서 걷잡을 수 없게 될 것입니다. 그때에 가서 감화시키고자 하면 더욱 심하게 굳어질 것이고 화친을 하고자 하면 이미 칼자루가 우리 손에 있지 않게 될 것입니다.

…… 지금 섬 오랑캐가 우리 조정에 오고 싶어 하는데 그 소망을 끊고 있으니, 이것이 어찌 내 쪽에서 앙화와 난리를 불러들이는 길이 아니겠습니까?

…… 한편, 나라가 그들에 대하여 화친을 허락하되 방비는 조금도 늦춰서는 안 될 것이며, 예절로써 대접하되 너무 지나치게 양보해 주어도 안 될 것입니다. 더욱이 한 번 불쾌하다고 종신토록 내쳐서는 안 될 것입니다.

…… 조정에서 왜인들의 요청을 거절한다는 소문을 듣고 마음속으로 잘못이 아닌가 걱정하고 있습니다. 생각건대 이 일은 수백 년 나라의 존망에도 관계가 있고 천만 백성의 생명과도 이어져 있기에 제가 죽은 뒤에라도 원한이 남지 않도록 삼가 말씀 올리는 것입니다.

…… 삼가 죽음을 무릅쓰고 이 글을 올립니다.

『文集』內集, 卷6, 「疏・乞勿絶倭使疏(甲辰)」

- **압록강 세 섬의 밭갈이를 금함**

  넓은 강물 아득히 흘러 기름진 땅 갈라놓았는데

  중국 변방 사람들 이 사이에 섞여서 사네.

  그들과 우리는 이미 경계가 분명하니

  아무리 평소에 어려운 일 없다 한들 어찌 미리 경계치 않으랴.

  『文集』內集, 卷1, 「詩・義州雜題十二絶」, '三島禁耕'

- **의주성의 지리**

  성은 머리 높이 솟고 지세도 웅장하니

  요동의 동쪽 경계 그어 오랑캐 누르려네.

  국경 관문 굳게 닫은 모습 하늘의 보살핌인 듯

  저녁마다 봉홧불 소식 전해 길이길이 태평하리라.

  『文集』內集, 卷1, 「詩・義州雜題十二絶」, '州城地利'

· · ·

1) 洪相國退之: 1504~1586, 남양홍씨, 이름은 暹, 호는 忍齋, 시호는 景憲, 退之는 자이다. 趙光祖 문하에서 수학, 문과에 급제하여 金安老의 전횡을 탄핵하다가 유배, 1537년 김안로가 賜死된 뒤 풀려나왔다. 청백리에 뽑혔으며, 선조가 즉위하자 院相으로 정무를 처결하고 우의정에 올랐다가 1573년에 영의정을 세 번에 걸쳐 중임, 남양의 安谷祠에 제향되었다. 저술로는 『인재집』, 『忍齋雜錄』이 있다.
2) 宋台叟: 1506~1581, 은진송씨, 이름은 麒壽, 호는 秋坡 또는 訥翁, 台叟는 자이다. 1534년에 문과에 급제했으나 金安老가 배척, 등용되지 못하다가 1537년에 김안로가 賜死된 뒤 기용되었다. 1545년(명종 즉위년) 尹元衡 쪽에 가담하여 乙巳士禍를 일으켜 都承旨가 되고 保翼功臣 3등에 책록되었으나, 1547년 良才驛壁書事件(丁未士禍)이 일어나 봉성군과 종형 麟壽가 사사된 뒤부터 윤원형과 사이가 나빠졌다. 윤원형이 죽자 이조판서가 되어 인재를 고루 등용하였다.
3) 閔判書 箕: 1504~1568, 여흥민씨, 자는 景說, 호는 觀物齋 또는 好學齋, 시호는 文景, 이름은 箕이다. 金安國의 문인이다. 1539년(중종 34) 문과에 급제, 1568년 우의정에 이르렀다. 학자로도 이름이 높았고 문장에도 능하였다. 저서로는 『石潭野史』, 『大學圖』가 있다.
4) 朴參判 淳: 1523~1589, 충주박씨, 자는 和叔, 호는 思庵, 시호는 文忠, 이름은 淳이다.

서울에 살았다. 어려서부터 글을 잘하였고 화담 서경덕 문하에 있다가 중년에 퇴계 선생을 섬겼다. 우계 성혼, 율곡 이이와 막역한 친구이고, 대사간 때에는 윤원형을 장계하였으며, 영의정을 지냈다.

5) 張橫渠: 1020~1077, 북송시대 眉縣 橫渠鎭에서 태어났다. 이름은 載, 자는 子厚이고, 橫渠는 호이다. 철학자로서 학문을 이루어 關中에서 가르쳤으므로 그의 학파를 '關學'이라 한다. 橫渠先生 또는 張子라고 부른다. 『正蒙』, 『易說』, 『經學理窟』 등이 『張載集』에 편입되어 있다. 북송시대를 대표하는 여섯 도학자 중 한 사람이다.

6) 葉平巖: 송나라 복건성 邵武 사람으로서 이름은 采이고, 또 하나의 자는 仲圭이다. 저술로는 『근사록집해』가 있다.

7) 沈方伯 通源: 1499~?, 청송심씨, 퇴계 선생 시대의 문신으로 자는 士容, 호는 勗齋이다. 1537년 문과에 장원, 벼슬이 이조판서·우의정을 거쳐 1564년 좌의정에 이르고 耆老所에 들어갔다. 尹元衡 등과 권력을 남용하여 三司의 탄핵을 받고 1567년(선조 즉위)에 관직이 삭탈되었다. 퇴계 선생이 풍기군수를 하던 때에는 경상도 관찰사였다.

8) 盧仁甫 慶麟: 1516~1568, 곡산노씨, 仁甫는 자, 慶麟은 이름, 호는 四印堂이다. 1539년 문과에 급제하고, 星州牧使로 있을 때 서원을 세워 儒學을 크게 장려하였으며, 1557년 李珥를 사위로 맞았다.

9) 李公幹: 농암 이현보의 넷째 아들로서 이름은 仲樑, 호는 賀淵, 公幹은 자이다.

10) 宗盛長(소 모리나가): 宗씨 14대 도주로서, 퇴계 선생 당시 대마도의 島主였다. 1400년대 일본 전국시대 무장이었던 그의 선조 宗盛職(소 시게모토)은 宗씨 10대로서 쇼니 노리요리의 가신이었다. 宗盛職의 아우 宗貞國(소 사다쿠니)이 대마도를 기반으로 조선과 무역을 하며 독립 세력을 이루어 도주가 되었다.

부록

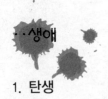

··생애

1. 탄생

백두산으로부터 한반도의 등줄기를 이루며 태백산맥이 흘러 내려오
다가, 한 줄기는 그대로 동해안을 따라 내려가고 또 한 줄기는 소백산맥
을 이루어 흐르다가 서남쪽으로 갈라지는 곳에 태백산이 장군봉, 국망봉,
문수봉을 거느리고 점잖게 자리 잡고 있다.

이 태백산으로부터 남쪽으로 100여 리 내려가노라면 금강산을 조금
뽑아다 놓은 듯 아름다운 봉우리들이 늘어선 청량산을 만난다.

이 청량산 자락을 감돌며 계곡물이 강을 이루어 흘러 수십 리를 내려
가면서 도산9곡을 이룬다. 그 중간 지경에서 토계 계곡물을 받아들여 합
쳐져 도산서원 앞을 지나는데, 그 토계를 거슬러 올라가면 경북 안동시
도산면 온혜동이라는 마을이 나온다. 온혜마을에서 남쪽을 향하여 자리
잡고 있는 야산 밑에 노송정이라는 집이 있다.

퇴계 선생은 이 집에서 새해 입춘을 한 달 열흘 정도 남긴 단기 3834
년 음력 11월 25일(辛酉年 庚子月 己亥日)에 탄생하였다. 양력으로 계산하면
1502년 1월 3일에 해당하고 조선의 연산군이 임금 자리에 오른 지 7년째
가 되는 해이다.[1] 그때 이 마을은 경상도 예안현 온계리라고 불렸다.

이 시기는 무오사화를 통하여 새로 등장하던 사림세력을 억눌러 버린
훈구세력의 아첨에 힘을 받은 연산군의 비뚤어진 정치가 날로 심해지고
있던 때이다. 16년 뒤에 중종의 왕비가 되어 명종을 낳고 명종 즉위 초부
터 8년간 수렴청정을 하는 등 정치에 깊이 관여하여 조선의 측천무후로

불리는 문정왕후가 태어난 때이기도 하다.

3년 전인 연산군 4년에 무오사화가 일어났다. 무오사화는 그때까지 정치 세력을 쥐고 있던 이른바 훈구세력이 새로 등장하는 사림세력을 억누르기 위하여 많은 학자를 사형하고 귀양 보내는 네 번의 사화士禍(사림의 불행한 사건) 중 첫 번째의 사화이다. 이때의 훈구세력은 세조와 성종 때에 권력을 얻어 부귀를 누리고 있는 귀족들이었고, 사림세력은 김굉필, 김일손 등 김종직의 문하생들과 정여창 등 새로 등장한 학자들이었다.

훈구세력인 이극돈은 실록청 책임자가 되어 『성종실록』을 편찬하다가 「조의제문弔義帝文」이라는 글이 자료 가운데에 들어 있는 것을 발견하였다. 「조의제문」은 김종직이 지은 것인데, 세조가 단종을 내치고 임금 자리를 빼앗은 것이 잘못이라는 암시를 담고 있는 내용이었다. 이극돈은 훈구의 대표인 유자광에게 그 사실을 알리고, 그것을 빌미로 하여 무덤에 묻힌 김종직과 그 제자들은 물론, 「조의제문」이 실록 자료로 들어가는 데 연루되거나 알고도 고하지 않은 많은 사람을 제거하였다. 그리고 유자광은 이극돈마저 제거하고 난 후 연산군 시대의 최고 실세가 되어 폭정을 부추기게 된다.

그리하여 경상도 산골에서 퇴계가 태어난 연산군 7년에 이르자 조정에서는 유자광을 탄핵하는 상소들이 속속 제출되기에 이르렀다. 그것이 받아들여지지 않자 대간臺諫뿐만 아니라 정승들도 사직서를 내고 물러나는 일이 이어졌다.

백성이 술렁이자, 1502년에는 경상·전라지방의 백성을 평안·함경지방으로 이주시키기도 하였다.[2]

퇴계 선생의 아버지 이식李埴[3]은 진사 자격을 갖고 있는 39살의 선비였다. 어머니 춘천박씨는 밭일과 길쌈을 하여 남편을 돕고 집안 살림을 꾸리며 갓 태어난 아기의 형 여섯과 누나 하나를 돌보고 있었다.

갓 태어난 아기가 바로 어린 퇴계이다. 아기의 아명은 서홍瑞鴻이고 정식 이름은 황滉이다. 아명이란 어린이를 집에서 보통 쉽게 부르는 이름이고 정식 이름이란 공식적인 기록에 사용하는 관명이다. 어린 퇴계는 이마가 매우 넓었는데, 그의 삼촌 송재(이름은 堣)는 그를 '이마 넓은 아이'라고 부르곤 하였다.

어린 퇴계의 어머니가 그를 잉태하고 있던 어느 날 꿈속에서 중국의 성인인 공자가 집 대문으로 들어오는 것을 보았다. 그래서 이 집 대문에는 오늘날까지 '성인이 찾아오셨던 문'이라는 뜻으로 성림문聖臨門이라 쓴 현판이 걸려 있다.

어린 퇴계는 진보이씨眞寶李氏로, 그 시조는 고려 말기에 동해안 진보 마을에 살면서 생원 시험에 급제했던 이석李碩이다.

이석의 아들 자수子脩는 어린 퇴계에게 5대조가 되는데, 고려 말 홍건적이 쳐들어온 것을 물리치고 수도였던 개성을 되찾을 때에 정세운을 도와 큰 공을 세웠다. 그 공로로 송안군이라는 높은 벼슬을 받았으며, 그 아버지 이석까지도 밀직부사라는 벼슬을 받았다. 뒤에 해안을 자주 침범해 오는 왜구들을 피하여 안동으로 옮겨 와 살았다.

어린 퇴계의 고조부는 운후云侯인데, 자수의 둘째 아들이다.

증조부는 정禎인데, 말 타기와 활쏘기를 잘하여 세종대왕이 평안도지방을 평정할 때에 큰 공을 세웠다.

조부는 계양繼陽인데, 예안현 부라촌으로 옮겨 와 살다가 스님의 도움을 받아 온계리에 집터를 잡고 다시 옮겨 와서 살게 되었다. 계양은 성품이 맑고 깨끗하며 번거롭지 않아서 출세할 일에는 힘쓰지 않고 농사와 낚시를 하며 자손들 교육하는 일에 힘을 쏟았다.

아버지 식埴의 장모 남씨는 집안에 예전부터 모아 두었던 책을 많이 보관하고 있었다. 사위가 공부를 좋아하여 부지런히 힘쓰는 것을 보고는, "책이란 선비의 집에 있어야 마땅한데, 우리 집 아이들은 이 많은 책을 가질 능력이 없는 것 같다"고 말하면서 전부 사위에게 주었다. 이 시대에는 책이 귀하였다. 식은 이에 힘입어 물고기가 물을 만난 듯 공부를 많이 하게 되었다. 그는 성품이 고상하여 세상 사람들이 하는 대로 따라서 처신하지 않았다. 또 아버지를 닮아 역시 출세에 뜻을 두지 않고 지내면서 글만 읽었을 뿐 과거 보는 격식에 얽매이지 않았기 때문에 여러 번 시험에 떨어지곤 하였다. 어린 퇴계가 태어나던 해에야 비로소 진사 시험을 보아 합격하였다. 진사라는 것은 벼슬이 아니고 글 읽는 학자라는 것을 공인 받는 하나의 자격이라고 보면 된다.

그는 "여러 자식 가운데에서 내 뜻을 받들어 지키고 내가 하던 일을 이어받는 아이가 나온다면, 나는 비록 이루어 놓은 것이 없을지라도 한이 없을 것이다"라고 속마음을 표시하였다. 또한 "나는 밥 먹거나 잠들거나 앉거나 서거나 언제든 글을 떠나지 않았다. 그런데 너희들은 이같이 한가롭게 세월만 보내고 있으니, 이래서야 어찌 뒷날에라도 성취할 수 있겠느냐?"라며 자식들을 타이르기도 하였다.

2. 학문에 뜻을 세우다(立志)

1) 어린시절

○ 2세(1502, 壬戌)

그때에 맏형은 장가를 갔으나 나머지 형들은 아직 어려서 홀로 된 어머니가 한편으로는 집안 살림을 꾸려 나가고 한편으로는 아이들을 키우게 되었다.

어머니는 특히 자식들 공부 뒷바라지에 힘을 썼다. 멀고 가까움을 가리지 않고 훌륭한 분을 따라 배우게 하여 학문하는 일을 이루어 주었다. 또한 아버지가 계신 다른 사람들보다 더욱 바른 길로 나아가게 하여 법도 있는 생활을 몸에 익힐 수 있도록 이끌고 밀어 주려고 힘을 다하였다.

퇴계가 뒷날 어버이의 일을 기록한 글을 보면, 어머니가 일찍부터 퇴계의 성품이 세상살이에 잘 맞지 않을 것을 아시고서 걱정이 되어 "작은 벼슬에 그쳐서 분수에 맞게 살라"고 깨우쳤음을 알 수 있다. 퇴계는 높은 벼슬자리를 내려 받고 많은 제자가 따르는 대학자가 되어서도 이 깨우침을 잊지 않았다. "헛된 이름에 쫓겨 이리저리 자리를 옮겨 다니게 되니, 어버이의 남기신 가르침과 본받을 만한 행실을 땅에 떨어뜨리고 저버림이 지나쳐서 불효자가 되었다"고 말하였다.

또한 작은아버지인 이우는 이때 한양에서 벼슬살이를 하다가 진주목사로 나아가기도 하였는데, 그들 형제를 친자식처럼 생각하면서 기르고 가르치고 타일러 주었다. 어린 퇴계의 셋째 형 의瀓와 넷째 형 해瀣가 작은아버지를 따라다니며 글을 배웠다.

○ 6세(1506, 丙寅)

중종 원년으로, 조선 조정에서는 이른바 중종반정이 일어나서 연산군을 폐위하고 중종을 옹립하였다.

이보다 2년 전 연산군 10년인 1504년 갑자甲子년에 또다시 사화가 일어났다.

연산군은 사치와 낭비로 국고가 바닥이 나자 공신들의 재산인 공신전을 거두어들이고 노비까지 빼앗으려 하였는데, 그로 인해 조정 대신들과 연산군 사이에 알력이 생긴다. 이 틈에 임사홍이 권력을 잡을 야심을 품고 외척 신수근과 가까이 하면서 연산군에게 아부하여 함께 연산군의 욕심을 채워 줄 음모를 꾸미게 된다. 공신들의 재산을 빼앗을 수 있을 뿐만 아니라 바른 말로써 임금의 감정을 건드리는 신하들도 함께 제거할 수 있는 계략을 찾아낸 것이다.

임사홍이 성종 때에 연산군의 생모 폐비윤씨가 사약을 먹고 죽은 경위를 연산군에게 알리자, 연산군은 이 기회에 어머니의 원한을 푸는 동시에 공신들을 탄압할 마음을 먹고 윤비 폐위에 관련된 모든 사람에게 앙갚음을 하고 재산을 몰수하게 된다. 궁중에서는 성종의 후궁들과 그 자식들을 죽이고, 조정에서는 김굉필·정창손·정여창·남효온 등 역사상 그 이름이 빛나는 사림들을 많이 처벌하는데, 무오사화에서 귀양으로 그쳤던 김굉필 등은 이때에 사형을 당하고 이미 무덤에 있던 정여창 등은 부관참시를 당한다. 이것이 갑자사화이다. 이 사화에서는 사림들뿐만 아니라 재산을 갖고 있던 훈구공신들도 많이 희생되었다.

이 사화로 인해 세종부터 성종까지 국가적인 노력에 의하여 꽃피려던 유교적 왕도정치가 침체되는 모습을 보였고, 이러한 연산군의 실정은 건국이념이기도 한 유교적 왕도정치의 새로운 질서를 모색하는 끈질긴 의지의 사람들에 의해 중종반정의 형태로 나타나게 되었다.

퇴계가 여섯 살 된 1506년 9월 1일, 박원종·성희안 등이 무사를 규합하여 먼저 임사홍 등 연산군의 측근을 죽인 다음 궁궐을 에워싸고 옥에 갇혀 있던 자들을 풀어 종군하게 한다. 이튿날인 9월 2일, 박원종 등은 군사를 몰아 경복궁에 들어가서 대비大妃(연산군의 아버지인 성종의 왕비)의 윤허를 받아 연산군을 폐하고 진성대군(1488~1544, 연산군의 이복동생)을 맞아 조선왕조 제11대 왕인 중종으로 옹립한다. 중종반정이다.

이렇듯 임금의 탐욕과 간신의 야욕, 충신의 충절이 뒤얽혀 피를 튀기는 조정과는 다르게, 멀리 온계마을에서는 어린 퇴계가 동네 노인을 찾아가서 『천자문』을 배우고 있었다.

아침에 세수하고 머리를 빗고 몸을 단정히 한 뒤에 선생님 집 울타리 밖에서 그 전날 배운 것을 되풀어 외우고는 집안으로 들어갔다. 선생님 앞에 무릎 꿇고 인사를 드린 뒤에 엄숙한 분위기 속에서 가르침을 받았다.

○ 8세(1508, 戊辰)

둘째 형이 손을 베어 피를 흘리자 형을 끌어안고 우니, 어머니가 "정작 형은 울지 않는데 네가 왜 우느냐?"고 물었다.

그러자 퇴계는 "형제는 같은 기를 받아 한 몸과 같습니다. 형의 몸에서 피가 흐르는데 어찌 동생이 아프지 않겠습니까?"라고 대답하였다.
사람들이 어린 퇴계가 이미 사람이 타고난 도리를 몸으로 깨닫고 있
다고 말하였다.

○ 12세~14세(1512, 壬辰~1514, 甲午)

높은 벼슬살이를 하던 작은아버지가 늙으신 그의 어버이, 즉 퇴계의
할아버지(繼陽)와 할머니를 모시기 위하여 고향으로 돌아왔다. 그래서
넷째 형, 사촌동생 등과 함께 작은아버지에게서 『논어』를 배웠다.
어린 퇴계는 이때에 참다운 학문의 길에 대해 가르침을 받게 되었고,
사람의 도리에 대하여 많은 것을 깨달았으며, 깊이 있는 철학적 사색
을 시작하였다. 어느 경우에나 사람들로부터 높은 인정을 받았다.
점점 글 읽기를 좋아하게 되어 사람이 많은 방안에서도 혼자 벽을 향
해 돌아앉아서 글을 읽곤 하였다. 열네 살 때에 이미 도연명의 시를
즐겨 외우고 그 사람됨을 존경하며 그리워하였다.

○ 15세(1515, 乙亥)

샘물 속의 가재를 보면서 다음과 같은 내용의 시를 지었다.

돌 지고 모래 파니 절로 집이 생기고
뒷걸음쳐 앞으로 나가는 발도 많구나.
평생을 한 움큼 산골 샘 속에서
강과 호숫물 얼마인가 묻지 않노라.

「가재(石蟹)」

이 시를 보노라면 마치 퇴계 선생의 늘그막 시절을 보고 있는 듯함을 느끼게 된다. 그가 이때에 이미 자신이 평생 살아갈 모습에 대해 마음 속에다가 뜻을 세우기(立志) 시작하였음을 말해 주고 있는 것이다.

○ 17세(1517, 丁丑)

사람의 양심과 본성을 보존하고 기르며 스스로를 돌이켜 살펴서 인격을 완성해 나가는 도학道學이라는 학문이 있음을 알게 되었다. 그리하여 그것에 뜻을 두고는 밤낮을 가리지 않고 옛 책을 읽거나 호젓이 앉아서 마음공부를 하였다.

그러나 이 방면의 선배나 스승이 없었고 그 스스로도 뚜렷한 요령을 알고 있지 못한 채 마음만 앞서 가다가 병이 생기기도 하였다.

그러던 중 성장기 내내 퇴계에게 아버지의 역할과 스승의 역할을 함께 맡아 주시던 작은아버지가 돌아가셨다. 이제부터 참으로 스스로의 길을 홀로 걷게 된 것이다.

작은아버지는 중종반정 때 입직승지로서 공이 있어 정국공신으로 인정받고 벼슬살이에서 참판까지 올라갔으나 부모 봉양을 위해 사직하고 고향에 내려오기도 하였다. 1515년에 안동부사를 맡게 되어 안동으로 내려와 살고 있었다.

○ 18세(1518, 戊寅)

하늘과 땅과 우주의 근본 이치나 마음의 본모습 등에 대한 철학적 사색이 상당히 깊어졌음을 드러내는 시를 읊는다.

물가엔 이슬 맺힌 풀 싱그럽고
깨끗이 청소한 작은 샘, 물도 맑아서
구름 날고 새 지나며 바탕을 서로 엿보건만
때때로 제비 물결 찰까 두렵네.

「들샘(野池)」

숲 속 오두막, 만권 책 홀로 사랑하며
한결같은 마음, 십 년이 넘으니
요사이 어쩌면 근원에 부딪힌 듯
마음속에서 태허4)를 보네.

「마음속을 읊음(詠懷)」

○ 19세(1519, 己卯)

봄에 과거 시험의 첫 관문인 지방 시험에 참가하였다.

나이로 보아 이 무렵 자字를 지었을 것으로 추측된다. 어린 시절에는
아명을 부르고 청년이 되면 관명 대신 자字라고 하는 또 하나의 이름
을 지어서 평시에 부르던 풍습이 있었다. 언제부터 사용하였는지 확실
치는 않지만 젊은 퇴계 이황의 자는 경호景浩이다.

한편 조정에서는 세 번째 사화인 기묘사화가 일어났다.

연산군의 폭정을 떨쳐 버리고 중종이 임금 자리에 오르자 바른 정치
를 하기 위해서 다시금 사림을 뽑아 쓰게 된다. 그러면서 당시 실세를
잡고 있던 중종반정에 공을 세운 공신들과 새롭게 등장하는 사림들과
의 세력 충돌이 일어나게 된다.

새롭게 등장한 사림들은 조광조를 정점으로 하여 유교적 왕도정치의

이념 아래 도학적 윤리 도덕을 최고 가치로 강조한다. 그런데 그 주장이 지나치게 강경하여 공신인 훈구세력들의 재산과 명예를 다치게 하였을 뿐만 아니라 한편으로는 유명한 학자들까지 별 가치 없는 문장에나 매어 있다며 명예를 깎는다. 또 한편으로는 궁중의 내명부에서 신봉하고 있던 도교 궁관을 철거하면서 도교를 말살하기에 이르렀으며, 중종에게도 어려운 도학공부를 부지런히 해서 철인哲人이 되어야한다고 몰아붙인다. 결국 궁중과 조정에 많은 적을 만들게 된다.

이때 훈구세력인 남곤·홍경주 등이 궁궐 후원의 넓은 나뭇잎에 꿀물로 조씨가 왕이 된다는 뜻을 가진 한자구절 '趙爲王'을 써서 벌레가 파먹게 하는 계략을 꾸민 뒤 그것을 빌미로 '조씨가 역모를 꾀하고 있다'라고 하여 조광조를 따르는 세력들을 반역죄로 얽어 처형한다. 이렇게해서 도학의 이념을 실현해 보려는 꿈을 가졌던 많은 선비가 죽거나 귀양 간 것이 기묘사화이다.

2) 청년시절

○ 20세(1520, 庚辰)

『주역』이라는 책을 연구하였는데, 너무 깊이 빠져서 밥 먹는 것도 잊고 잠자는 것도 잊곤 하다가 건강을 해쳐서 그 뒤 오랜 세월을 고생하게 된다.

○ 21세(1521, 辛巳)

김해허씨 허찬許瓚(자: 叔獻, 호: 默齋, 1481~1535)의 맏딸과 결혼하였는데, 신부도 스물한 살로 둘의 나이가 같았다. 신부 집이 그가 살고 있는 온계 마을로부터 서북쪽으로 70여 리 떨어져 있는 영주군 푸실이라는 마을에 있었기 때문에 그곳으로 가서 예절에 따라 혼례식을 올리고 부인을 데려왔다.

막내아들로서 결혼을 하였으므로 딴 집으로 나가 살게 되었는데, 이때 나누어 받은 논이 여섯 마지기였다.

○ 23세(1523, 癸未)

형제들에게 공부 잘해서 훌륭한 사람이 되라고 언제나 타일러 주시던 할머니가 93살의 나이로 돌아가셨다. 이해에 맏아들 준篤이 태어났다. 겨울에 퇴계는 한양으로 올라가 성균관에서 유학을 하였으나, 기묘사화의 뒤끝이라서 그런지 공부하는 분위기가 아니었다.

가지런하고 엄숙한 모습과 깊은 마음공부를 홀로 지니고 있음이 알지 못하는 사이에 드러나게 되어 남들과 잘 어울리지 못하였다. 미워하고 시기하는 사람도 많고 헐뜯고 손가락질하는 사람도 그치지 않아서 두 달 만에 고향으로 돌아왔다.

그러나 이 짧은 유학 기간 동안에 『심경心經』이라는 책을 얻어 읽을 수 있었던 것은 그에게 있어서 큰 수확이었다. 『심경』이라는 책이야말로 마음공부에 대하여 옛 성현들이 핵심을 찔러 말해 놓은 구절들을 잘 정리하여 모아 놓은 것이었기 때문이다. 이 책을 보고 비로소 그는 인격의 완성을 위하여 양심과 본성을 보존하고 기르는 일이야말로 옛 성현들이 대대로 이어가며 전해 준 가르침이고 사람의 가장 근본 된 학문이라는 점을 가슴 깊이 느꼈다. 기묘년에 죽은 선비들이 그렇게 부르짖던 도학의 방법이 거기에 있었다.

퇴계는 이 책을 보면서 더욱 마음을 다잡아 그 학문의 길을 걷기로 했다. 그가 일찍이 뜻은 세웠으나 뚜렷한 방법을 몰라서 그동안 밤길을 헤매듯 길을 찾고 있던 학문이 바로 이것이었기 때문이다. 그 뒤로 평생 그는 『심경』을 어느 경전 못지않게 존중하고 믿었다.

『심경』을 읽을 때 퇴계는 깊이 글 속에 빠져 거듭거듭 읽었다. 어떤 때는 '이러한 구절대로 실천하려면 어떻게 행위 하여야 하며 옛사람들은 어떻게 하였던가?' 하고 생각하면서 실제 있었던 일들을 찾아보았다. 또 어떤 때는 그 구절의 뜻과 그에 담긴 철학적 이치를 밝게 살피기도 하였다. 그렇게 오래오래 계속하자 자연히 마음속이 열리면서 무엇이든지 환하게 깨닫지 않는 바가 없게 되었다.

이 무렵 집 살림이 어려워 과거 시험을 보게 되었는데 그는 시험에 붙거나 떨어지는 것에 크게 마음 졸이지 않았다. 스물네 살 때에 계속 세 번이나 떨어지고도 마음 아파하지 않았으나, 어느 날 이웃집 하인이 그를 업신여기는 말투로 부르는 소리를 듣고는 한숨지은 적이 있었다.

뒷날 퇴계 선생은 이때 자기가 사람들의 대우와 관심에 대하여 민감하였던 것은 잘못이었다고 말하면서 제자들은 그렇게 하지 않도록 하라고 타일렀다.

○ 25세~26세(1525, 乙酉~1526, 丙戌)

청량산에 들어가 책을 읽었다. 이 무렵 셋째 형과 넷째 형이 서울로
올라갔고, 넷째 형은 과거에 합격하였다. 그래서 형들이 어머니를 모
시지 못하게 되자 스물여섯 살 때에 어머니가 살고 계시는 형 집으로
이사를 하였다. 이 집에는 아버지 때부터 모아 놓은 책이 많았기 때문
에 퇴계는 물고기가 물을 얻은 것과 같이 기뻐서, "푸른 산 옆구리에
덩그런 집이 맑고 깨끗한데, 만권 도서가 가득하구나.…… 산 살림에
는 할 일이 없다 하지 마오. 내 평생 하고픈 일 얼마인지 누구보다 헤
아리기 어렵소.……"라고 시를 읊는다.

이때에 이미 학문을 평생 사업으로 삼으려는 뜻이 굳건하게 자리 잡
은 것이다.

○ 27세(1527, 丁亥)

지방 과거 시험인 경상도 향시에 합격하였고, 둘째 아들 채寀가 태어
났다. 하지만 부인 허씨가 출산으로 너무 쇠약해졌던 탓인지 채를 낳
은 다음 달에 스물일곱의 나이로 세상을 떠나고 말았다. 영주에 있는
친정집 선산에 장례를 지내 주었다. 겨우 칠 년을 같이 하고는 아름다
운 부인을 잃게 된 슬픔을 늘그막까지 잊지 못하였다.

○ 28세(1528, 戊子)

서울로 올라가 진사 시험을 치고는 합격을 알리는 방榜이 붙는 것을
기다리지도 않고 곧바로 고향으로 향하였다. 한강에 도착하기 전에 방

에 붙었다는 소식을 들었으나 별로 기뻐하는 빛이 없었다.

30여 년 뒷날 어느 제자가 이때의 일에 대하여 "선생께서는 그때 이미 청운의 뜻을 버리고 계셨습니까?"라고 물었더니, 퇴계 선생은 아무런 대답도 하지 아니하였다 한다.

○ 30세(1530, 庚寅)

같은 예안지방에 살고 있던 사락정四樂亭 권질權礩의 딸을 두 번째 부인으로 맞이하였다. 권씨 부인의 아버지인 권질은 본래 서울에서 상당히 높은 벼슬자리를 맡았었으나, 연산군 때 갑자사화로 죽은 권주의 아들이라는 이유로 거제도에서 유배 생활을 하다가 중종반정으로 풀려나서 벼슬살이를 하였지만, 다시 신사무옥에 얽혀서 10년 째 예안지방 청량산 쪽 어느 산골로 유배되어 살고 있던 중이었다.

그는 퇴계가 인품이 훌륭하고 학문에 뜻이 높은 젊은이로 부인을 잃은 채 살고 있다는 사실을 알고는 사위 삼기로 마음을 먹었던 것이다. 권질의 동생 권전權磌이 1521년에 안처겸과 함께 기묘사화에서 득세한 남곤 등은 사림을 해치고 임금의 총명을 흐린 간신배들이므로 제거해야 한다고 모의를 하였는데 이것이 사전에 고자질 당하여 처형을 받게 된다. 그것을 신사무옥辛巳誣獄이라고 부른다.

○ 31세~32세(1531, 辛卯~1532, 壬辰)

셋째 아들 적寂이 태어났다.

그때까지 살고 있던 집에서 건너다보이는 영지산 북쪽 기슭에 조그만

집을 짓고는, 집 이름을 지산와사라 부르고 스스로는 영지산인靈芝山人이라 불렀다.

셋째 형 의濛가 세상을 떠났다.

○ 33세(1533, 癸巳)

지난해 말에 경상남도 곤양군수로 있는 어득강으로부터 쌍계사로 놀러가자는 편지를 받고 1월에 들어서면서 남쪽으로 여행길을 떠난다. 세상 떠난 허씨 부인의 친정인 의령에 들렀다가 사촌누나들이 시집가 살고 있는 함안 창원을 거쳐 진주 마산을 보면서 곤양에 도착한다. 그러나 사정이 있어서 쌍계사까지 관광을 하지는 못하고 고향으로 돌아온다.

이 여행길에 남명 조식을 만났는가에 대하여서는 확실한 결론이 없으나, 대체로 만나지 못한 것으로 알려져 있다.

이 남행길에서 농촌 백성이 가난에 허덕이는 모습과 도회지 부자들이 사치스럽게 생활하는 모습을 보고는 30대 청년으로서 느낀 감회를 시로 읊었다.

양양 길 가고 있는 이른 봄 하순이라
동풍은 관청의 버들을 흔들고
기러기 오리들은 못과 내로 흩어지는데
군청 성곽은 높이 웅장하고
다락집 솟을문들이 수풀처럼 우쭐대는구나.
집집이 잘도 수리 정돈하여
앞 가린 주렴들이 반공중에 걸렸으니

이곳은 참으로 번화하여
흉년에도 이러하구나.
예능 익히는 저 사람은 어느 집 도령인가
몸 뒤집으며 멋지게 말달리고
들놀이 아이들은
밝게 웃으며 구불구불 어디로들 가는가.
너희들은 교만과 방탕을 삼갈진대
어찌 하늘의 재앙을 모르고 있는가?
부자가 아침저녁 편안함을 탐하는 동안
가난한 자들은 이미 흩어져 유랑하고
길 가운데 엎어져 죽어도
아내 자식을 구하지 못한다.
높은 벼슬아치들은 어찌 걱정도 없다가
곳간이 비면 할 줄 아는 것이 무엇인가?
가슴 아픈 꼴 볼 때마다
우두커니 서서 한탄만 길구나.

「양양 길에서(襄陽道中)」

봄이 지나고, 넷째 형 해瀣를 따라 서울로 올라가 성균관 유학 생활을
하면서 김인후5)와 만난다. 그러나 이 시절 성균관 태학에서 공부하는
선비들의 풍습은 10년 전과 다름없이 타락되어 있었다. 퇴계는 실망이
컸던 나머지 오래지 않아 고향으로 돌아가기로 마음먹는다. 김인후와
작별의 시를 나누었고, 울적한 속마음을 푸는 시 몇 편도 지었다.
이때 지은 시에 의하면, 나라에서 운영하는 태학관은 잘 먹고 노는 곳
으로서 선비들이 과거를 본다는 핑계로 병역에 빠지면서 공부하는 척
하는 곳이었다. 오히려 책 읽는 사람을 보고 비웃음이나 치는 곳이 되

어 있었던 것이다.

초가을이 되자 마침내 한양을 등 뒤로 하고 고향을 향하여 길을 떠나게 되었는데, 마침 밀양부사로 부임하는 권벌權橃6)을 만나 동행하여 남쪽으로 내려갔다.

3. 벼슬살이 시절

1) 벼슬길의 출발

○ 34세(1534, 甲午)

정식 과거를 보아 문과에 급제하였다. 이웃 동네에 살았던 당시의 대학자 이현보7) 선생이 이 소식을 듣고는 말했다.

요즈음 시절에 기대되는 사람으로서는 이 사람을 뛰어넘을 이가 없으니 나라의 다행한 복이요, 우리 고을의 경사이다.

한편 어머니는 말하였다.

너의 학문 익힘이 이미 이루어져 있었으므로 과거에 합격하는 것은 걱정하지 않았다. 그러나 너의 성품이 남들과 다르므로 벼슬은 현감 한 자리 정도에 그치는 것이 좋을 것이다.…… 너의 뜻이 너무 높고 깨끗하여 세상에 잘 맞지 않으므로 고을 하나만 맡아 지내고 높은 벼슬은 하지 않는 것이 좋을 것이다. 세상 사람들이 겁을 내어 너를 받아들이지 못할 것이다.

아니나 다를까 과거에 급제하고 처음으로 직책을 정할 때였다. 처음에는 당시 사회에서 사람들이 선호하는 부서인 외교문서 담당 승문원과 실록 편찬 기초 자료인 사초史草 담당 예문관 및 춘추관의 벼슬자리를 추천받았다. 그러나 정치세력의 방해를 받아 승문원의 말석 자리인 종9품 부정자副正字에만 임명되었다. 이때 퇴계가 요직에 앉는 것을 방해한 사람은 당시 정치 세력가이던 김안로金安老(1481~1537)였다. 그는 퇴계의 처가가 있는 영주 사람이었다. 같은 고향 사람인 이황이라는 젊은이가 과거에 합격하여 보직 발령을 대기하고 있었으므로 마땅히 자기를 찾아와서 인사를 하고 환심을 살 것이라고 생각하고 있었다. 그러나 퇴계가 그렇게 하지 않고 자기 줄에 서지 않았기 때문에 괘씸하다는 마음을 품었던 것이다.

김안로는, 기묘사화 때에는 조광조와 같은 신진사류로서 귀양살이를 하였으나 뒤에 중종과 장경왕후 사이의 맏딸이며 세자(뒤에 인종이 됨)의 누나인 효혜공주를 며느리로 맞이하면서 남곤을 중심으로 이루어졌던 훈구세력과 맞먹는 권세를 잡게 되었다. 그리고 비빈들과 외척들 간의 암투가 심하던 이 시절에 세자의 외삼촌 윤임과 합세하여 세자를 둘러싼 궁중의 권력 암투에 깊이 관여하였다. 갖은 책략으로 중종의 전폭적인 지지를 받아 내어 정적들을 죽이고 귀양 보냈기 때문에 공포정치의 주축으로 알려져 있었고, 1534년에는 이조판서를 거쳐 우의정에 올라 있었다.

○ 35세 ~ 36세(1535, 乙未~1536, 丙申)

부산 동래까지 왜국의 노비들을 호송하여 출장을 가다가 여주에서 그 고을을 다스리고 있던 이순李純이라는 목사를 만났다.

이순은 20여 년 전부터 중국 송나라 때의 채침8)이 쓴『홍범황극내편』
이라는 책을 연구하고 있었으며『주역참동계』라는 책도 읽고 있었다.
그래서 퇴계는 이순으로부터 이 두 책의 내용에 대하여 설명을 듣게
되었다.

『홍범황극내편』은,『주역』이라는 책에 설명되어 있는 64괘와 「하도」,
「낙서」라는 그림에 드러나 있는 수의 이치에 의하여 하늘의 일도 땅
의 일도 그리고 세상의 일도 풀이될 수 있다는 입장에서 세상일의 원
리를 설명하고 있는 책이다.

『주역참동계』는『주역』의 음양오행 64괘와 간지干支가 서로 결합하는
납갑법納甲法의 이치를 빌려, 사람의 정신력과 생명력이 융합되어 이루
어진다는 내단內丹을 수련하는 방법을 설명한 책이다. 심성수련에 관
한 심오한 지침서로서 후한 때에 저술된 이후로 많은 영향을 끼치고
있는 책이다.

동래에서 돌아오는 길에는 고향에도 들러서 어머니를 잠시 뵙고 올라
왔다.

이해가 다 저물어 가는 때에 첫째 부인이었던 허씨의 친정아버지 곧
퇴계의 첫 번째 장인 허묵재許默齋 공이 세상을 떠났다. 그러나 퇴계는
다음 해 초가을이 되어서야 휴가를 얻어 고향으로 내려와 장인의 빈
소가 있는 의령으로 가서 그 영전에 곡할 수 있었다.

이 휴가 기간에 퇴계는 고향의 지방 부윤이었던 이현보를 모시고 강
가에 지어져 있는 애일당이라는 정자 뒤의 언덕에 올라 시를 짓기도
하였고, 때때로 안동지방에 있는 여러 정자와 누각을 찾아 시를 읊으

며 지냈다.

휴가가 끝나고 늦가을이 되었을 때에 벼슬이 호조좌랑으로 올랐다. 오른 벼슬자리에 한 석 달 있었을 무렵, 한 해가 저물어 가는 때에 고향 친구로부터 배랑 밤이랑 정성 어린 물건과 함께 열 장이 넘는 긴 편지가 왔다. 이 편지를 받고 퇴계는 고향과 어머니를 그리는 생각이 뭉클 일어나서 긴 시 한 수를 읊었는데, 간추리면 다음과 같다.

……
아, 어버이께 이별을 고하고
서릿바람 찬 국화의 계절에
서쪽으로 올라와서 한 일이 무엇인가?
가슴만 답답한 채
말없이 벼슬에 얽매여 공무에만 바쁘느라
병든 몸을 걱정할 틈 없었네.

광음은 문득문득 아니 머물러
쫓기듯 섣달그믐에 이르니
나그네 베개에는 시름도 많을세라.
꿈결에 혼이 문득 날아올라
나의 몸을 만져보니
참으로 스스로 부끄러운데
나라에 보답하는 일도
그 또한 제대로 못 되었네.

어찌하여 일찌감치 어리석음 인정하고
초가집 돌아가서 편안히 있지 아니하는가?

힘들여 밭 갈아서 세금 넉넉 바치고는
맛있는 것으로 어머니 받들면
얼마나 기뻐하실까!

이것이 참으로 내 분수에 맞으련만
오래도록 스스로 결단을 못 내려
명리 우거진 숲에 억지 낯을 들고
억누르며 감추어 숨기는 가운데
하릴없이 정신을 잃었구나.

오히려 술 마시고 흐트러질 줄이나 알지
학문의 참다운 가르침은 얻을 길이 없는 채
낡아 해진 옷조차 잡히고
꾸어온 항아리 속 좁쌀도 다 떨어져 간다네.

벼슬살이 좋다지만 싫증만 나고
고향 갈 마음은 그칠 수가 없구나.
…….

「연말에 고향 편지 받고 느낌(歲季得鄕書書懷)」

○ 37세~38세(1537, 丁酉~1538, 戊戌)

음력 10월에 어머니 춘천박씨께서 예순여덟 살의 나이로 세상을 떠났
다. 퇴계의 마음은 남달리 아팠다. 그가 과거를 본 것도 홀어머니를
잘 모시고 싶었기 때문이었다. 더구나 이해에 들어 6품 벼슬로 승진하
고부터는 어머니를 친히 봉양하려는 마음에서 지방으로 나가기를 원
하고 있던 터였다.

급히 고향으로 내려와 지극한 효성으로 상례를 치른 끝에 몸이 회초리 같이 마르고 병을 얻게 되어 거의 구할 수 없는 지경까지 이르렀다. 12월에 어머니를 온계 동네 뒷산에 묻고, 만 2년 동안 묘 옆에 움막을 지어 머물면서 정성을 다하여 상례를 치렀다.

조정에서는 1537년 10월에 김안로가 문정왕후 세력인 윤원형, 윤원로를 제거하려다가 오히려 자신의 모략이었다는 죄상이 드러나게 되었다. 그의 심복이던 허항, 채무택과 함께 삼흉三兇으로 낙인찍혀 유배를 당한 뒤에 사약을 받았다.

2) 벼슬살이 가운데 서서

O 39세 ~ 40세(1539, 己亥~1540, 庚子)

12월에 상례를 마치자 조정에서 다시 정6품에 해당하는 홍문관의 수찬과 경연의 검토관 벼슬을 내리고 불렀으나 올라가지 않았다.

마흔 살이 되면서 주로 임금의 곁에서 바른 말을 올리고 임금의 학문적인 의문점에 대하여 바른 의견을 제시하는 역할을 하는 홍문관, 사간원, 사헌부, 승문원, 경연의 벼슬길을 차츰차츰 승진해 올라가게 되었다.

O 41세(1541, 辛丑)

가뭄과 전염병이 심하였다.

임금에게 학문이나 기술에 관한 책을 읽어 주고 그 내용을 설명하는 자리(經筵)에서 말하였다.

임금이 더욱 수양하고 반성하며 정치에 정성을 쏟으면 하늘이 감동하여 어려움이 극복될 수 있을 것입니다. 어떠한 행사이든 나라에서 행사를 할 때에는 백성의 마음을 살펴서 그에 못 미치지도 않고 지나치지도 않아야 백성이 화합하는 마음으로 즐겁게 그 일을 할 수 있습니다. 백성이 화합하는 마음으로 즐겁게 그 일을 할 수 있어야 정치가 잘되고 재앙이나 사고의 뒷수습이 잘되며 나아가서는 천재지변이나 갑작스런 사고들이 예방될 수 있습니다.

이때에 퇴계는 고향에 있는 영지산靈芝山 사람이라는 뜻으로 스스로 호를 지산芝山이라 불렀다.

이해에 잠시 특별 시간을 얻어 한강가의 독서당에서 책을 읽을 수 있었다. 독서당은 나라에서 인재를 기르기 위하여 학문이 뛰어난 사람들을 엄격하게 가려 뽑아 학문 연구에 깊이 들어갈 수 있도록 특별히 장소를 마련하여 준 곳이었다. 특별 연수 기관에 해당한다.

그럼에도 불구하고 이곳에 뽑혀 온 벼슬아치들 대부분이 술 마시고 시 읊으며 풍류만을 즐기면서 규정을 어기고 있었다. 젊은 퇴계만은 홀로 단정한 모습으로 그곳에 살면서 정말 고마운 마음으로 책을 읽으며 깊이 있게 공부하였다.

이때에 읊은 시 가운데는 다음과 같은 것도 있다.

덥거나 춥거나 술잔을 찾으며
옆 사람들이 나보고 어리석다 비웃는구나.
나를 손가락질하며 담장 구석에 붙어 서 있는
저 두 그루 꽃핀 배나무라 하는구나.

「늦봄에 우연히 짓다(暮春偶作)」

여름에는 한 달 정도 평안도 의주로 출장을 다녀왔다.

이때 퇴계는 학다리(지금 서울의 서소문)에 살고 있었다. 밤알이 여무는 가을이 되자 담을 넘어와 있는 이웃집 밤나무 가지에서 알밤들이 퇴계의 집 마당으로 떨어졌다. 그는 자기 집 아이들이 생각 없이 그것을 먹을까 알밤들을 주워서 담 너머 이웃집으로 되던져 주곤 하였다.

겨울이 되자 세자를 옆에서 모시며 학문을 가르치는 정5품 문학이라는 직책까지 겸하게 되었다.

연말에 병이 생겨 임금에게 사직하기를 희망하였으나 허락되지 않고 국립대학에 해당하는 성균관으로 벼슬자리를 옮기게 되었다.

○ 42세(1542, 壬寅)

3월 19일. 임금이 종이쪽지에 임열任說·이황李滉·민전閔荃·김저金儲 등의 이름을 적어 정원에 내리면서 일렀다.

"올해는 근래에 없던 흉년이다. 3월 보름 이후부터 5월 보름 이전까지가 흉년 구제 시책이 가장 필요한 때인 만큼 적절한 조치를 못하면 그 피해가 크다. 안사언은 흉년 구제 시책을 태만히 한 까닭에 파직하였지만 그 밖에도 구제 시책을 부지런히 펴지 않는 수령이 한둘이 아니다. 4개 도가 더욱 심하니 나의 곁에 있는 사람 중에서 가려 보내려 한다. 암행어사처럼 분주하게 돌아다니지 말 것이며 거느린 무리나 음식은 되도록 간략하게 하고 험하고 외딴 마을까지 샅샅이 방문하라. 떠도는 자는 몇 명이고 굶어 죽은 자는 몇 명이며, 도와주어서 목숨을 살린 자는 몇 명이고 굶주려서 죽게 된 자는 몇 명이며, 어느 수령은 성심껏 구휼하고 어느 수령은 지원을 게을리하는가 따위의 일을 탐문해서 온다면 내가 친히 본 것이나 다름없으며, 백성 또한 나의 걱정하는 생각이 깊은 줄을 알 것이다."

드디어 임열을 전라도로, 이황을 충청도로, 김저를 경상도로, 민전을 경기도

로 각각 보냈다.[9]

이와 같이 흉년 대책을 세우려는 임금의 뜻에 따라 충청도지방 어사로 임명되어 늦은 봄부터 초여름까지 충주, 진천, 천안, 태안, 전의, 공주 등 각 고을을 돌아보았다.

굶주리고 있는 백성을 구제하고 간사한 관리들을 가려낸 뒤에 돌아와서 임금에게 보고하였다.

보고 내용은 탐관오리들이 관청의 물건을 제 물건처럼 가져가며 굶주린 백성은 구하지 않고 있으니, 먼저 탐관오리들의 책임을 물어 죄를 벌하는 일부터 하고 나아가서 굶주린 백성을 잘 어루만져야 되겠다는 것이었다. 특히 인귀손이라는 공주 판관은 거칠고 탐욕스러움이 심했으므로 그 이름을 바로 적어서 보고하였더니, 임금이 그의 죄를 다스렸다.

그리고 흉년이 들어도 3년을 견딜 수 있는 곡식을 저축하여 두어야 한다는 내용의 흉년 대책을 말하였다.

가을에는 임금의 비밀 명령을 받고 강원도지방 암행어사로 나가서 원주, 영월, 평창, 횡성, 홍천, 춘천, 양구, 강릉 등지를 돌아보고 와서는 『관동일록關東日錄』이라는 기행 일기를 썼다. 이때 금강산에 가까이 가서도 산을 직접 구경하지 못하는 아쉬움을 시로 읊기도 하였다.

○ 43세(1543, 癸卯)

정월에 경상도 거창에서 사락정四樂亭이라는 정자를 지어 살고 있는 장인의 회갑 잔치를 베풀었다.

퇴계의 장인 권질權礩은 10여 년을 예안지방 산골에서 유배 생활을 하다가 풀려난 뒤 거창으로 내려와서 남은 생애를 보내고 있었다.

퇴계는 이 장인을 위하여 자기 고향인 온혜나 청량산 가까운 곳에 살집을 마련해 드리려는 계획을 세우고 있었다. 그러나 이때 직접 살고 있는 환경을 보니 산 좋고 물 맑은 곳에서 새와 물고기를 벗하고 지내시는지라 자기의 계획은 필요 없게 되었음을 느끼면서 시를 읊는다.

기구한 운명 다 겪으시고도
기개 아니 꺾이시며
전부터 몸에 단단히 익히신 바는
산골에 사시는 일이니
세상의 모든 일 다 잊으시고
사락정 가운데 흠뻑 취해 지내옵소서.

「사락정을 제목으로(題四樂亭)」

퇴계의 지산이란 호는 고향에 있는 영지산에서 그가 젊은 시절 글을 읽었을 뿐만 아니라 그때 살고 있던 작은 집 지산와사가 아직 남아 있어서 언제나 그곳으로 돌아가려는 뜻을 품고 있었기 때문에 사용하였던 것이다.

그런데 선외가 쪽 아저씨이자 벼슬 선배인 이현보 선생이 벼슬살이를 그만두고 고향으로 돌아가서는 이 집을 수리하여 거처하면서 산천을 즐기고 있었다. 더구나 정월 어느 날 그분이 퇴계에게 시를 지어 농 섞인 편지와 함께 보내왔다.

"…… 자네 옛날에 이곳에 살면서 스스로 영지산인이라 불렀으나 이제 내가 먼저 돌아와서 차지하였으니 손님이 주인을 몰아낸 꼴이네. 될 수 있으면 빨리 소송을 하여 찾아가는 것이 마땅할 것이네……"라는 내용이었다.

퇴계는 존경하던 어른으로부터 이렇듯 허물없는 친근한 편지와 시를 받고는 절로 미소를 머금으면서 기꺼이 영지산인 곧 지산이라는 호를 이현보 선생에게 넘겨 드렸다.

가을에는 옛 홍문관 벼슬살이 시절 상관으로 모셨던 이언적[10] 선생이 경상감사가 되어 남쪽으로 내려가게 되었다. 한양 남쪽 교외까지 나가서 술자리를 마련하여 송별하였다.

또한 성균관 유학 시절부터 서로 뜻이 맞아 사귀던 김인후가 어버이를 받들기 위하여 고향 가까운 고을의 수령 자리를 임명받아 내려가게 되자 그의 인품과 뜻을 기리는 긴 시를 읊어 그를 떠나보내면서 "…… 생각나거든 아끼지 마오. 안부 편지 띄우는 일을……"이라고 말한다.

이 일에 자극을 받았음인지, 겨울에 들어서면서 휴가를 얻어 고향으로 돌아가 어버이 무덤에 성묘하였다. 그러고는 고향에 그냥 눌러 살 뜻을 굳힌다. 그래서 예빈시부정, 사헌부장령 등의 자리를 임명받고도 한양으로 올라가지 않았다.

이때 퇴계의 심정은 남명 조식에게 보낸 편지에 잘 나타나 있다.

나는 어릴 때부터 한갓 옛것을 그리는 마음뿐이었는데, 집이 가난하고 어머니께서 늙으셨기 때문에 친구들은 과거를 보아 국록을 받도록 하라고 굳이 떠밀었습니다. 나 또한 알찬 식견이 없었던 나머지 문득 마음이 움직여 합격자명단에 들고 말았습니다. 티끌 속에 파묻혀 하루도 겨를이 없게 되니 다른 일이야 말할 것도 없었습니다. 그 뒤로 병은 날로 깊어질 뿐만 아니라 스스로 헤아려 보아도 세상을 위하여 공헌할 것이 없었습니다.

비로소 발길을 멈추고 눈길을 돌려 점점 옛 성현의 책을 가져다 읽게 되니 그제야 크게 깨달음이 있었습니다. 앞으로 나아갈 방향을 고쳐 바꾸어서 처음에 실패했던 일을 다시 회복하는 모습을 얻고자 사직하여 벼슬자리를 피하고는 책 보따리를 안고 지고 옛 산골로 들어와 아직 이르지 못한 것을 더욱 찾게 되었습니다.

혹시라도 하늘의 신령함에 힘입어 만에 하나 조금씩 한 치 한 치 쌓임이 있게 된다면 이 생애를 헛보내지는 않겠지요. 이것이 나의 10년 전부터 가졌던 뜻이요 소원이었습니다.……

○ 44세(1544, 甲辰)

홍문관교리와 승문원교리를 함께 맡으라는 임금의 부름을 받고 어쩔 수 없이 영주를 지나 문경새재를 넘고 충주를 거쳐 다시 한양으로 올라갔다.

이때 이현보 선생은 시를 읊어 퇴계를 떠나보냈다.

한양으로 올라와서 임금에게 절을 올리고는 성을 나가서 지난날 책을 읽던 독서당으로 가 있었다.

여름에 접어들면서 정4품 벼슬로 승진하였으나 병을 이유로 한가한 직책을 주로 맡았다.

가을에는 다시 독서당에 나가며 주로 학문적 연구를 하는 관청인 홍문관, 경연, 춘추관, 승문원의 벼슬자리를 맡다가 휴가를 얻어 고향에 다녀오기도 하였다.

겨울이 깊어지는 음11월 보름날 중종 임금이 승하하였다. 그는 중종의 생애와 업적을 글로 기록하는 행장을 짓는 일에 참여하고 명나라에 국상을 알리는 문서를 썼다.

명나라에 보내는 글 내용이 아주 뛰어나고 글씨도 참 잘 써서 명나라 예부 사람들이 감탄하였다는 말이 전해지게 되어 조정으로부터 말 한 필을 상으로 받았다.

3) 참으로 벼슬을 떠나고 싶다

○ 45세(1545, 乙巳)

봄에는 중종의 장례로 바삐 지냈다. 이어서 임금 자리에 오른 인종을 모셨으나, 이때부터는 임명되는 벼슬자리를 여러 번 사양하게 된다. 여름에는 종3품인 홍문관응교 자리에 올랐다.

인종이 승하하여 명종이 임금 자리에 올랐다. 인종은 인품과 지혜를 갖추고 25년 동안이나 동궁 자리에 있은 청년(당시 31세) 임금이었다. 훌륭한 정치를 펼 것이라는 기대를 받고 있었으나 임금 자리에 오르고도 중종의 초상 예절에 건강을 돌보지 않고 지극한 효성을 다하다가 건강을 크게 해쳤다. 음6월 26일에 갑자기 병세가 위독해져서 29일에 12살 난 경원대군에게 양위하고, 7월 1일 임금 자리에 오른 지 겨우 여덟달 만에 승하하고 만다. 야사에서는 경원대군의 생모로서 대비 자리에 있던 문정왕후가 인종의 어머니 자리에 있음을 이용하여 독살했다고 전해지기도 한다.

명종이 임금 자리에 앉자 대신들의 추대를 받는 형식을 거쳐 문정왕후가 대왕대비로서 수렴청정을 하였다.

이 무렵 조선과 왜국은 지난적에 왜구들이 조선에 쳐들어와서 난동을 부린 일로 인하여 서로 적대 관계에 있었다. 그래서 조선 조정은 왜국 사람들이 나라 안으로 들어오는 것을 금하고, 왜국 사람들이 여러 번 저들의 지난 허물을 용서하고 친하게 지내자며 조정에 간청하였으나 거절해 버리고 있었다. 퇴계는 이러한 조정의 방침에도 불구하고 이들을 어루만져 받아들이는 것이 뒷걱정을 줄이는 방책이라며 홀로 임금에게 상소를 올렸다.

지금 하늘의 재변災變이 위에서 나타나고 사람의 일이 아래에서 잘못되어 큰 화가 중첩되고 국운이 꽉 막히어 근본이 불안합니다. 게다가 변방이 허술하고 병력과 군량이 고갈되어 백성은 원망하고 귀신까지 분노합니다. 이러한 우리나라의 형편으로 볼 때 지금이 어떤 시기라 하겠습니까.
무릇 태백성太白星이 낮에 나타나는 것은 곧 병란이 일어날 조짐인 것입니다. 신이 듣기로는 옛날 정치를 잘한 제왕도 앙화와 변란이 오지 않으리라는 것을 장담하지 못했습니다. 미리 자신으로 인해 앙화가 야기되는 일이 없게 하였고 이미 앙화를 당하고 나서는 이에 대응할 준비를 할 뿐이었습니다.
이제 사람의 일을 잘 하여서 하늘의 재변에 응답하려 하면서도 저 섬 오랑캐가 들어와 뵙고자 하는 기대를 끊고 있으니 이것이 어찌 이른바 자신으로 인해 화가 야기되는 일이 없게 하는 것이라고 할 수 있겠습니까?
......
지난번에 섬 오랑캐가 일으킨 변란은 조그만 도적들에 지나지 않았고 그들을 죽여 없앴으며 왜관에 있는 자들까지 모두 쫓아냈으므로 나라의 위신은 이미 떨쳤습니다. 저들이…… 마음을 새롭게 하여 잘못을 고치고 머리를 숙여 애걸하는데, 거짓일 것 같지는 않습니다. 참으로 그렇다면 받아들일 뿐입니다. 지금 나라에 큰 화가 겹치고 운수가 막히는 현상들이 일어나고 있어 형편이 좋지 않습니다. 북쪽 오랑캐와는 이미 분명히 사이가 좋지 않으니 만일 남쪽 오랑캐를 어루만지지 못하여 남쪽과 북쪽의 두 오랑캐가 동시에 일어난다면 무엇을 믿고 이를 견디어 내겠습니까? 조정에서는 왜국과 교류를 끊어야 한다는 말을 임금님께 올리고 있다고 하니 참으로 가슴 아픈 탄식이 나오지 않을 수 없습니다. 이 일은 백 년을 이어온 나라의 흥망에 관계된 근심거리이고 억만 백성의 생명이 걸린 일이라 생각됩니다.……

이 상소를 통하여 퇴계는 책만 읽는 선비에만 그치지 않고 시국을 정확하고 멀리 보는 안목과 깊이 있고 현실감 넘치는 외교적 능력도 갖추고 있었음을 알 수가 있다.

겨울로 접어들면서 을사사화가 일어나서 많은 선비를 죽이고 귀양 보내는 일이 끊이지 않았다. 을사사화는 인종을 낳은 장경왕후와 명종을 낳은 문정왕후를 둘러싸고 중종 때부터 이루어진 외척 세력 사이의 암투가 끝을 보는 사화이다.

명종이 자리에 오르고 한 달 남짓 지나자 문정왕후의 동생 윤원형을 중심으로 한 소윤 세력이 병조 판서 이기李芑를 앞세워서 장경왕후의 오빠 윤임을 중심으로 한 대윤 세력을 탄핵한다. 처음에는 윤임이 권력을 남용하면서 궁중에 편을 갈라놓았다는 죄목 정도였는데, 명종 대신에 성종의 셋째 아들인 계림군을 임금으로 삼으려 했다고 하며 차츰 반역죄로 몰아간다. 죄상을 확정하기 위하여 날마다 수많은 사람에게 모진 형을 가하여 억지 자백을 받아낸다. 결국 계림군까지 반역에 가담한 것으로 판결을 낸다. 계림군은 100여 일을 피신하여 다니다가 잡혀서 사형을 받는다. 중종의 아들로서 명종의 형제인 봉성군은 아직 나이가 어리고 직접 반역에 연루된 일은 없지만 상당히 영민하므로 계림군처럼 반역세력이 붙을 수 있는 가능성이 있으므로 제거되어야 한다는 의론을 한다. 문정왕후가 방안에서 발(珠簾)을 내린 채 문을 열어 밖을 내다보고 방 밖에 명종이 앉아 나랏일을 처리하는 자리에서 대신들로 하여금 봉성군도 죄주어야 한다고 끈질기게 청하게 하여 결국 귀양을 보낸다.

이렇게 을사사화는 처음에 10여 명의 대신들을 죄주고 화근이 될 만한 왕자들에 연루된 사람들을 제거하는 것으로 시작하였지만, 그에 그치지 않고 5~6년 동안 계속 100여 명의 사림 명사들을 벌하면서 문정왕후를 주축으로 윤원형과 이기의 권세를 굳히게 된다.

사화의 주역을 맡았던 공로로 사직을 지켜낸 공신 자격을 얻은 이기는 우의정에 오르고 병조판서까지 겸임하게 되었다. 자기와 뜻이 맞지 않는 사람들을 다 몰아내서 뒷걱정을 없애겠다는 생각으로 직접 사화의 대상이 아니었던 사람들도 모두 파면시켰다. 퇴계도 죄인으로 낙인 찍힌 김저金儲와 같은 무리라고 지적하면서 조정에서 파면하도록 청하였다.

그러나 열흘도 못 되어 조카 이원록李元祿으로부터 퇴계 같은 사람까지 파면시키게 되면 이번 사화가 죄 없는 사람을 벌주는 계략이라는 것이 드러난다는 충고의 말을 듣게 되었다. 조카로부터 이 말을 듣게 된 이기는 다시 임금에게 가서 이황을 파면토록 한 것은 사실을 잘못 알고 아뢰었던 일이었다고 사죄하고는 다시 벼슬자리를 임명하도록 하였다.

비록 죄를 쓰고 형벌을 받지는 않았지만 행정과 군대를 한 손에 거머쥔 이기와 그 배후에서 정치 각본을 짜내는 문정왕후와 윤원형 세력으로부터 요주의 인물로 점 찍힌 것이다.

가슴 아팠던 한 해가 저무는 12월에 거창에서 여생을 보내고 있던 장인마저 세상을 떠났다.

○ 46세(1546, 丙午)

명종 원년元年으로서 화담花潭 선생으로 알려진 서경덕徐敬德이 세상을 떠난 해이기도 하다.

정월에 아들이 없는 장인의 장례가 있었음에도 불구하고 내려가 장례 절차를 밟아 주지 못하였다. 3월이 되어서야 휴가를 얻어 내려가서 끝마치지 못한 장례 절차들을 갖출 수 있었다.

이 무렵 처가살이를 하고 있는 아들 준寯으로부터 살기가 어렵다는 편지를 받았다. 퇴계는 "아비가 가난하여 아들이 가난한 것이 무에 이상할 것 있느냐?"고 대답하면서 아울러 잘 참고 견디며 때를 기다리라고 하였다.

휴가 중에 고향에 돌아와서는 온계에서 동쪽으로 10여 리 떨어진 강가에 우뚝한 월란암에서 머물며 책을 읽었다.

4월에 일이 있어 한양 길에 올랐으나 병환이 있어 영주에서 되돌아오니, 5월에 벼슬자리에서 해직되었다. 이 무렵 퇴계의 심정은 다음 시에 잘 나타나 있다.

어린 날에 성현 말씀(『西銘』) 띠에 적어 몸 두르고 다녔건만
아직도 배움이 아득하니 계면쩍기만 하구나.
미친 듯 바쁜 중에도 천 겹 위험을 다행히 벗어나서

고요한 곳으로 물러나니 이제야 한가함 맛보겠구나.
얽매인 새도 나무에 깃들일 때가 있고
시골 중도 곳 따라 구름 산에 몸 붙이건만
뒤뜰의 꽃봉오리조차 다투어 비웃는 듯
어찌 이리 좀스럽게도 병들어서야 돌아왔는가!

「푸실 전원 집에 머무르며(留草谷田舍)」

퇴계가 고향에 내려가 있는 초가을에 부인 권씨가 한양에서 세상을 떠났다. 이때 한양에서 세 얻어 살던 집은 현재 덕수궁 뒤편 전 대법원의 정원에 해당하는 곳에 있었다.

부음을 들은 퇴계는 모든 일이 마음대로 풀리지 못함을 가슴 아파하면서 준과 채 두 아들에게 상주로서 지켜야 할 예절을 가르쳐 급히 한양으로 올려 보냈다. 빠른 시일 안에 발인을 하여 유해를 700리 길 고향으로 옮겨 와야 하기 때문에 병을 앓고 있는 그 스스로는 올라가지를 못했다.

서울로 달려간 두 아들에게 부인과의 영원한 이별이 말로 할 수 없게 아프다는 것과 함께 무더위 속에서 초상을 치르느라 고생하는 너희들이 병이라도 얻지 않을까, 가난한 살림에 상례는 어떻게 치를까, 어찌할 바를 모르겠다는 편지를 쓰기도 했으며, 한양에서 정삼품 당상관 벼슬자리에 있던 넷째 형 해에게 상례를 주장하여 달라는 편지를 올리며 몸 둘 곳을 몰라 할 뿐이었다.

부인의 유해가 남한강을 배로 거스르고 소백산맥을 들것에 들려 넘어서 가을이 무르익는 8월 하순이 되어서야 고향에 내려왔다. 영지산 북쪽 산자락에 묻고, 아들 준이 움집을 지어 묘를 지키며 3년 동안의 상례를 치렀다.

퇴계는 온계에서 토계라는 시내를 따라 동남쪽으로 10여 리 내려간 곳, 부인의 묘가 건너다보이는 건지산 끝자락에 양진암이라는 암자를 짓고 숨어 살기 시작하였다. 이 양진암이 있던 곳은 현재 도산면 토계리 하계라는 마을에 속하며 이곳 바로 위 산 중허리에는 퇴계의 묘가 자리 잡고 있다.

이때 스스로의 아호를 토계로 물러났다는 뜻으로 퇴계退溪라고 썼다. 퇴계라는 아호 속에는 단순하게 토계 땅으로 물러났다는 뜻뿐만 아니라 뒷날 50세 때에 읊게 되는 「퇴계」라는 시에서 말하고 있듯이 여러 가지 깊은 뜻이 함께 함축되어 있다.

몸은 물러나서 어리석은 분수에 마음 편하나
학문은 퇴보하여 늘그막이 걱정이더니
토계 물가에 비로소 거처를 정하고
시냇물 흐르는 옆에서 날마다 성찰을 하네.

「토계로 물러남(退溪)」

차츰 뜻이 맞는 선비들을 사귀게 되고 편지도 오고 갔다.
이해에도 두 번이나 벼슬자리를 받았으나 올라가지 않았다.

○ 47세(1547, 丁未)

퇴계는 고려 때 해동공자라고 불리던 최충崔冲 선생의 뜻이 끊어지지 않기를 바라고 있었다. 또한 중국 송나라의 대학자 주희朱熹를 마음의 스승으로 삼아 그의 도학道學을 배우려는 뜻을 차츰 굳혀 가면서 마흔

일곱 살을 맞는다.

봄이 무르익자 황준량, 이숙량 등 젊은 선비와 함께 이현보 선생을 모시고 산천을 유람한다. 빼어난 경치에 젖어 그 아름다움으로부터 우주 자연의 진리와 사람의 심성을 헤아리고 시를 읊으며 차츰 도학의 향기 속에 몸이 젖어든다.

월란암에서 『심경』과 『심경부주』를 읽고는 하늘이 한 조각 밝은 거울을 열어 주어 그러한 대자연 속 살림이 어쩌면 불교의 참선이나 도교의 신선 수련 쪽으로 기울 수도 있겠으나 자기는 어디까지나 당시 국가적으로 인정을 받고 있는 유교의 도학에 뜻이 있음을 밝히는 시를 읊는다.

가을로 접어들면서 안동부사를 맡으라는 명이 내렸으나 받지 않았더니 다시 홍문관응교로 임명하면서 임금이 불러올렸다. 어쩔 수 없이 한양으로 올라가서 홍문관에 신고하고는 독서당으로 나갔다.

이 무렵 홍문관에서는 의견을 모아 봉성군을 사형시켜야 마땅하다는 상소(疏)를 올린다. 봉성군은 이미 역모 혐의에 연루되어 울진으로 유배되어 있었는데, 각 관청들이 의견을 모아서 유배지로 사약을 내리자는 공론을 만들고 있는 중이었다. 홍문관에서도 단체 명의로 임금에게 올리는 하나의 상소문을 써 놓고 상관들인 정3품 부제학, 직제학과 종3품 전한들이 차례로 서명을 해 내려오므로 시골에서 갓 올라온 정4품 응교인 퇴계도 의례적으로 그들을 따라 그 밑에 서명을 한다. 그러나 곧 그것이 봉성군을 제거해야 한다는 공론을 조작하는 공작의 한 수단이었음을 알게 된다. 을사사화의 연장선 위에서 자기들의 세력을 굳히려는 이기, 윤원형 일파의 책략에 휩쓸리는 모양이 되었던 것이다.

봉성군을 제거하려는 모의는 처음에 그를 귀양 보낼 때부터 예견된 것이었지만 표면에 드러내 놓고 조정의 공론을 형성하게 된 것은 양재역벽서사건이 터짐으로 말미암는다. 양재역벽서사건은 정미사화丁未士禍라고 불릴 정도로 많은 사람이 희생된 사건이다. 바로 퇴계의 상관인 부제학 정언각이 딸을 전송할 일이 있어 양재역(말죽거리)에 나갔다가 '위에 여왕이 집정하고 간신 이기 등이 권력을 농락하여 나라가 장차 망하려 하는데도 이를 보고만 있을 것인가?'라는 글이 벽에 붙어 있는 것을 발견한다. 즉시 조정에 보고하니 이기 등이 이는 을사년에 미처 제거하지 못한 반역의 뿌리가 남아 있는 증거라고 몰아붙여서 결국 봉성군을 빨리 제거해야 한다는 공론을 만들기에 이르게 된 것이었다.

그래서 모든 관원이 임금 앞에 나아가 봉성군을 벌하여야 된다는 내용의 상소문을 올리게 된다. 그때에 퇴계는 홀로 뒤에 빠져서 홍문관에 남아 있다가 궁궐을 나와 버렸다. 이 일에 대하여 뒤에 이항복[11]은 다음과 같이 회고한다.

실오리 같은 죽음과 삶의 갈림길에서 이렇듯 일의 옳고 그름을 가려낼 수 있는 것은 쇠를 끊는 듯한 용기일 뿐 아니라 정신없이 내달리는 수많은 말 가운데에서 고삐를 잡아당겨 말을 멈추게 하는 힘이라 할 수 있다. 그렇듯 남들과 합세하지 않기가 그 자리에 같이 있지 않았던 사람으로서 상상조차 하기 어려울 지경인데, 퇴계는 능히 그렇게 해내었다.

이렇게 전개되어 간 양재역벽서사건으로 말미암아 결국 봉성군은 물론이고 송인수, 이약빙 등이 죽고 이언적, 권벌, 노수신 등 비교적 높은 지위에 있던 선배 큰선비 20여 명이 귀양을 갔다. 티끌 세상에 싫증이 나서 고향에 내려가 있었던 것이 하늘의 보살핌이었던가, 또 한 번 사림의 큰 피해가 서울로 갓 올라온 퇴계의 바로 앞 선에서 끊어지고 있었다.

아슬아슬하게 화를 면한 퇴계는 이때 마음 다스리는 방법이 포함된 양생養生에 관한 책[12]을 읽었다.

"길고 짧은 생각이 정신을 허물어 내린다. 오직 마음이 맑고 비어야만 정신이 길러진다.…… 마음이 조용하여 물결이 일지 않으면 그에 티끌 또한 붙지 않는다"는 내용이었다.

그렇지 않아도 책을 너무 많이 읽은 탓인지 몸이 쇠약하고 병치레가 잦았던 퇴계는 이 책을 읽고 상당히 큰 자극을 받은 나머지 앞으로 몸과 마음을 잘 길러 나갈 것을 다짐했다.

조정에서는 주로 경연에 나가서 임금에게 『논어』 등 경전을 강의하고 옛 성인들이 훌륭하게 정치하던 시대의 교훈을 일깨워 주었다. 임금은 인재를 길러 낼 책임을 깊이 깨달아야 한다고 말하였다.

나라에서는 농업을 국가 산업정책의 기본으로 삼고 있었다. 그래서 백성이 농사를 소홀히 하고 장사에 힘을 쓰게 될 뿐만 아니라 도적이 많이 일어나게 하는 등 폐단이 많다는 이유로 지방의 시장市場을 금하고 있었다. 퇴계는 '심한 흉년으로 현재 농사가 이미 망쳐져서 백성이 살기가 어려운데, 그들이 있는 물건과 없는 물건을 서로 바꾸어서 살아가려는 것도 못하게 하여서는 안 된다'는 의견을 올렸다.

시절이 나빠서 흉년과 역병 등으로 백성 살림이 어려움을 알고는 백성 사이에 필요한 물건을 사고파는 일을 금하지 말아야 할 것이라는 상소를 올린 것이다. 비록 국가 정책에 어긋날지라도 백성의 생활에 필요하다면 시장을 개방하여야 한다는 정책 제안이었다.

겨울로 접어들면서 몸이 아파 휴가를 얻고는 독서당에도 나가지 않고 집안에서 온 겨울을 보냈다. 조정에서는 문정왕후의 수렴청정 아래 거칠거나 간사한 사람들이 세력을 쥔 채 물밑에서 음험한 각본을 짜고 겉으로는 대의명분을 갖추어 어진 사람을 꺾어 버리는 일들이 봉성군 사건에서 보듯 계속되고 있었다. 그는 지혜로운 눈으로 세태를 간파하고는, 개인은 물론 나라의 정치도 근본이 바르게 서지 못하고 있음을 근심하였다.

이해를 못 넘기고 마침내 병을 이유로 사직했다.

한편 고향에서 어머니의 3년 상례를 마친 지 얼마 안 된 준과 채 두 아들에게 "내가 없다고 학업을 게을리하지 말라.…… 어영부영 나날을 보내면서 앞으로 나아가지 않는 것은 곧 뒤로 물러나는 것과 같고 끝내는 할 일 없는 사람이 되고 만다"는 내용의 편지를 보내어 깨우치는 일을 잊지 않았다.

○ 48세(1548, 戊申)

사직하겠다는 뜻이 받아들여지지 않고 있다가 다음 해 정월에 충청도 단양군수로 발령을 받았다.

이 무렵 충청도는 청홍도라고 불리고 있었다. 충주에서 조정 정책에 항거하는 움직임이 나타나 반역의 도시로 낙인찍혔기 때문이었다.

떠나기 전에 독서당에서 사귄 친구들이 그를 떠나보내는 모임을 갖고 시를 읊으며 술잔을 나누었다.

단양에 부임하자 그 좋아하던 책 읽기도 그치고 어떻게 하면 잘 다스릴 수 있을까 군민들의 일을 생각하기에 겨를이 없었다.

하루는 굶주리는 군민들에게 창고의 곡식을 나누어주고 해 저물어 돌아오면서 다음과 같은 시를 읊는다.

한 번 물러나 군수로 나오니
성글고 게으름이 부끄러운데
군민은 가난하고 봄은 닥쳐 와
마음은 절로 근심에 차네.
동녘 붉은 벼랑에 남은 눈을 지르밟고 나갔다가
저녁노을 풍경 산속에 어지러울 때
신음하며 돌아오네.
봄바람에 잡풀 자라니
사람들은 오히려 그조차 부러워하고,
하늘에 풀려난 새들 한가로워도
나는 함께할 수가 없는데,
여남은 집 작은 마을은 견디다 못하여
별빛 안고 통발 들어 물고기를 잡누나.
이 양반들 거문고 가락 소리
어찌해야 저 민간의 노래 소리를
명랑케 할 수 있을까!

「저녁에 돌아오는 말 위에서(暮歸馬上)」

그런 가운데 외가 동네인 의령에 가서 살던 둘째 아들 채가 스물 한 살의 나이로 세상을 떠나고 만다.

찢어질 듯한 가슴을 도학으로 깨달은 힘을 빌려 어루만지는 동안, 퇴계는 녹음이 짙어지는 초여름을 맞는다.

단양은 원래 산과 물이 잘 어우러져 경치 좋은 곳이 많았다. 퇴계는 공무로 군민들을 돌아보거나 때로 한가한 틈이 있을 적에 이 빼어난 경치를 찾았다. 그 아름다움을 시로 읊거나 글로 써 두었다가 모아서 책으로 엮었을 뿐만 아니라 오늘날 명승지로 유명한 단양팔경을 찾아내고 하나하나 이름을 붙이기도 하였다.

겨울로 접어들 무렵, 넷째 형 해가 조정에서의 승진을 사양하고 지방으로 보내 줄 것을 희망한 나머지 청홍도 관찰사가 되었다. 같은 도에서 형은 관찰사이고 동생은 그 관할에 속하는 단양의 군수로 있게 된 것이다. 이러한 관계를 피하기 위하여 조정에서는 퇴계를 소백산 죽령 넘어 경상도 풍기의 군수로 발령하였다.

단양을 떠날 때에 그가 가진 것은 단지 묘하게 생긴 돌 두 개 뿐이었다. 그가 죽령에 이르렀을 때에 단양의 관졸이 베를 짤 수 있는 삼麻을 묶어 지고 쫓아와서는 "이것은 군청 소유의 밭에서 수확한 것입니다. 군수께서 떠날 때에는 이것을 드리는 것이 관례로 되어 있습니다"라고 말했다.

퇴계는 "내가 시키지 않았는데 어찌 너희들이 함부로 지고 올 수 있느냐? 도로 가져다 두었다가 뒷날 고을 일을 위하여 쓰도록 하여라"라고 말하고는 물리쳐 보냈다.

퇴계가 떠난 뒤에 단양군청의 아전들이 새로 올 군수를 맞이하기 위하여 군수가 쓰는 방을 수리하려고 들어가 보았다. 창과 벽에 바른 벽지가 얼룩이나 흠집 하나 생기지 않고 새 방처럼 깨끗한지라 다시 도

배할 필요가 없어 기뻐하였다.

○ 49세(1549, 己酉)

마흔아홉 살을 소백산 아래 풍기에서 맞이하자 정월부터 백운동서원
에 나가서 시를 읊는가 하면 제사 지내는 예절에 대하여도 살펴본다.
백운동서원은 퇴계보다 앞서 이곳 군수였다가 조정으로 올라가 승정
원 도승지가 된 주세붕周世鵬이 순흥 백운동마을의 죽계竹溪라는 시냇
가에 세운 우리나라 최초의 서원이다. 지방 사람들에게 학문을 가르치
면서 이곳 출신인 고려 때의 대학자 안유安裕를 제사 지냄으로써 이
지방의 인재를 기르고 아름다운 풍속을 이룩하려는 취지에서 설립되
었다. 서원 규칙상 군수가 주인이 되도록 되어 있었을 뿐 아니라 학문
에 주된 관심이 있는 퇴계인지라 자연 이 서원에 자주 나가게 되고
시도 여러 번 읊게 되었다.
서원 교육의 목적을 암시하며 학생들에게 보여 준 다음의 시가 있다.

소백산 남녘 들 옛 순흥 땅에
흰 구름 겹쳐진 속을 차가운 죽계 흐르는데,
인재 길러서 도 높이니 그 공이 얼마나 원대하고
사당 세워 현인 높이니 일찍이 없었던 일이네.
우러름 받아서 빼어난 인재들 절로 모여들어
숨어 수양하는 것은 출세를 그리워함 아니니,
옛사람 볼 수 없으나 그 마음은 더욱 뚜렷한데
달은 모난 연못을 비추어 얼음인 양 싸늘하구나.
「백운동서원 여러 학생에게 보임(白雲洞書院 示諸生)」

여름으로 접어들면서 가까이 있는 부석사 주지의 길 안내를 받아 며칠 동안 소백산의 여러 봉우리들을 등산하면서 아름답고 뜻 깊은 이름들을 지어 붙였다.

돌아와서 기억을 정리한 뒤에 유람 기행문(「遊小白山錄」)을 써서 기록으로 남겼다. 그 유람 기록은 문장이 물 흐르듯 시원할 뿐 아니라, 그 속에 풀려 있는 정서는 자연을 읊는 시인의 그것처럼 매우 문학적이고, 그 내용은 또한 아주 사실적으로 자세하고 친절하게 되어 있는 훌륭한 기행문이다.

이 무렵 퇴계의 선비다운 모습을 엿볼 수 있는 작은 일이 하나 있었다. 군청 북쪽 얼마 멀지 않은 곳에 용천사라는 절이 있는데, 고려 태조 왕건의 모습을 그린 그림이 왜구의 난리를 피하여 이곳에 전해져 있었다. 처음에는 이 그림이 잘 모셔져 있었으나 뒤에 불이 났을 때부터는 조그만 나무 상자 속에 넣어 갈무리되고 있었다. 승려들은 그러한 사실을 모르고 잠잘 때에 그것을 나무베개로 쓰고 있었다. 어느 날 퇴계가 올라가서 보고는 차마 그대로 둘 수가 없어서 주지에게 방 한 칸을 장만해서 잘 모셔 두라고 하고는 방이 만들어지기 전에 군수 자리를 떠나 고향으로 돌아갔다. 그런데 뒤에 이 일을 가지고 퇴계가 고려 태조의 사당을 세우고 제사를 지내려 하였다고 의심하면서 조정의 대관臺官들이 들고일어났다. 다행히도 힘써 말리는 사람이 있어서 벌을 받지 않고 넘어갈 수가 있었다.

늦가을에는 병 때문에 공무를 처리하기 힘들어 사직하기로 마음먹고는 경상감사에게 사직서를 올렸다. 그리고는 휴가를 얻어 마침 제사를 지내기 위하여 고향으로 내려가는 넷째 형 해와 함께 돌아가서 이현보 선생도 만났다. 한 달쯤 뒤에 형과 함께 풍기로 돌아와서 하룻밤을 쉬고는 죽령 허리에 있는 촉령대까지 따라가 서로 시를 읊으며 감영으로 돌아가는 형님을 배웅하였다.

한 해가 저물어 가자 퇴계는 우리나라에 서원이 없던 중에 백운동서원이 최초로 세워졌는데 참으로 바람직한 사업임에도 불구하고 나라 차원에서 지도하고 지원하지 않으면 마침내 없어져 버릴지 모른다는 걱정이 들었다. 그래서 옛날 중국 송나라에서 하던 예를 본받아, 나라에서 책과 이름을 내리고 공식적으로 인정해 주며 아울러 재정적으로 논과 밭을 지원함으로써 학생들이 마음 놓고 공부할 수 있도록 하여 달라는 뜻을 적어 경상감사에게 올리고는 임금에게 청해 달라고 하였다. 이때의 감사 심통원沈通源이 퇴계의 뜻을 조정에 전하자 임금은 정승과 예조에서 검토하게 하였다. 영의정이던 이기가 검토 결과 지원하는 것이 좋겠다는 의견을 내었다. 명종은 백운동서원에 소수서원紹修書院이라는 이름을 지어 그 이름과 함께 사서오경과『성리대전』같은 책들을 내려보내고 논과 밭을 주어서 재정을 지원하였다.

이로부터 조선에 서원이 차츰 세워지게 되었다. 뒷날 부패와 타락의 온상이 되기 전까지는 참다운 선비를 많이 길러 내는 역할을 담당하였다.

이해가 넘어가기 전에 퇴계는 세 번 거듭 감사에게 사직서를 올렸지만 회답이 오지 않자 해임한다는 명령을 기다리지 않고 책 몇 상자만 싸 들고 고향으로 돌아가 버렸다.

4) 고향에 다시 돌아오다

본래 출세하기에는 어려움이 많을 정도로 순수하고 반듯한 성격을 타고났던 퇴계이다. 그는 명리와 권세를 잡기 위해서라면 못할 일이 없는 사람들이 모여들어 몇 번의 사화까지 일으키며 만들어 놓은 살얼음판인 벼슬 세계 속에서 살았다. 이제까지 큰 화를 당하지 않고 지내 올 수 있었던 것은 오직 도덕과 학문의 힘에 의지하고 있다고 보아야 할 일이다.

마흔아홉 살이 끝날 무렵에 무모할 정도로 용기를 내어 풍기군수 자리를 버리고 고향으로 돌아왔다. 쉰 살이 되어서야 비로소 어릴 때에 그려 보던 높고 원대한 학문과 인격완성의 꿈을 아름다운 산과 물과 다정한 가족들 사이에서 다시 꾸면서 한 발 한 발 실천하여 나가기 시작한 것이다.

○ 50세(1550, 庚戌)

정월이 되자 조정에서는 명령 없이 맡은 자리를 떠났다는 책임을 물어 벼슬을 2등급 깎아서 파직 처분을 내렸다. 이때 파직 처분이 내렸다는 소식을 들은 퇴계는 아들에게 "이제야 마음이 후련하다"고 말하였다.

우선 옛 양진암 자리에서 낙동강이 흐르는 쪽으로 조금 내려간 자하봉이라는 나지막한 산기슭에 좋은 집터를 잡아 집을 짓기 시작하였다. 그런데 짓다가 보니 그곳에서 멀지 않은 낙동강에 임금에게 은어를 바치기 위하여 설치해 놓은 고기잡이 시설이 있었다. 그 시설에는 은어가 많이 몰려 있으므로 자연 아이들이 그곳에 가서 고기를 잡을 염려가 있었다. 그래서 퇴계는 다시 온계 쪽으로 5리쯤 산속으로 쑥 들어가 대골이라는 곳에 초가집을 급히 지어 살 속으로 스며드는 이른 봄추위를 견디었다.

하지만 대골은 골짜기 공간이 너무 좁았다. 주위 환경이 좀 넓고 시냇물도 흐르는 곳을 찾은 결과, 골짜기에서 나와 다시 온계 쪽으로 1킬로미터쯤 올라간 곳에 터를 잡아 세 번째로 초가집을 짓고는 한서암寒棲庵이라 불렀다.

이 한서암에 살면서부터 차차로 여러 곳의 선비들과 주고받는 편지가 많아지고 그 내용도 학문적으로 깊이 있는 문제를 다루게 된다.

어느 봄날 풍기에 살고 있는 참다운 선비 황준량이 한서암으로 찾아왔다. 막걸리를 마시며 시를 읊고 그동안에 있었던 일들을 이야기하였다. 이현보 선생과도 여러 번 만나서 주거니 받거니 시를 지어 읊으며 자연 속으로 한 발 더 들어가기도 하였다. 때로는 1,100여 년 전의 중국 시인이었던 도연명의 시에 맞추어서 스스로의 한서암 생활을 노래하며 비교적 가슴속이 후련한 여름을 지내었다. 도연명은 퇴계가 어릴 적부터 좋아하였다.

추석을 한 달 앞둔 늦여름에 퇴계가 즐거운 시간을 갖는 것을 시샘이나 하듯, 항상 의지하고 존경하던 넷째 형이 억울한 죄를 쓰게 된다. 넷째 형 이해李瀣는 충청도 감사로 있을 때에 충주 출신 을사사화 역적들의 재산을 몰수하고 충주를 유신현이라 낮추어 부르며 충청도를 청홍도라고 고쳐 부르는 처분을 집행한 적이 있었다. 그때 몇 가지 물건을 역적으로 몰린 주인들에게 되돌려 준 일이 빌미가 되었던 것이다. 그러나 속사정은 대사헌 시절에 "이기는 정승감이 못 된다"라고

말한 것에 대한 이기의 앙갚음이었다. 사간원 사헌부를 앞세워서 이해
李瀣에게 죄를 얽어 씌운 사람들은 이기와 그를 따르는 무리로서 그에
게 사사로운 앙심을 품고 있었다. 모두 한때의 권세를 잡고는 서로 이
해관계가 맞아 똘똘 뭉쳐서 조정을 휘두르고 있는 사람들이었다.

이때 넷째 형은 지금의 서울시 부시장에 비유할 수 있는 한성부 우윤
右尹이었다. 모진 형벌을 당한 뒤에 평안도 갑산으로 귀양길을 떠나다
가 매 맞은 후유증으로 양주 땅에서 끝내 세상을 떠나고 말았다.

퇴계는 추석을 지내고 바위재라는 곳에 나아가 형님의 시신을 맞이하
여 가슴 아프게 울었다. 제비실이라는 곳에 묻어 드렸으나 죄인의 몸
이라 정식 장례의 예절을 갖추지는 못하였다. 이로부터 18년 뒤에 선
조가 임금 자리에 올라 억울함을 풀어 주고서야 비로소 그 아들들이
정식 예절을 갖추어 장례를 지내고 만 2년 동안 묘 옆에서 혼백을 위
로하였다.

이 무렵 시내의 북쪽에 작은 서당을 지었는데, 보통 계상서당溪上書堂
이라 부른다. 퇴계의 시를 통하여 미루어 보면 큰바람이 불면 넘어질
까 걱정되는 정도의 조그마하고 허술한 집이었다. 그러나 퇴계의 학문
과 제자 교육이 이로부터 본격적으로 시작된다.

○ 51세(1551, 辛亥)

다시 새해를 맞아 몸도 마음도 차츰 초야에 묻힌 학자로서의 자리를
잡아 간다. 그러자 퇴계는 자기가 닦고 있는 학문의 계통을 분명히 할
스승이 있었으면 좋겠다고 느끼게 되어 다음과 같은 시를 읊는다.

오늘날 어느 누가 제일이어서
굳센 쇠들보 되어 천년을 지고 있는가?
맛은 적을수록 여러 맛이 남을 알아야 한다는 듯
근심은 없다 말하면 오히려 생기네.
사상채謝上蔡는 이익이란 문을 뚫고 나와 정정程 선생의 학문을 받들었고
호적계胡籍溪는 물질의 어지러움 밝혀 보고서 주朱 선생의 가르침 따랐거늘.
애달프다!
내 나이 반백에도 찾아가 의지하고 우러를 곳 없어서
예나 이제나 사람들 사이를 쓸쓸히 걷누나.

「어떤 탄식(有嘆)」

그런 나머지 당나라 때의 유명한 시인 두보杜甫의 시를 읽고는 다음과
같이 화답한다.

……
구름 문을 두드려
도를 묻고 남모르는 경지 얻고 싶어서
신선 되는 약조차 얻을 수 있기를 바라며,
생명의 알맹이 있는 곳에서
귀한 약초를 먹고자 하네.
천년토록 즐거움이 남으리니
한 낱 티끌이야 어찌 그리며 슬퍼하랴.

「세상 숨어 산 두보 선생을 화답함(和老杜幽人)」

그러다가 문득 300여 년 전 중국 송나라 때의 주자가 자기의 입장과
비슷한 곳이 많다는 생각에 잠기게 된다.

하루는 계상서당에서 조목 등 몇몇의 제자들과 함께 우주의 진리와 사람의 양심 본성을 밝히고 익히는 이 학문(斯文이라 부른다. 道學이다)의 바른 계통은 누구에게서 누구에게로 전해져 왔는지를 따져 본다. 조선 도학에 있어서의 큰 스승이 되는 첫걸음을 시작한 것이었다.

참된 학문은 입과 귀로 하는 것이 아니라 자기의 인격 전체를 가지고 우주의 진리와 사람의 양심 본성을 밝히며 익혀야 하는 것이다. 그를 몸에 익히는 쪽이 그를 이론적으로 밝히는 쪽보다 주가 되어야 할 것이다.

이러한 참된 학문하는 선비를 높이 알아준 나라는 중국 송나라가 제일이었고 그 학문을 이룬 학자로는 역시 송나라 때의 주자가 가장 흠 없이 원만한데, 송나라 조정은 주자를 오히려 멀리하였을 뿐만 아니라 나쁘다고 하였으니 안타깝게 생각한다는 뜻도 말해 주었다.

나아가서 주자의 가르침이 가장 원만하여 도학의 뿌리와 바탕과 끝가지가 함께 이루어질 수 있으므로 그것을 바로 배우면 가장 폐단이 없을 것이라는 생각을 말해 주었다. 끝가지에 해당하는 것만을 잡고서 따지기만 하면 결국 입과 귀로만 학문을 하게 될 염려가 있다는 점도 말하였다. 또한 우리나라에 있어서도 고려 때의 정몽주, 이색, 권근과 조선의 김종직, 김굉필, 조광조, 이언적 등이 적든 크든 그 학문을 이어받은 학자들이었다고 평하였다.

이날 나눈 이야기에는 조선 건국의 이념이 유학이라는 점과 유학에 있어서는 도학이 정통이라는 점, 그리고 그 정통을 잇고 있는 사람들은 누구누구라는 점이 담겨 있어 조선 도학의 큰 맥을 정하는 역사적 순간이었다.

이 자리에 모였던 스승과 제자들이 서로 시를 지어 속마음을 주고받았다. 퇴계는 각 제자들의 시에 맞추어 학문하는 데 있어서 가장 중요하게 여겨야 할 일들을 읊어주었다.

흰머리에 정력은 비록 강하지 못하여도
여러 책을 찾아봄은 남모르게 바라는 것 있음일세.
세상에 나아가고 물러난 일, 같은 학자들의 비웃음 살 만하나
일생토록 얻고 싶은 것은 돌아갈 곳 몰라 하지 않음이었네.

고요함 속에서 만물 함께 봄 맞음을 기뻐하건만
옛 성현의 즐거움과 어짊을 이룬 사람 그 누구인가?
서로 갈고 닦아 줄 스승과 벗 없음이 한스러우니
예로부터 무리를 벗어나 혼자 공부하면 쉽게 막히는 사람 된다 하였네.

사물을 연구하고 양심을 간직하니 진리 절로 녹아들어
눈앞에 빛살 쏟아지지 않는 땅 없구나.
이제야 실천이 참으로 어려움을 알아
어려운 곳에서 어렵지 않으니 차차로 통할 듯도 하구나.

학문은 마땅히 마음공부부터 먼저 하여야 하고
글공부는 하다가 틈나면 시도 또한 익히네.
아홉 길 높이 쌓음 어려운 일 아닌 줄 알려면
평지에서 한 삼태기부터 시작하여야 하리라.

명예와 이욕은 큰 파도처럼 넘실대고 세상살이도 그와 같으니
그 옆 언저리에 붙어 있어 휩쓸려 들어가지 않을 이, 그 누구인가?
이 관문을 뚫고 나면 그제야 잠시 마음이 놓이니

사나이라면 모름지기 땅 위에 사는 선인仙人 되어야 하리.

발을 다치고 불효였음 깊이 걱정한 이는 옛 성현의 제자 악정자[13]였고
연못의 살얼음 조심하라는 지극한 타이름은 예나 이제나 새롭기만 하건만
일찍이 어버이 봉양 잘하는 것이 벼슬살이에 있지 않음 알았더라면
무엇하러 그해에 힘들여 일을 꼬이게 만들었을까……

어릴 적 집에서 『논어』 「학이편」을 배우고
늙어지자 참된 맛 가슴을 적시려 하니
어느 누가 아침저녁 나의 잘못 공격하여도
한 일― 자 잊지 않고 그 인격 역사에 빛나는 분 섬기네.

안개 속 표범은 깊이 숨어 스스로 얼룩무늬 기르고
악와강[14]에 사는 용의 품성은 하늘나라 살기에 어울리듯
선비의 보배로움은 자리 깔고 앉음에 있으니 어찌 가벼이 일어나 써 버리랴.
마음의 거울 천 번 갈아서 가슴 비치어 시원하네.

예로부터 이제까지 수천 년
이 땅 동쪽 끝, 해 뜨는 변두리에
공·맹·정·주의 책 모두 있었으나
그 연원 정통으로 이어지기에는 인연 없었던 듯 보이네.

자연의 변화 속에는 열흘 붉은 꽃이 없고
꽃이 흐드러지면 열매가 많지 않은데
오늘날 사람들은 앞다투어 글 꽃의 아름다움만 높이니
뿌리와 원줄기 다 없고서야 어디에 쓸 곳이 있으랴.

문장은 진리와 속뜻 내버려 두고 새롭기만을 다투며
경전 풀이는 말꼬리나 이으며 비뚤어지고 곰팡내 나니
눈은 공중에 뜬 꽃에 어지럽고 마음은 속에 낀 안개에 어두우니
가슴 아프구나, 과거科擧 과목이 오늘 사람들 그르침이……

나는 연극 무대 위의 놀음에 오래도록 머리를 묻었다가
몸 돌려 돌아왔으나 도는 예보다 아득히 멀어
먼지 쌓인 책 다시 잡고 늘그막에나 찾으려 하지만
병들고 생각도 힘도 없어 느느니 근심뿐이네.

아침에는 수레 매어 일소를 몰고 저녁에는 옛 책이라.
옛사람들 밭 갈고 책 읽으며 높은 멋 받들었건만
생활 꾸리느라 학업 뺏길 두려움 오늘날 더욱 심해지니
가슴 아프게 하는 것 이욕과 명예만이 아니네.

잔일에 매이던 그 시절 속 시원히 여행 한 번 못 가더니
책 짓는 이제도 가난과 근심의 눈치만 살피지만
마음속 깨달음 있어 기쁘고 즐거운 곳 있을 때만은
맛 좋은 포도주로 원님 자리 바꾸던 그 심정만 하구나.

사람들은 알맹이 없이 무릅쓰기만 하고 있으니 손가락질 받아도 마땅하구나.
알맹이를 얻는 일은 차라리 어린 새가 나는 법 익힘 같은데
답답하구나! 이 말을 누가 알아들으랴.
앉아서 하늘 위에 흰 구름 떠돌아 가는 것만 바라보네.
「서로 운을 주거니 받거니 노래함(相唱酬韻)」

이현보 선생과 자주 만나서 자연과 학문을 노래하는 가운데 계상서당

에 네모난 연못을 파고 연꽃을 심어, 이미 있던 소나무, 대나무, 매화, 국화랑 함께 다섯 벗을 만들었다. 퇴계는 자신까지 포함하여 여섯 벗의 모임을 이루고는 가슴이 뿌듯하여 다시 시를 읊는다.

......
베개 배고 신선 세상 노닐다가 돌아와
『주역』의 창 열고 그 속을 읽노라.
천 근 종鐘이야 맨손으로 칠 수 없지만
여섯 벗이야 부르기만 하면 따르네.
......

「문득 흥이 나니 절구 열 마디라(偶興十絶)」

겨울이 되어 한 해가 저물어 갈 때에 김부륜이 시를 한 수 지어 가지고 계상서당으로 찾아왔다. 옛날 퇴계가 영지산에 지산와사를 지어 놓고 읊었던 시를 기억나게 하는 것이었다.

옛날을 되살리자 26년 전 그때에 세웠던 동해보다 더 큰 포부가 절로 새로워지면서 그동안의 나고 죽고 슬프고 즐거웠던 일들이 눈앞을 스쳤다. 그러나 아직도 별로 진전된 것이 없음에 한숨짓는다.

○ 52세(1552, 壬子)

차츰 마음이 가라앉으며 다시 새해를 맞이하니 창 밖에는 곧 봄이 올 것이라 알리는 매화가 피기 시작한다.

선생은 죽은 듯 앙상한 가지에 잎도 피지 않은 채 문득 꽃이 피어 생명의 신비를 깨우쳐 주는 매화에서 숨은 우주의 이치를 바라보고 있었다.

또 눈길을 돌려 누런 책표지를 넘기면 성현들의 가르침이 날마다 새로운 내용을 말해 주곤 하였다. 특히 『주역』을 읽을 때는 어느 때보다도 마음을 고요히 하고 잡생각을 떨쳐 버린 뒤에 바르고 치우침 없는 사고방식으로 깊이 숨어 있는 이치들을 탐구하여 들어갔다. 뒷날 퇴계는 우주의 이치가 역학易學에 다 들어 있어서 역학을 깊이 공부하면 우주 자연의 근본 바탕인 큰 진리를 터득할 수 있다고 말한다.

이현보 선생을 찾아뵙기도 하고 이현보 선생이 아들들을 데리고 계상서당으로 찾아오기도 하며 아름다운 산천과 정자들을 찾아 대자연과 사람의 진리를 읊으며 지내는 동안에 뒷날 선생의 큰 제자가 될 선비들이 차츰 찾아오기 시작한다.

사월 초파일 석가탄신일이 지나고 얼마 뒤에 조정으로부터 정5품 벼슬인 홍문관교리 등 지난날 맡았던 자리를 다시 맡으라는 명령이 내려왔다. 풍기군수를 지낼 때보다 2계급이 깎인 벼슬이었다. 어쩔 수 없이 다시 한양으로 올라가서 홍문관, 춘추관, 승문원의 일을 보면서 임금을 모시고 경전을 읽거나 성현의 가르침을 설명하여 올린다.

5월 어느 날 경연에서 임금에게 사람들로 하여금 마음을 닦고 기르게 할 수 있는 정치를 펴 달라는 말을 올렸다.

무릇 사람이 나쁜 일을 할 때에는 스스로 이만 일쯤이야 무슨 해로움이 있겠느냐고 생각하지만, 그 나쁨이 자꾸 쌓이면 마침내는 큰 화에 이르게 되는 것입니다. 그래서 옛사람은 "착함을 쫓는 것은 산 위로 오르는 것 같고, 악함을 쫓는 것은 지은 것을 무너뜨리는 것 같다"고 말하였습니다.

위로는 임금님으로부터 아래로는 보통 백성에 이르기까지 모두 성인의 가르침을 따라야 합니다. 안으로는 사람으로서의 양심 본성을 보존하고 기르는 방법을 익히며 밖으로는 무슨 일이나 정성이 한결같고 사고방식에 치우침이 없도록 하여 이를 한결같이 지켜 나가야 합니다. 그래야 일마다 개인의 이기적인 마음이 뒤섞이지 않게 될 것이니 삿된 마음도 절로 싹트지 못하게 되고 그 하는 일이 한결같이 공정하게 되어 공과 사가 가려지고 이해타산보다는 올바른 도리가 분명하게 될 것입니다. 원하건대, 임금님께서는 깊이 살피시고 잊지 마시옵소서.

이러한 강의를 듣고 임금이 퇴계 선생을 존중하였음인지 다시 종3품 벼슬인 사헌부집의 자리로 높이 올려 임명하였다. 선생이 사임을 원하였으나 허락하지 않고 오히려 늦여름에는 정3품 당상관 벼슬인 성균관대사성으로 승진시켰다. 대사성 자리가 비게 되자 당하관 가운데서 제일 글 잘하고 재주 있는 실천가라는 사유로 선생을 뽑아 그 자리에 임명한 것이다. 그러나 오래지 않아 겨울로 접어들면서 선생은 대사성 자리를 사직하고 싶으니 면하여 달라는 소장을 올려놓고는 다시 고향으로 내려가려는 뜻을 굳힌다.

아들 준에게 편지를 써서 계상서당의 꽃과 대나무를 잘 보호하고 그 앞에 심어 있는 버드나무도 함부로 베어 버리는 일이 없도록 하라고 주의를 주면서, 고향으로 내려갈 때에 타고 갈 말을 살 수 있도록 내년 정월대보름까지 무명을 사서 올려 보내라고 하였다.

그런 가운데 자형姉兄의 장례에 아들 준을 보내고, 일찍 세상 떠난 허씨 부인의 제사를 경상도지방 시험에 응시하러 간 준을 대신하여 손자 안도安道로 하여금 지내게 하며, 넷째 형님의 묘 옆에서 정성을 다하고 있는 조카들을 위로하는 등 여러 가지 집안일도 편지로 처리한다.

또한 다른 선비들의 글을 읽고 그 내용과 관련되는 일들을 밝혀 주는 서문, 발문들을 지어 주기도 한다.

여름 어느 날 박희정朴希正이라는 사람에게서 주자와 그의 스승 이동李侗 선생이 주고받은 편지를 모아 놓은 『연평답문延平答問』이라는 책을 빌려 보고는 "소경이 눈을 뜬 듯, 목마를 때 물을 마신 듯하다"라고 기뻐하며 책을 베껴 썼다.

이 시절 퇴계 선생은 스스로의 잦은 병 탓인지 한약을 조제하는 처방문도 상당한 수준까지 알고 있었다. 특히 위장병을 치료하고 명치 쪽에 체한 기를 푸는 효능을 가진 사향소합원이라는 환약을 조제하여 여러 사람에게 나누어 주기도 하는데, 그 효력이 좋았음이 가까운 사람들에게 보낸 편지들 속에 나타나 있다.

○ 53세(1553, 癸丑)

초여름에 명종이 당시 학교 교육의 황폐함과 해이함을 알고서 성균관 대사성인 선생에게 분명한 의지를 가지고 교육을 권장하라는 명을 내렸다.

선생은 스스로 자질이 없음을 이유로 사양하였으나 허락되지 않았다. 그래서 네 곳에 있는 국립 학교에 공문을 내려보내어 학생과 스승 모두를 일깨우고자 하는 나라의 뜻을 알렸다.

당시 나라에서는 고려 때의 5부학당 제도를 본받아 한양의 동·서·남·중앙 모두 네 곳에 『소학』을 가르치는 학당을 세워 놓고 어린 소년들을 입학시켰는데, 각각 정원은 100명이었다. 이곳에 입학한 소년들은 기숙사에서 생활하였으며 운영 경비는 나라에서 부담하였고 교수와 훈도는 예조에 소속된 사람이었다.

대사성인 퇴계가 이들에게 내려보내어 일깨운 공문의 내용은 대략 다음과 같다.

요사이 네 곳 학교 학생들의 예절이 어지러워져서 걱정이다. 학교는 사회 풍속을 아름답게 하는 뿌리가 되는 곳으로서 예절과 의리의 모범이며 꿈나무들이 모여 있는 곳이기에 나라에서 이를 설치하여 장래의 선비를 기르는 것이다. 그 뜻이 자못 높고 크고 멀다.…… 이제부터 학생들은 모든 일상생활이나 먹고 마심에 있어서 예절을 도리에 맞게 지킬 것이며 서로 충고하고 격려해서 몸에 배인 나쁜 습관들을 버리도록 힘써야 할 것이다.

나라에서는 우리의 문화를 높이 발전시키고 세상의 풍속을 아름답게 하기 위하여 학교를 세워 놓고 장차 큰선비 될 꿈나무를 길러 키우고 있는 것이다. 그대들은 학교 안에서도 어버이 섬기는 마음으로 어른과 윗사람을 섬기며, 안으로는 충성스럽고 믿음 있는 마음을 기르기에 주로 힘쓰고, 밖으로는 온순하고 공손한 행동을 실천함으로써 나라의 높은 뜻에 보답하여 주기를 바란다.

7월에 문정왕후가 9년째 계속된 수렴청정을 끝마치며 "내가 지금까지 머뭇거리며 정치를 임금에게 돌려주지 않은 까닭은, 오직 임금께서 학문에 전념하여 고명한 경지에 나아가기를 바라서였다. 이제 임금의 연령이 왕성하고 학문이 성취되어 큰일을 맡길 수 있으니, 내가 어찌 계속해서 정사에 간여하겠는가"라고 말했다.

이해 겨울에 퇴계 선생은 이웃에 사는 학자 정지운이 지은 「천명도설天命圖說」이란 그림과 설명을 보게 된다. 「천명도설」은 하늘과 땅과 사람이 이루어져 있는 원리와 그 운행 변화하는 이치들을 하나의 그림으로 그려 놓고 설명을 붙인 것이다.

그 그림에는 하늘과 땅과 사람이 하나의 명命에 이어져 있어서 모두가 같은 원리 안에 하나같이 합쳐지게 된다는 내용이 한눈에 알아볼 수 있도록 되어 있다.

선생은 정지운과 함께 그 그림을 보고 난 뒤에 고쳐야 마땅할 것, 필요 없으니 지워 버려야 할 것, 모자라는 점 등의 보충하여야 할 것들을 지적하면서 "어떻습니까?"라고 물었다.

정지운은 자기가 그렇게 그리게 된 이유를 밝히면서 서로 의심나는 곳을 변명도 하고 토론도 하며 퇴계 선생의 의견을 받아들였다. 지극히 마땅하다고 생각될 때까지 고쳐 나갔는데, 조금도 노여워하거나 아쉬운 빛이 없었다.

그런 뒤로 두어 달 동안 정지운은 그 그림과 설명을 다시 정리하고 새로 그려서 퇴계 선생을 찾아와 도움과 지적을 받으며 완성하였다. 선생이 처음에 본 그림을 「천명구도天命舊圖」라 하고, 뒤에 고친 것을 「천명신도天命新圖」라 한다. 선생은 이 「천명신도」와 그 설명문 뒤에다가 그동안 검토했던 내력을 밝히는 글을 지어 붙였다. 이 「천명도설」은 그 뒤에 학자들에게 큰 영향을 주어서 중요한 연구 대상이 된다. 이때 퇴계 선생은 그가 지은 글에 스스로의 호를 청량산인淸凉山人이라 쓰고 있었다.

조정 안에서도 퇴계가 도학을 깊이 공부하였을 뿐만 아니라 글을 잘 짓고 글씨도 잘 쓴다고 알려지게 되었다. 궁궐을 지을 때에는 상량문이나, 종묘에 올리는 고유문告由文이나, 건축 과정을 기록하여 두는 기문記文, 편액扁額 등을 선생이 맡아 짓게 되었다. 특히 이 무렵 경복궁에 불이 나서 다시 지었는데, 그 일을 기록한 「경복궁중수기景福宮重修

記」를 잘 지어서 고맙다고 임금이 말 한 필을 상으로 내려주었다.

일반 학자들도 책을 지은 다음에 그 책의 머리말을 지어 달라고 찾아오기도 하고 서원에서는 제사 때에 읽어 올릴 제문을 지어 달라고 부탁하기도 하였다.

퇴계의 붓글씨 솜씨는 중국 위진시대의 유명한 서예가 조맹부와 왕희지의 것을 이어받으면서 더욱 꾸밈없이 깨끗하고 부드러워져서 자기만의 경지를 이루고 있었다. 선비들은 퇴계 선생의 붓글씨체라는 의미로 '퇴필退筆'이라 부르면서 따라 익히고자 하였다.

선생은 달력의 날짜 아래에다가 매일 '오늘은 어느 책을 봤고, 어떤 의문점이 생기거나 풀렸으며, 진리를 깨달음이 어떠하였고, 어떤 수련 방법을 익혔으며, 어떤 허물을 고치고 닦아냈고, 조심한 말이나 행동은 어떠어떠한 것이었다' 등을 낱낱이 적어 두었다.

이해에도 많은 시를 지어 읊는데, 8년 전 1546년에 세상을 떠난 서경덕 선생의 문집인 『화담집』 뒤에 붙일 시를 짓기도 하였다.

슬프도다! 화담 선생
이제 영원히 나와 멀어졌구나.
몸을 벌떡 일으켜 성현과 철인들 의지하고
대자연 살피면서 솔개 날고 물고기 뛰어오름 즐기더니,
갓에 낀 세속 먼지 털던 그 손 빌려 도움 받지 않고
어찌하여 차고 다니던 반달 호미는 던져 버렸는가.
그 시절 만나 보았다면
십 년 글 읽는 것보다 나았으련만.

「화담집 뒤에 세 수(花潭集後三首)」

○ 55세(1555, 乙卯)

선생의 마음은 더욱 고향으로만 달려갔다. 고향에 계시는 이현보 선생이 신선으로만 생각되고 하루 빨리 내려가서 그분과 함께 신선 같은 생활을 누리고 싶었다.

광희문에서 뚝섬(두모포) 쪽으로 가는 길에 있는 독서당에 나가 있으면서 병이 깊어 나라 일을 보기 어려우므로 대사성의 자리를 면하여 달라는 사직서를 세 번 올려 마침내 해직된다.

해직 명령이 내린 그날로 서둘러 배를 세내어 강을 건넌 다음에 쉬고 있었다. 그 사이 하루 만에 조정에서는 임금의 이름으로 중추부中樞府의 정3품 첨지사僉知事 자리를 임명하면서 성안으로 다시 돌아와 의사의 치료를 받으면서라도 서울에 있으라는 명이 내렸다.

중추부라는 관서는 당상관 벼슬하는 사람들 가운데 맡은 직책 없이 대기 상태에 있는 사람들이 소속되는 곳이었다. 퇴계 선생은 임금의 은혜에 감사하오나 사양한다는 뜻의 글을 올리고는 그 뜻이 받아들여지지 않았음에도 불구하고 배를 타고 남한강을 거슬러 고향으로 돌아간다.

고향으로 내려와서는 집안 형님들이랑 시 짓기도 하고 이현보 선생과 자주 만나거나 서로 시를 지으며 지냈다.

이때 이미 조정에서는 퇴계를 존경스러운 사람으로 보는 분위기가 이루어져 있었다. 『명종실록』 1555년 3월 21일조는 다음과 같이 기록하고 있다.

임금이 밤에 경연 강의를 듣는 자리에서 전경典經 이귀수李龜壽가 아뢰었다.

"이황李滉이 병을 이유로 고향으로 내려간 지 거의 한 달이 됩니다. 이황은 문장과 행실에 있어서 한 시대의 존중을 받는 사람이므로 국력에 관계되는 사람입니다. 옛사람이 '어제 임용한 신하가 오늘 가 버린 것을 알지 못한다'고 말하였는데, 이황이 병으로 자기 고향에 돌아갔음에도 임금께서 모르시는 듯합니다. 신이 경연에 있으므로 아뢰지 않을 수 없습니다. 지금 모든 사람이 조그만 벼슬도 서로 하려고 하는데 그만은 욕심 없이 물러갔으니 만일 이러한 사람을 높이고 장려한다면 선비들의 습속이 격려될 것입니다."

시독관侍讀官 신여종申汝悰도 아뢰었다.
"이귀수가 아뢴 말이 꼭 맞는 말입니다. 이황이 돌아간 것은 아주 돌아간 것이 아니라 병으로 내려간 것이라고 합니다. 그러나 돌아올는지는 알 수 없습니다. 그의 인격을 볼 것 같으면 문장은 여가에 취미로 삼을 뿐이고 행실이 매우 고매하여 사람들이 추앙하여 중히 여기고 온 세상이 귀하게 여깁니다. 안정되고 조용하게 자신을 지켜 벼슬 없는 사람처럼 담담하고, 조정에 있게된 지 이미 오래이지만 살 집도 장만하지 않고 셋집에서 살고 있습니다. 이러한 사람을 진실로 아름답게 여기며 숭상해야 할 것이니, 반드시 높이고 장려하여 도로 부른다면 선비들의 습속이 격려되어 탐욕이 많은 사람은 청렴해지고 나약한 사람은 뜻을 굳게 가지게 될 것입니다."

임금이 말했다.
"이황은 단지 글만 잘하는 것이 아니라 조행과 청렴한 지조가 있으니 지극히 아름답고 훌륭하다. 다만 병을 핑계로 사직하는 줄로 알았지 내려간 줄은 알지 못했다."

아들 준이 나라의 물품 관리를 맡아보는 제용감濟用監이라는 관서의 정8품 벼슬자리에 임명되어 한양으로 올라가고, 손자 안도는 어른이 되었다고 관례冠禮를 올렸다. 선생은 서울 간 아들이 도리와 명분에 맞게 벼슬살이를 잘하여 주기 바라는 마음에서 여러 번 편지를 써 보내고 이리저리 소식을 들어 보기도 한다.

서울 도착한 뒤의 소식을 아직 알지 못하고 있다.…… 임금의 은혜에 감사하고 윗자리에 있는 사람들에게 인사하는 일 등을 아무 탈 없이 치렀는지 모르겠다. 모든 일을 자세히 묻고 살펴 가면서 처리하여 남들의 웃음을 사지 않도록 하여라.

제용감은 일도 많고 사건도 쉽게 생긴다는 것을 모르는 바 아니다. 그러나 네가 벼슬을 받은 것만도 미안스러운 일이었는데, 겨우 한 달도 채우지 못하고 자기 생각만 하여 자리를 바꾸려 한다면 사람들이 무어라 할지 심히 두려운 일이다.

대저 모든 일이란 하늘이 아니하는 것이 없으니, 어찌 하늘이 하는 대로 기다리지 못하고 자기의 편하고 좋은 대로 골라 가짐으로써 남들이 무어라 하는지는 돌아보지 않아도 되겠느냐?

4. 학문과 교육의 시절

조정에서는 사림들이 차츰 다시 세력을 굳혀서 도덕정치의 이상을 실현해 보자는 분위기가 조성되었다. 여러 신하들이 이황을 한양으로 올라오게 하여 그 원만한 학문과 고상한 덕행을 펼 수 있게 하자고 하였다. 온 나라의 선비들로 하여금 참다운 선비의 기풍을 갖추게 할 수 있다는 의견이었다.

5월이 되자 임금으로부터 '안심하고 몸조리 잘하여 언제든지 좋으니 올라오라'는 명과 함께 음식물이 내려왔다.

6월 13일에 이웃하여 살면서 의지하고 존경하며 따랐던 이현보 선생께서 세상을 떠났다. 그를 그리는 시 두 수를 지어 올리면서 슬피 울었다.

여름이 깊어질 때에 아들 준이 경주로 벼슬자리를 옮겨서 태조 이성계의 초상화를 모셔 둔 집경전의 일을 맡아보게 되었다. 이 무렵 남쪽 여러 해안에는 왜구들이 자주 쳐들어 와서 백성을 다치게 하고 물품을 빼앗아 갔다. 이현보 선생도 생전에 왜구들의 세력이 커져서 성 하나 정도는 빼앗길 염려가 있다고 걱정하였고, 퇴계도 동쪽 서쪽 점점 더 심해질 우려가 있다고 근심하고 있었다.

준에게 편지를 써서, "갑자기 일어날지도 모르는 왜구들의 변란에 대하여 미리 준비를 하여라. 언제든지 변란이 나면 태조의 초상화를 보호할 수 있도록 경주보다 안쪽 땅으로 옮길 태세를 갖추고 있어라"라고 가르쳤다.

겨울이 되자 손자 안도를 데리고 40년 만에 다시 옛날 소년 시절 글을 읽던 청량산으로 들어갔다. 그 시절을 되살려 한 달 정도 시를 읊으며 마음공부를 하다가 동지를 지내고 내려와 새해를 맞이하였다.

퇴계 선생은 책임 있는 일을 하는 벼슬자리가 아닌 중추부에 소속되어 있었지만 그것조차 미안한 마음이 자꾸만 일어나서 사양하는 글을 쓰고 있었다.

한편, 임금은 어려운 문제들이 생겼을 때 해결책을 생각해 내는 역할을 하는 홍문관부제학 자리를 맡아서 빨리 올라오라는 편지를 내려보냈다. 이번 부름은 좌의정 등 정승들이 임금에게 "이황의 사람됨이 퇴폐하여 가는 풍속을 붙들 수 있을 것입니다"라고 아뢰었기 때문이었다.

이때 임금인 명종의 편지 내용은 다음과 같다.

경은 성품이 남보다 우뚝이 뛰어나게 맑고 깨끗하며 문장력은 세상에 드문데도 세상에 이름나기를 탐내지 않고 시골에 한가로이 살고 있다. 그 물러나기를 좋아하는 뜻이 더욱 존경스러워 서울로 다시 돌아올 날을 끊임없이 기다리고 있다. 그러나 어진 사람을 찾는 나의 정성이 적어서인지 조정에 벼슬하지 않으려 하니, 나의 마음이 매우 섭섭하다.

나에게 비록 높고 넓은 덕은 없지만 경은 어찌 깊은 산골에 숨어 사는 것을 좋아하는가? 빨리 올라와 벼슬자리에 나아감으로써 간절히 찾은 나의 마음에 따르도록 하라.

부제학 자리를 사양한다는 글을 두 번 거듭 올리자 전과 같이 중추부 첨지사로 있으면서 마음 놓고 병을 잘 다스리라는 답이 내려왔다. 퇴계는 기뻐서 시 3수를 지어 놓고 이때의 심정을 말한다.

내 요즈음 거듭 부르시는 명령을 입었는데, 하나는 첨지사요 또 하나는 부제학이다. 그러나 병이 심한 까닭에 두 차례나 사양하며 면제시켜 달라는 글을 올려서 빌었더니, 홍문관의 벼슬을 거두어 주는 명이 내리었다. 뿐만 아니라 마음을 편안히 하여 한가한 곳에서 수양하라는 명이 있었으므로 마음속으로 감격함을 이길 수 없다.

그동안 퇴계 선생은 마치 스승처럼 존경하면서 학문을 이어받고 있던 『주자대전』 가운데에서 특히 학문적으로 중요한 내용이 담겨 있거나 실생활에 꼭 필요한 가르침이 있다고 생각되는 편지들만 가려 뽑아서 『주자서절요』를 편집하고 있었다. 도학 공부하는 사람에게 있어서는 『주자대전』이 참으로 좋은 책이지만 그 분량이 너무나 많고 크다. 그대로 읽는다면 오히려 주자가 가르친 뜻을 분명하게 이해하기 어렵게 될 염려가 있었기 때문에 간추려 압축할 필요가 있어 그 일을 시작하였는데, 이해 여름에 편집이 완성되었다.

제자 친족들과 함께 산천을 찾아 시를 읊는가 하면 그 시대의 현자들과 편지를 통하여 철학을 토론하면서 지내는 동안 겨울을 맞이하였다.

선생은 스스로 살고 있는 예안지방의 실제 풍습과 정황에 맞는 향약 鄕約을 만들었다. 이 일은 당시 나라에서 희망하는 것이었을 뿐만 아니라 이현보 선생이 남겨 놓은 뜻이기도 하였다. 향약이란 지방 고을에서 자치적으로 그 고을 사람들이 서로 착한 일을 권하고 악한 일을 못하게 하며 어려운 일을 돕게 하기 위하여 필요한 내용들을 정해 놓고 법령처럼 지키자고 약속하는 것이다.

우리나라에는 11세기 중국 북송 때에 만들어진 「여씨향약」15)이 주자에 의하여 더욱 수정 보완되어서 『주자대전』에 실려 들어왔다. 조선이 건국하면서부터 조정에서는 그 중요성을 느끼고 있었다. 중종 때에는 조광조 등의 말을 들어서 지방 수령들로 하여금 고을마다 「여씨향약」을 인쇄하여 나누어 주고 시행하게 하였다. 따라서 이때 퇴계 선생의 고향에도 나라의 명에 의하여 「여씨향약」이 시행되고 있었다. 그것은, 큰 틀에서는 문제없이 그대로 시행할 수 있었지만 자세한 항목에 이르러서는 그 고을에 고유한 풍습과 백성의 정서를 다 표현하지 못하는 점이 없지 않았다. 그래서 먼저 온계마을 사람들 사이에서 계契 형태로 실험을 해 가면서 실정에 맞는 조목들을 찾아내어 「예안향약」을 만들었다.

그러나 도덕적인 마음이나 일은 서로 권하자(德業相勸), 예절 있는 풍속을 서로 주고받자(禮俗相交), 병이나 어려운 일은 서로 돕자(患難相恤)는 사항들은 하나하나 조목으로 규정하여 실행하기에 적합하지 않을 뿐만 아니라 현재 시행하고 있는 「여씨향약」대로 하여도 부족한 점이 없다고 생각하였다. 그래서 주로 잘못을 저질렀을 때에 어쩔 수 없이 나무라거나 벌주기로 한 내용들(過失相規)을 조목조목 정리하여 보충하였다. 그리고 다음과 같이 머리말을 썼다.

…… 선비 된 사람은 반드시 가정에서 몸을 닦고 마을에서 두드러진 뒤에야 부름을 받고 나라에 나아가게 되는 것이다. 왜 그런가 하면, 어버이를 잘 모시고 형제가 서로 사랑하며 존경하고 일 처리에 속임이 없으며 친구 사이에 믿음을 지키는 것이 사람의 도리에 있어서 큰 근본인데 가정과 마을은 참으로 그것을 익히고 실행해 볼 수 있는 터전이기 때문이다. 이제부터 우리 시골의 선비가 타고난 본성의 도리에 근본을 두고 나라의 가르침을 지키며 가정에 있어서나 마을에 있어서나 마땅히 지켜야 할 윤리에 최선을 다한다면, 그것이 바로 나라를 위하는 훌륭한 선비의 일일 것이다. 가난한 사람이나 출세한 사람이나 차별 없이 서로 힘이 되어 나가자.……

○ 57세(1557, 丁巳)

차츰 큰 학자로서의 자리가 잡혀 가면서 찾아오는 사람이 늘어났다. 지난적에 급히 지었던 계상서당이 너무 좁게 느껴졌다. 봄이 되자 서당을 옮길 만한 터를 찾아 여기저기 다녀 보았지만 적당한 곳을 찾지 못하고 그만 포기 상태에 있었다.

그와는 따로 금응훈 등 몇몇 제자들이 좋은 곳을 보아 놓고는 이곳에 정사精舍를 지어 가르침을 받겠으니 허락하여 달라고 거듭 청하였다. 처음에는 별로 기대하지 않았으나 세 번씩이나 청하므로 허락을 하고는 어느 날 홀로 그곳으로 나가 보았다.

가서 보니 뒤로는 기암절벽이 아닌 구릉 같은 산들이 잘 어울려 있고, 앞으로는 낙동강이 멀리까지 펼쳐져 있어서 가슴이 탁 트일 만큼 넓은 들을 이루고 있었다. 사는 집이 있는 토계마을과는 비교가 되지 않을 정도로 잘 이루어진 큰 터였다. 그곳이 참으로 마음에 들어 원대한 포부를 지닌 선비만이 가질 수 있는 끝없는 느낌을 감출 수가 없었다.

어찌 알았으랴.
백년토록 숨어 닦을 터가
바로 평생토록 나물 캐고 고기 낚던
그 곁에 있을 줄이야.

그 뒤로 몇 차례 그 터에 나가 보고는 그때 느낀 마음을 다음과 같이 시로 읊어서 제자들과 아들, 손자에게 보여 준다.

퇴계 시냇가에 웅크려 깃들인지
빛살 같은 세월은 얼마나 흘렀던가.
추운 보금자리 여러 차례 옮겼으나
너무나 허술하여 바람에 쓰러지곤 하였네.

깊은 산속 샘물과 돌, 비록 아쉬워하지만
그 형세 좁아서 끝내 탈인지라 한숨지으며 옮길 곳 찾아서
높고 낮은 곳 아니 다닌 데 없었네.
시내 남쪽에 도산陶山이란 곳 있어서 가까이 숨었으니
아름답고도 뜻밖이로구나.
어제 우연스레 혼자 와 보고는
오늘은 아침부터 다 함께 와 보자 하였네.

이어진 봉우리들 구름 위로 오르고
산허리 끊어져 강가에 기댔으며
푸른 강물은 섬 같은 들판을 거듭 에워싸고
멀리로 멧부리들 뭇 상투 늘어선 듯한데
아래로 한 골짜기 굽어살피니
묵은 빚 갚으려고 바라고 바라다가 이제야 갚은 듯하네.

다소곳 앉아 있는 양쪽 메 사이로는
때맞은 아지랑이 그림 속 들어오는 듯……
우거진 푸름에 안개 짙어 구름인 듯……
어지러이 울긋불긋함은 비단 융단 말리는 듯……
새 울어 아름다운 시 생각나고
샘물 고요해 산 아래 물 솟는 이치 눈에 어리니
마음 느긋이 아름다움 즐김에 족하여
이렇듯 갖추어 주심 대지에 감사하네.

나 이제 벼슬의 굴레 빠져나와
관복일랑 걸어 둔 지 오랜데
숨어 닦음에 어찌 장소가 없으리……
땅값은 사들이기에 가볍고
거친 개암나무 덤불 속에 허물어진 옛터 있어서
옛사람의 발자취 오늘도 훈계하고 있구나.
어느 누가 이곳을 차지하였었는지……
명예도 책망도 세월 속에 지워졌도다.

서둘러 그려 보나니
담장은 둥글게 둘러쌓고……

창문은 깨끗하고 산뜻이……
책과 그림은 현반과 시렁에 넘치고……
꽃과 대나무는 느티나무 울타리 사이에 비치게……
해와 달은 늦저녁을 깨우치고……
몸과 마음은 지칠 만큼 부지런히……

속으로 성실하여 세 가지 이로운 벗 바라며
바깥의 부러운 것들 지푸라기인 양 잊으니
이 음악은 저 이름난 흙피리와 대피리의 화음 같구나.

아! 대장부의 어짊이야
쓸모없는 잡초일 수는 없어
님 위하여 남 몰래 노래를 부르나니
태고 적 꾸밈없던 북소리로
장단 한 번 맞추심일랑은 빠트리지 마소서.

「도산 남쪽에 서당 터를 얻고서(卜書堂地 得於陶山之南)」

숨어서 인격 기르는 학문을 닦기에 매우 적합하다는 내용 속에 스스로 그것을 실천하려는 의지와 함께 임금도 그러한 자기의 뜻깊은 일을 알아주고 격려해 주기를 바라는 마음을 표현하고 있다. 퇴계 스스로는 잡초일 수 없는 대장부요, 이곳에 사당을 열어 참다운 학자를 길러내려는 일은 나라를 위하여 남몰래 부르는 노래라는 것이다.

7월에는 『계몽전의啓蒙傳疑』라는 책을 완성하였다. 이 책은 중국 남송 때, 주자와 채원정蔡元定이 함께 지은 『역학계몽易學啓蒙』이라는 책 가운데에서 더욱 설명이 필요하거나 의문점이 있는 부분을 가려 뽑아서 퇴계 선생이 풀어 밝혀 놓은 것이다.

『역학계몽』은 ① 『주역』이라는 책과 「하도河圖」, 「낙서洛書」의 밑바탕에 깔려 있는 우주의 운행 변화에 대한 기본적 원리(本圖書), ② 『주역』의 내용인 괘가 이루어진 이치(原卦劃) 및 ③ 그것을 이용하여 사물이 변화하는 기미를 점치는 순서와 방법(考變占) 등을 송나라 당시의 과학과 수학의 지식을 바탕으로 하여 풀어 설명하고 있는 책이다.

퇴계 선생은 스무 살에 『주역』을 읽기 시작하여 잠자는 것과 밥 먹는 것도 잊고 그 공부에 깊이 빠져들곤 하다가 건강을 해친 적이 있었다. 『주역』은 64개의 괘卦와 그것을 설명하는 글귀들로 이루어져 있는데, 이것을 연구하는 학문을 역학易學이라고 한다.

역학은 다시 ① 책에 실려 있는 글귀들이 의미하고 있는 올바르고 마땅한 이치를 밝혀내는 것을 주로 하는 의리역학義理易學, ② 괘들이 이루어진 얼개의 바탕에 깔려 있는 수학적 과학적 원리 및 그 원리가 얽히고설키며 만들어 내는 모습들의 풀이를 주로 하는 상수역학象數易學으로 나누어진다.

선생은 이때까지 많은 시간을 이 두 가지 역학에 바치면서, '리理와 수數의 학문은 넓고 미묘하며 얼키설키 뒤섞여 있어서 그 핵심을 연구하기가 쉽지 않다. 의심스러운 곳, 이해하기 어려운 곳이 많다.…… 특히 『역학계몽』에 있는 설명은 세상에 잘 알려지지 않은 책에 나오는 것들이 많아서 반드시 원래의 책을 찾아서 맞추어 보고 따져 보아야 할 필요가 있다'는 것을 느꼈다.

그래서 그동안 생각하다가 맞아떨어진 것이 있던지 혹은 옛글에서 증거를 찾아내게 되면 그때그때 기록하여 두었던 것인데, 이제 그것들을 모아 정리하여서 책으로 만든 것이다. 선생이 벼슬살이할 때에도 될 수 있는 한 많은 시간을 독서당에서 책을 읽으며 보낸 것이 크게 도움이 되었을 것이다.

뒷날 선조 임금에게 올린 『성학십도』의 머리말에서 퇴계는 리理가 「하도」, 「낙서」의 바탕에 깔려 있는 것이라고 말한다. 『역학계몽』을 포함한 수많은 역학 책을 통해 그 바탕에 깔려 있는 원리와 그 표면에 드러난 모습들이 신기하게 엉겨 있는 것을 터득해 가면서 퇴계는 대자연과 사람을 보는 눈을 길렀던 것이다.

○ 58세(1558, 戊午)

한양에 있을 때에 김득구로부터 빌렸던 『참동계』라는 책을 읽으며 다시 한 해를 맞이하였다.

『참동계』는 연금술, 상수역학 등에서 사용하는 여러 가지 전문용어들을 사용하여 내단을 수련하는 원리와 방법을 설명하여 놓은 책이다. 그 내용을 이해하기가 아주 어려워서 주자가 해설서를 쓰기도 하였다. 심성수양에 관한 내용이 풍부하게 들어 있어 퇴계가 여러 차례 이 책을 보았지만, 어디까지나 도학자로서 참고로 보는 것이었다. 『참동계』가 대단하기는 해도 나는 그 길을 갈 능력도 없고 그 길을 갈 뜻도 없다는 생각을 시로 읊어 밝히곤 하였다.

2월 어느 날 23살의 청년 율곡 이이가 계상서당으로 찾아와서 사흘 동안 묵으며 도학에 관하여 깊이 있게 묻고 배움을 청하였다.

율곡은 천재적 재주를 타고나서 소년 시절부터 이미 어머니 신사임당의 교훈 아래 사람의 본성과 양심을 갈고 닦는 도학을 공부하였다. 16

살에 어머니를 잃은 뒤 19살에 금강산으로 들어가 빼어난 대자연과 산속 절 생활의 정취와 불교 경전들에 담겨 있는 내면세계를 맛보고 나왔다. 22살에 성주목사의 딸 노盧씨 부인에게 장가들어 처가인 성주에 와 있다가 그가 태어났던 강릉 외가로 돌아가는 길이었다.

이때에 이미 도학을 상당히 깊이 이해하고 있었다. 두 사람은 만나자 서로 찾는 길이 같다는 것을 느끼고는 바로 가슴과 가슴이 통하였다. 율곡은 장인으로부터 전하여 듣던 대로 자기가 지금 참다운 큰 학자를 만나고 있음을 깨닫지 않을 수 없었고, 35살이 더 많은 퇴계 선생은 자기가 지금 두려울 정도로 세상에 드문 천재 후배를 만나고 있음을 느끼지 않을 수 없었다.

율곡은 도학 수련에 관하여 공자 맹자의 가르침을 정통으로 이어받은 방법이 어떤 것인가 알고 싶었다. 스스로 불교 공부도 하였음을 밝히고는 퇴계 선생이 강조하는 경敬공부에 대하여 질문을 하고 가르침을 구하였다.

선생은 학문의 목적이 명예와 이익을 구함에 있지 않고 본성과 양심을 닦고 길러 스스로의 인격을 완성함에 있다고 거듭 말하였다. 오랫동안 깊은 사색을 통하여 얻고 있던 마음속의 것들을 하나하나 친절히 일러 주었다. 이때 서로 나눈 시는 다음과 같다.

시냇물 흘러가는 곳 공자님 사시던 그 강줄기요
봉우리 높이 솟은 곳 주자 선생 사시던 바로 그 산인데,
하시고자 뜻 세우심은 경전 천 권이나 되시면서
살기 위해 지으신 것은 방 두어 칸뿐이로군요.

가슴속 품으신 것은 비 갠 뒤의 달처럼 이 마음 열어주시고
말씀과 미소는 미친 파도 그쳐 주셨으니,
어린놈이 도道 듣기를 바란 것이
한나절 쉬실 시간 훔쳐 갔다 마소서.

율곡, 「퇴계 이 선생을 뵙고(謁退溪李先生)」

예부터 이 배움을 세상 사람들은 뜻밖이다 믿어지지 않는다 하고
이익이나 노려 경전을 팖음에 도는 날로 멀어져 갔건만,
그대 홀로 할 수가 있어 깊이 그 뜻 와서 닿으니
사람으로 하여금 그 말 듣고 새 깨달음 일으키게 하는구려.

퇴계, 「이수재 숙헌의 계상 방문을 맞아서(李秀才叔獻見訪溪上)」

율곡은 강릉으로 돌아간 뒤에도 편지를 보내어 가르침을 구하였고 선생은 편지와 함께 시를 써서 답하였다.

그러는 동안 『주자서절요』의 서문도 쓰고 제자들과 주고받은 편지들 가운데에서 중요한 것들을 가려 뽑아 『자성록』도 편찬하였다. 용수사의 승려 법련에게는 도산에 서당 지을 일을 부탁하였다.

법련은 선생에게 서당 지을 만한 돈이 없음을 알고도 기꺼이 그 일을 맡았다. 스스로 경주까지 내려가 자금을 구하려 하자 선생이 무척 고맙게 생각하였다.

여름이 무르익을 무렵 임금이 정승들의 청하는 말을 듣고 경상 감사로 하여금 퇴계를 한양으로 올려 보내도록 하였다. 감사를 통하여 임금의 부르심을 전하여 들은 선생은 시골에 물러난 채 병이나 치료하고 더 이상 허물을 짓지 않도록 놓아 달라고 사직소를 올렸다.

① 어리석음을 숨기고 벼슬자리를 도둑질하거나, ② 병으로 쓸모없이

된 사람이 나라의 녹을 도둑질거나, ③ 헛된 이름으로 세상을 속이거나, ④ 맡은 일을 처리해 내지 못하면서 물러나지 않는 것은 신하가 임금을 섬기는 도리에 크게 어긋나는 일인데, 자기가 바로 그러하므로 벼슬자리에 맞지 않다는 이유를 들었다.

그러나 임금은 그 부르는 뜻을 거두지 않았다.

손자 안도를 데리고 충주를 거쳐 700리 길을 올라가서 9월 그믐에 한양 성안으로 들어왔다.

얼마 있지 아니하여 임금은 다시 성균관대사성 자리를 임명하고는 선생을 궁궐로 불러 담비 털가죽으로 만든 남바위와 술을 내려 주면서 간곡한 부탁을 하였다.

학교는 사회 풍속과 사람을 가르쳐 착하게 변화시키는 일의 근원이 되는 곳임에도 불구하고 그 기운이 너무나 지치고 망가져 있다. 선비의 풍습은 바르게 길러야 마땅할 터임에도 불구하고 극도로 가볍게 들떠 있다.

이는 내가 어리석고 둔해서 잘 부추기고 가르치지 못한 탓도 있지만 교사나 책임자들에게도 달려 있는 것이 아니겠는가?

경은 글을 잘하고 청렴하며 부지런하고 조심스러워서 남을 가르쳐 깨우치는 자리에 합당하기에 이 자리를 맡기게 된 것이다.

나의 지극한 뜻을 따라서 정성껏 맡은 바를 다하여 학교를 떨쳐 일으키고 선비들의 풍습을 바로잡도록 하오.

겨울이 깊어 가면서 병이 심해지자 다시 사직을 원하는 소를 올려 대사성 자리를 벗어났으나 곧바로 상호군이라는 군대 직책으로 옮겼다가 12월에 임금이 손수 임명장을 써서 종2품 공조참판 자리를 내렸다.

계속 사양하였으나 허락 받지 못하였다.

○ 59세(1559, 己未)

가뭄과 병역과 도적으로 인하여 지방 행정이 아주 어려운 시기였다. 특히 이 무렵 황해도 옹진지방이 심하였다. 옹진에는 정착해서 살고 있는 주민이 몇 안 되고 떠돌아다니는 사람들이 더 많았다. 관아에 일할 인원이 없어 특별 대책을 강구하지 않을 수 없다고 조정에서 임금에게 보고할 정도로 지방 행정이 말이 아니었다. 옹진뿐만 아니라 황해도 전체에 도적이 활개를 쳤지만 뚜렷한 대책이 없는 형편이었다. 조정에서는 그저 도적을 잡지 않는 관찰사를 징계해야 한다는 의견이나 임금에게 올릴 뿐이었다.

소설에서 조선 삼대 의적의 하나로 그려지는 임꺽정도 이때에 황해도 옹진 장연을 활동 무대로 하고 세력을 넓히기 시작하였다.

명종 14년, 실록을 기록하던 역사 담당관은 이때의 형편을 다음과 같이 논하고 있다.

도적이 성행하는 것은 수령의 가렴주구 탓이며, 수령의 가렴주구는 재상이 청렴하지 못한 탓이다. 지금 재상들의 탐욕과 권세가 풍습을 이루어 한이 없기 때문에, 수령은 백성의 기름과 피를 짜내어 권세 있는 자리의 재상을 섬기려고 못하는 짓이 없다. 그런데도 곤궁한 백성은 하소연할 곳이 없으니, 도적이 되지 않으면 살아갈 길이 없는 형편이다. 그러므로 너도나도 스스로 죽음의 구덩이에 몸을 던져 요행과 겁탈을 일삼는데, 이 어찌 백성의 본성이겠는가. 진실로 조정이 밝고 맑아서 재물을 탐하는 마음이 없고 훌륭한 사람을 가려 수령을 삼는다면, 칼을 잡은 도적이 송아지를 사서 농촌으로 돌아갈 것이다.

어찌 이토록 심하게 거리낌 없이 살생을 하겠는가.

그렇게 하지 않고 군사를 거느리고 잡아들이려고만 한다면, 아마 붙잡으면 붙잡는 대로 또 뒤따라 일어날 것이다.

퇴계 선생은 봄이 되자 벼슬자리가 공조참판으로 오른 것을 조상에게 고하기 위하여 휴가를 얻어 고향으로 돌아왔다. 사당에 나가서 고하는 제사를 올렸다.

그러고 나서 병으로 인하여 조정으로 되돌아가지 못하겠기에 벼슬을 면해 달라는 사직소를 올렸다. 허락이 내리지 않아서 두 번이나 더 사직소를 올렸더니, 임금이 신하를 보호하는 의미에서 공조참판의 자리를 면제시켜 주고 같은 계급인 종2품 중추부의 동지사同知事 자격을 내려 무임 한직을 주었다.

중국 고대로부터 송나라 때까지 성현들이 스스로를 깨우치고 채찍질하기 위하여 좌우명으로 삼았던 글들을 모아서 『고경중마방』이라는 이름을 붙였다. 옛 거울은 청동으로 되어 있어서 녹이 슬거나 때가 끼면 사물이 전혀 비치지 않게 되나, 거듭거듭 닦으면 비로소 얼굴이 선명하게 비칠 정도로 맑아진다. 『고경중마방』이란 옛 거울을 거듭 닦는 방법이 되는 책이라는 뜻인데, 결국 그 안에 실린 깨우침에 관한 글들을 가지고 옛 거울을 닦아 스스로의 얼굴을 보듯 자기 마음을 닦는 방법으로 삼자는 것이다.

때때로 산을 넘어 서당을 짓고 있는 도산 현장을 둘러보기도 하고 시도 읊으면서 전과 같이 학자로서의 나날을 보냈다.

○ 60세(1560, 庚申)

정든 대자연과 마을 사람들 속에서 조용히 예순 살을 맞아 시 읊고 글 짓는 가운데 온계마을 풍속을 바로 잡기 위한 12조목의 마을 규약도 제정하였다.

가을에는 젊은 시절 성균관에서 같이 공부하면서부터 서로 존경하던 김인후가 세상을 떠났다는 소식을 받고 울었다.

9월에는 손자 안도를 혼인시켰다.

겨울로 접어 든 11월에 마침내 도산서당이 뒤로는 산을 등지고 앞으로는 강물을 굽어보며 방 두 개와 마루 하나의 아담한 모습을 드러내었다. 이때부터 선생은 '도산 늙은이'라는 뜻으로 '도옹陶翁, 도산진일陶山眞逸, 도산병일수陶山病逸叟' 등의 호를 쓴다.

이 무렵부터 조선 성리학사에 있어서 큰 의미를 갖는 학문적 토론이 선생과 고봉 기대승 사이에서 주고받는 편지를 통하여 시작된다. 토론의 내용을 간추리면 다음과 같다.

지난 성현들의 책을 보면, 사람에게는 ① 불쌍한 것을 측은해 하고 ② 이로운 것을 사양하며 ③ 올바르지 못한 것을 부끄러워하거나 싫어하고 ④ 옳고 그름을 가려내는 등 도덕적 본성의 실마리가 되는 마음이 있다.

한편, ① 기뻐하고 ② 노하고 ③ 슬퍼하고 ④ 두려워하고 ⑤ 아쉬워하고 ⑥ 미워하고 ⑦ 욕심 부리는 등 때로는 선하기도 하고 때로는 악하기도 한 감정이 있다는 것도 알 수 있다.

그런데 이 두 가지를 학문적으로 어떻게 정리할 것인가가 문제이다.

두 가지를 이루고 있는 바탕이 같은가 다른가? 두 가지의 작용이나 가치가 같은가 다른가? 그 이유는 무엇인가?

이 문제를 둘러싸고 다시 깊고도 복잡한 철학적 토론이 여러 해 동안 계속된다.

선생은 끝까지 겸손한 태도를 잃지 않고 마음을 비워서 제자인 기대승의 의견 가운데 옳다고 인정되는 것은 서슴없이 받아들여 자기의 의견을 고치곤 한다. 그러면서도 뜨거운 이상, 냉철한 이론과 뚜렷한 가치관을 강조하며 자기의 마음을 기대승의 마음에 점찍어 주려고 한다. 평생 동안의 공부를 통하여 몸에 배인 차원 높은 이수역학적理數易學的 안목과 사고방식을 가지고 스스로의 견해를 설명하며 기대승의 의견을 검토하여 지적하면서 이끌어 나간다.

그러나 노소 두 학자의 입장이 좀처럼 좁혀지지 않는다. 두 입장을 날씨에 비유하면 다음과 같다.

퇴계 선생은 맑게 갠 날은 '아! 구름 한 점 없구나!'라고 할 수 있는가 하면 먹구름 낀 날은 '오호! 해가 사라졌구나!'라고 할 수 있어서 두 날씨를 구별할 수 있다는 입장이다. 한편, 젊은 학자 기대승은 맑게 갠 날에도 수증기는 그대로 하늘에 덮여 있는 것이 먹구름 낀 날과 다름이 없으니 어느 경우나 같다고 보아야 논리적이지 않느냐는 입장이다.

이 토론은 대자연과 사람의 근본 바탕과 수없이 변화하는 현상(마음 현상까지 포함)들의 관계를 어떻게 보느냐 하는 철학의 핵심 문제에 관한 것으로서, 조선 성리학을 철학적으로 크게 발전시켰다.

이를 통하여 퇴계 선생은 절대적인 가치와 절대적인 진리를 같이 보고 절대적인 가치를 강조하는 실천 위주 사상체계를 분명하게 세워서 후세에 남겨 주게 되었다. 논리와 실천 사이에 거리가 있음이 드러난 학문적 토론이었다고 보아도 좋을 것이다.

뿐만 아니라 그 토론 과정에서 보여 준 퇴계 선생의 학문적 탐구의 태도와 조용하지만 굳세게 불타는 가치관(우주관, 인간관 포함)은 오늘날까지도 참다운 도학자들이 받들어 본받는 모범으로 남아 있다.

그러나 이 진지하고 신성하던 학술 토론이 임진왜란을 지나며 이익과 권력 투쟁에 몰두하는 사람들에게 이용당하기 시작하면서 나라가 망할 때까지 당파 싸움의 도구로 전락하는 슬픔과 아픔을 겪는다. 19세기에 이르러 나라가 망하게 되자 도학이니 인격수양이니 하는 말조차 싫어하는 사람들이 많아지는데, 이 성리학적 토론은 그들로부터 이론을 위한 이론만을 일삼다가 나라를 망친 해로운 것이라는 누명까지 쓰게 된다.

○ 61세(1561, 辛酉)[16]

환갑의 나이를 맞는다.

이제는 제자들도 상당히 많아져서 편지로 묻고 답할 뿐 아니라 직접 찾아오는 사람도 점점 늘어간다.

조카와 손자, 찾아오는 제자들을 함께 거느리고 도산서당 건축 현장에 나아가서 둘러본다.

시를 읊으며 대자연의 소리를 함께 듣고 학문을 다짐하며 성인의 길을 한 발 한 발 밟아 나가는 것이 즐거움이다.

서당 서쪽에는 학생들이 묵으면서 공부할 집을 따로 짓는 중이다. 서당의 동쪽 옆에는 화단을 만들어 소나무, 대나무, 매화, 국화를 심고 또한 연못을 파고 있다. 그러는 동안에 거처할 방이 완성되자 책들을 옮겨 놓고 때때로 그곳에서 밤을 지낸다.

가을 어느 날, 그곳에서 자다가 밤에 일어나 글을 읽고 다시 깊은 생각에 잠긴다. 밤경치는 마치 신선세계 같고, 스스로는 바야흐로 평생 동안 희망하던 학자로서의 생활을 제대로 할 수 있게 되었으니, 그 무엇이라 말하기 어려운 감정이 가슴 벅차게 밀려오고 멀리 영원한 시간 공간 속으로 울려 퍼짐을 어찌할 수 없어서 시를 읊는다.

텅 빈 산속 방 하나 고요한데
밤기운 차가워서 서리 짙게 내리는 속에
홀로 베개 베었으나 잠이 아니 오네.
일어나 앉아 옷깃을 바루고는
약해진 시력으로 잔글자 보느라
짧은 등불 번거로이 돋우니,
글 속에 참맛 들어 있어
살찌고 배부르니 귀한 요리보다 낫구나.

공중에는 반쪽 달 걸려 있어서
낮인가 놀란 새가 지저귀는데
연못 바닥에는 그림자 드리우니
가서 손으로 건지고만 싶구나.

서쪽 정사精舍는 발자취도 없이 고요한데

숨어 사는 몸이 신선 놀이 꿈꾸다가
시 구절 이루어지자 불러 서로 화답하니
깊고도 멀리 울리는 소리 귓가에서 들리는 듯……

「산당에서 밤에 일어나(山堂夜起)」

마침내 3년 동안의 공사 기간을 거쳐 도산서당 전체가 마치 환갑 선물
인 양 완성된다.

선생이 거처할 방은 완락재玩樂齋, 제자들을 가르칠 마루는 암서헌巖棲
軒, 제자들이 거처할 집은 농운정사隴雲精舍라 이름 붙인다.

이때부터 참다운 학문을 배우려는 사람들이 더욱 많이 사방에서 짐을
싸 들고 찾아오게 되고, 퇴계 선생도 더욱 마음이 안정된 상태에서 가
르칠 수 있게 된다.

제자들에게 스스로 편찬한 『주자서절요』를 강의하면서 밤이 제일 길
고 낮이 제일 짧아지는 동짓날을 맞이한다. 그러자 이제부터 새로이
자라날 따뜻한 봄기운을 느꼈음인지, 퇴계 선생은 「도산기陶山記」를
쓴다.

「도산기」는 도산서당과 농운정사가 세워진 그 위치를 둘러싸고 있는
산봉우리의 우뚝 솟음, 이어져 내려온 산맥의 흐름, 강물과 시냇물의
굽이쳐 흐름, 그 사이에 펼쳐진 들판과 모래밭 등 대자연의 아름다움
을 뛰어난 문장력으로 그려낸다. 또한 5년 동안 건축이 완성될 때까지
겪어 온 일들을 기록하고 집과 방과 주변 여러 장소에 붙인 이름들에
담긴 뜻을 설명해서 기록으로 남기고 있다.

○ 62세(1562, 壬戌)

도산서당으로 자리를 옮겨 잡은 뒤 정말 마음이 흡족한 생활을 한다. 농운정사에 묵고 있는 제자들 그리고 때때로 찾아오는 제자들과 대자연을 두고 서로 운을 맞추어 시를 읊는가 하면, 우주의 진리로부터 사람의 본성과 양심에 이르기까지 깊은 이론과 그 실천 방법들을 찾아서 가르치고 토론한다.

또 한편으로 점점 많아지고 있는 학문적인 편지들에 대하여 폭넓으면서도 깊이 있는 답장을 써 보내며 스스로의 저술도 꾸준히 한다.

그런가 하면 일상 사회생활에 있어서는 정성과 경건함을 다하여 예절을 지키고 도리를 다한다. 100리 바깥 예천에 살고 계시는 누님을 찾아뵙고 문안을 드리는가 하면 외조부, 장인, 장조부의 묘소를 찾아 술잔을 올리고 절을 한다.

○ 63세(1563, 癸亥)

이렇게 예순세 살을 맞은 어느 봄날, 일찍이 풍기군수 시절부터 선생을 따르던 황준량이 성주목사 자리를 사직하고 돌아오다가 병으로 세상을 떠난다. 선생은 그 소식을 듣고 참으로 슬피 운다. 황준량은 일찍부터 문장이 뛰어나서 세상에 이름이 드러났었다. 뒤에 도학에 뜻이 있어 여러 번 퇴계 선생에게 의심나는 것을 묻고 가르침을 청하여 서로 주고받은 편지가 매우 많았으며 계상서당에도 몇 번 찾아 왔었다. 선생이 많이 아끼던 참다운 도학자였다.

슬픈 소식을 듣고 시를 지어 그 영혼을 위로하며 장례 때에는 제문을 지어 보내고 그의 일생을 글로 지어서 남겨 준다.

남보다 빼어난 문장에 세속 벗어난 자태였는데
하늘은 어찌하여 이렇듯 남다른 운명을 주었던가?
벼슬살이는 정녕 물고기가 나무 오르는 나날이요
권세는 오히려 봉황새 가시덤불에 걸린 때인 양
헐뜯음 산언덕 이루고
뭇 아첨 소리 바람에 나부끼건만
집에는 가난 견딜 쌀독이 없었네.
그대 같은 늘그막 절개 더욱 존경스러움을
마음 같은 이가 뒤에 남아 혼자만 알 뿐이로세.

「황중거만사(黃仲擧輓詞)」

선생은 겨울이 찾아올 때쯤 『송계원명리학통록宋季元明理學通錄』이라는 책을 완성한다. 이 책은 중국 남송의 주자로부터 시작하여 명나라까지의 주자 제자들과 기타 성리학자들의 생애와 학문 내용을 간추려 놓은 철학사에 관한 책이다. 이와 같은 작업은 중국에서도 아직 이루어지지 못했다.

○ 64세(1564, 甲子)

이해에는 조광조의 생애를 기록으로 남기는 글을 짓고, 남명 조식의 편지를 받아 답도 한다. 마음의 바탕과 작용에 관한 화담 서경덕의 이론을 얻어 보고서 잘된 점과 부족한 점을 가려내어 다시 설명하는 글을 쓰기도 한다.

철학적으로 어렵고 복잡한 내용을 설명해야 하는 편지들을 써야 할
일이 점점 많아졌지만 선생은 조금도 귀찮게 생각하지 않으며 가슴을
활짝 열고 정성과 경건함을 다하여 글을 쓴다.

○ 65세(1565, 乙丑)

4월에 임금에게 중추부 동지사의 벼슬을 풀어 달라는 글을 올린다. 임
금이 "내가 여러 해 동안 이 자리를 비워 놓고 경을 기다렸건만 기어
이 물러나려 하는 것은 어진 사람을 대우하는 나의 정성이 모자라는
때문이겠도다. 경의 뜻이 이미 깊고도 간절하므로 경이 청하는 대로
따르겠도다"라는 답과 함께 사직을 허락하면서 경상도로 하여금 선생
에게 음식을 보내 주도록 한다.
선생은 임금의 은혜에 감사하는 시를 읊는다.
이 뒤부터 '진성 성을 가진 시골 늙은이'(眞城野老)라는 호를 사용한다.
도산서당의 선생 방에 깨우침을 일깨우는 글귀들을 써 붙이고 제자들
에게 『논어』, 『역학계몽』과 『계몽전의』, 『심경』 등을 가르친다.
그러나 한 해가 저물어 가는 12월에 임금이 다시 중추부동지사 자리를
맡으라는 뜻과 함께 "내가 눈과 귀가 밝지 못하고 어진 이를 좋아하는
정성이 모자란 탓인지 전부터 여러 번 경을 불렀으나 경은 그때마다
늙고 병들었다 하면서 사양하니, 나의 마음이 편하지 못하였다. 경은
나의 지극한 속마음을 알아서 빨리 올라오라"는 특별 명령을 내렸다.
그와 함께 나라에서 관리하는 역마驛馬를 탈 수 있는 권한을 허락하였
다. 이때의 사정에 대하여 실록을 기록하던 신하는 다음과 같은 의견

을 말하고 있다.

이황은 타고난 바탕이 순수하며 학문이 깊고 밝아서 성현의 글을 깊이 연구하여 하늘과 사람의 진리에 통달하였다. 그가 그렇게 스스로를 길러 키운 바가 깊었기 때문에 세상에 나와서 그를 시험해 볼 때에는 청렴과 결백을 지키고 올바르지 못한 일을 행하지 않았다. 사람들이 모두 그의 행동과 모습을 우러러보았으나 빠른 물결처럼 어지러운 세상살이 속에서 용감히 물러나 수풀 속에 한가로이 지냈으되 또한 집안일로 그 마음을 더럽히지 않았다.

마음을 가라앉혀 오직 학문에 힘씀이 미치지 못할까 두려워하는 듯하였을 뿐, 참다운 지식과 부지런한 실천이 날로 쌓였다. 나이가 높을수록 덕이 더욱 높아졌으니, 한 세대의 어진 스승이라 부를 만하다.

그런 그가 불러도 오지 않거나 왔어도 머물지 않았던 것은 임금께서 어진 사람을 대우하는 성의가 부족했기 때문일 것이다.

지난 무오년(선생 나이 쉰여덟) 사이에 여러 번 임금의 부름이 있었을 때에는 이황이 다섯 가지 이유를 들어 사양했으나 임금께서 그를 잘못이라 하시면서 엄한 명령을 내리었으므로 그가 어쩔 수 없이 나아왔던 것이다. 그래서 사람들은 모두 그가 중요한 벼슬자리를 맡을 것이라고 했음에도 불구하고 끝내 그러한 명령이 내렸다는 말은 들리지 않았다.

이황이 비록 그가 배우고 익힌 바를 한 번 임금에게 말하여 올리고자 할지라도 임금께서는 아홉 겹 궁궐 속에 깊이 앉아서 한 번도 불러보지 않는 데야 어찌할 것인가? 나중에 정유길鄭惟吉이 이황을 마음에 점찍어 두고 성균관동지사 자리를 사직하면서 '확실한 적임자가 있다'고 하였으나 임금은 또 이를 따르지 않았다.

이와 같은데, 임금의 덕이 이루어지고 선비의 풍조가 나아가 떨쳐지기를 바란다는 것은 어려운 일이 아니겠는가?

어진 사람이라고 불러 놓고 그렇지 않은 사람으로 대우하니, 이것이 이황으로 하여금 죽을 때까지 조정에 나아오지 않게 만든 이유일 것이다.

이 기록은 물론 사초를 적는 사람의 생각이다. 참으로 대우가 부족해서 사퇴를 고수하였는지 아니면 정말 학문이 더 좋아서였는지 아니면 또 다른 이유가 있었는지는 퇴계 선생 자신만이 알 일이다.

오늘날 어떤 학자는 퇴계가 그토록 사퇴를 고집한 것은 도학에서 추구하는 도리가 임금보다 더 중요하므로 임금도 그에 따라야 한다는 소신을 관철하기 위한 일종의 조용한 투쟁이었다고 평가하기도 한다. 퇴계 선생의 이러한 노력에 힘입어 조선 정치계가 마침내 도학적 가치를 최고로 신봉하는 사람들에 의하여 주도되는 풍조를 이룰 수 있었다는 것이다.

○ 66세(1566, 丙寅)

새해를 맞이하여 한양 성균관에 유학하고 있는 손자 안도에게 '참으로 극진하게 행동을 삼가라'라고 타이르는 편지를 보낸다.

또한 성현들 사이에 마음에서 마음으로 전해 내려온 가르침의 핵심을 간추려 병풍을 만들 수 있도록 손수 써서 제자 김성일에게 준다.

한편, 농운정사에 머물고 있던 제자들을 집으로 다 돌려보내고는 임금에게 벼슬을 내린 명령을 거두어 달라는 두 번째 사직소를 올린다. 그러나 임금으로부터 허락이 내려오지 않자 할 수 없이 추운 날씨가 여전한 정월 하순에 한양을 향하여 길을 떠난다.

북쪽으로 100여 리 올라가서 영주에 도착하자 병이 심하여져 더 올라가지 못하고 사면시켜 달라는 청을 올린 뒤에 며칠 동안 머문다. 그래도 허락이 내려오지 않아 다시 풍기까지 올라가서 기다린다. 그런데 임금으로부터 '병을 다스려 가면서 천천히 서울로 올라오되 돌아가는 것은 허락하지 않는다'는 뜻의 편지가 내려온다. 임금은 또한 궁궐에 있는 의사를 보내어 진찰하게 하고 약도 보내어 준다. 퇴계 선생이 무척 몸 둘 바를 몰라 한다.

한양까지 가는 거리는 더 멀지만 길은 좀 덜 험난한 문경새재 쪽으로 방향을 틀었다. 예천에 다다랐으나 더욱 병이 심해져서 동지사 자리를 면제시켜 달라는 세 번째 사직소를 올린다. 그러나 오히려 벼슬을 올려서 정2품 공조판서 자리와 예문관제학을 겸하라는 명령이 내려온다. 물러나기를 구하다가 오히려 더 높은 벼슬로 나아오라는 명령을 받게 되자 선생은 더욱 힘껏 사양하는 것이 도리에 마땅하다고 생각한다. 그러자면 허락을 받을 때까지 여러 날이 걸릴 터이므로 객지인 예천에서 머물기에는 불편한 점이 있었다. 길을 되돌려 안동부의 서쪽 학가산에 있는 광흥사라는 절을 찾아가서 절 동쪽에 있는 정자에 짐을 푼다.

3월 초하루에 공조판서의 명을 거두어 달라는 첫 번째 상소문을 올리고 여드레 날 천등산에 있는 봉정사로 옮겨 간다. 그러나 이미 공조판서의 행차가 된지라 봉정사로 가는 길에 관청에 폐를 끼칠 우려가 있어 안동부사, 안동판관, 풍산현감 등에게 '마중 나오지 말라'고 미리 통고한다. 그러고도 지름길을 택하여 남모르게 봉정사로 들어가서 병을 다스리자 아들 준이 들어 와서 병간호를 하고자 한다. 선생은 아들도 관리이므로 공무를 저버리고 개인 볼일을 볼 수 없다는 이유로 들어오지 못하게 하고 또한 관청의 노비도 들여보내지 못하게 한다. 공조판서를 면해 달라고 지난번에 올린 첫 번째 사직소에 대하여는 허락이 거절되고 그 대신 마음 놓고 병을 잘 다스리면서 한양으로 올라오라는 뜻의 편지가 내려온다. 선생은 바로 그 다음날 두 번째 사직소를 올리고 며칠 뒤에 예안으로 돌아온다.

돌아와 있는 동안 한양 궁궐에서는 대신들의 추천을 받은 명종이 홍문관대제학, 예문관대제학, 성균관지사, 경연지사, 춘추관지사를 함께 맡으라는 명을 내린다. 선생에게 학문적인 일을 전부 주관할 수 있게 하겠다는 뜻이었다. 그러나 선생이 좀처럼 올라올 의사가 없음을 느끼고는 다시 의논하여 책임 맡은 일이 없는 중추부지사 벼슬로 다시 옮겨 있으라는 명과 함께 병이 낫는 대로 올라오라는 지시를 내린다. 이때의 사정에 대하여 실록을 기록하던 신하는 다음과 같은 의견을 말한다.

이황이 중추부동지사로 조정에 이름이 올라 있으면서도 스스로 물러나 한가하게 살고 있는 지가 거의 10년이 지났다. 뿐만 아니라 지난해에는 문정왕후께서 돌아가셨는데도 달려 올라올 수 없다는 이유로 그 맡은 자리를 면해 달라고 빌어 임금의 허락을 받았던 것이다. 그런데 겨우 반년도 지나지 않아서 두어 달 간격으로 높은 벼슬과 무거운 책임을 지는 자리로 거듭 승진시켰으니, 이것이 이황으로 하여금 나아오기 어렵게 한 첫째 이유일 것이다.

어쨌든 선생은 여름 내내 고향에 있으면서 도산서당에도 가 보고 계상서당에도 가 있으며 손자와 제자들을 가르친다. 이미 써 놓은 책 속에서 잘못된 곳을 찾아 바로잡는가 하면 멀리 있는 제자에게 편지를 쓰기도 한다.

가을이 다가올 무렵 다시 사직소를 올렸으나 역시 허락 받지 못하고 병이 낫거든 올라오라는 명령이 내려온다.

임금은 선생을 기다리는 뜻이 간절하여 독서당의 선비들에게 '어진 사람을 불러도 오지 않음을 한숨짓는다'는 제목으로 시를 짓게 한다. 또 송인宋寅이라는 신하를 시켜 화공을 데리고 도산서당으로 내려가 그곳의 풍경을 그림으로 그려오게 한다. 그런 다음 다시 그 위에다가 퇴계 선생이 쓴 「도산기」와 「도산잡영」을 써넣어서 병풍을 만들게 하고 옆에 두고 본다.

하늘이 높고 날씨가 서늘하여 공부하기 좋은 가을이 되었다. 선생은 그동안 읽고 가르쳐 왔던 『심경』에 대하여 그것을 얻어 읽게 된 내력과 그 내용의 훌륭한 점을 설명한 다음에 『소학』과 함께 그 책을 신명처럼 존경하고 어버이처럼 받들고 있음을 밝히는 글을 쓴다. 그리고 주자 이후 중국의 몇몇 대학자들의 글에 대하여 철학적으로 논평하는 글들을 쓰기도 한다.

겨울이 짙어질 때에 손자 안도를 데리고 용수사龍壽寺를 찾아간다. 옛일들을 되새기며 좋은 벗들을 사귀라고 일러준다. 용수사는 선생의 부친이 글을 읽었고 뒤에 선생도 어린 시절 글을 읽었던 절이다. 이때 손자에게 지어준 시는 다음과 같다.

소년 시절 용수사를 우리 집 글 다락 삼아
몇 번인가 관솔불로 등잔 기름 대신하면서
어버이 가르치심 잊지 않고 날마다 경계함으로 삼았었다.
진리의 근원 여전히 아득하여
아직도 찾으면서 늙은이가 정에 이끌려 바라노니
네가 이 조상들의 혜택 이어받아

바른말하는 좋은 친구들과 더욱 멀고 큰 것을 꾀하여 보아라.
문 걸어 잠근 산속에 구름만 일고 사람 소리 적적할 때
그때가 바로 다가오는 한 마디 광음이라도
함께 아껴야 할 때이노라.

「손자에게 부쳐 보게 함(寄示孫兒)」

○ 67세(1567, 丁卯)

정월에 기대승으로부터 편지가 왔는데, 그 내용인즉 관서지방의 중화
군에서『용학석의庸學釋義』와『어록석의語錄釋義』라는 책을 찍을 목판
을 만들면서 그 안에 퇴계가 말한 것이라고 새겨 놓았다는 것이다.
선생은 깜짝 놀라서 기대승에게 답장을 쓴다.

그대의 친구 가운데 관서지방으로 부임해 가는 사람이 있거든 그로 하여금
살펴보고 한곳에 모아 태워 버리도록 하여 달라.

뒤에 그 잘못 새겨진 목판 자체를 태웠다는 소식을 듣고는 시를 읊으
며 기뻐한다.
2월에 명나라 사신을 맞게 된다. 조정에서는 나라 안에서 제일가는 학
자로 하여금 응접하여야 한다고 판단하고는 퇴계를 불러올려야 한다
고 임금에게 청을 올린다.
이 무렵 선생은 세상 사람들이 혼례를 너무 사치스럽게 치를 뿐만 아
니라 권위와 세도를 휘두르는 기회로 삼고 있음을 한탄하고 있었다.
마침 손녀가 혼인을 하게 되자 옛 혼례 제도를 간단하고 소박하게 정
리하여 그에 따라 행하게 한다.

한양으로 올라와서 명나라 사신을 맞으라는 임금의 부름이 내려와 있었으나 선생은 도산서당에 나가서 또 한 번의 이른 봄을 알리는 매화를 감상하고 시를 읊으며 자연 속에 묻혀 있고자 한다.

5월에 빨리 올라오라는 임금의 명령이 다시 내려온다.

어쩔 수 없이 영주, 죽령, 단양, 충주를 거쳐 10여 일 만에 한양성 안으로 들어온다. 명종이 병환 중에 있다 하고 선생도 먼 길에 병이 덧나 있었기 때문에 곧바로 임금을 찾아뵙고 절을 올리지 못한다. 그렇게 사흘이 지나는 사이에 임금이 세상을 떠나고 만다. 국상에 입는 옷과 두건을 갖추어 입고 대궐로 나아가 곡하며 절한다. 그런 다음 한편으로는 명나라 사신을 맞이하며 그들의 질문에 답하는 글을 짓고, 조선의 학문 수준이 얼마나 되는가 하는 질문을 받고는 고대 삼국시대로부터 당시까지의 우리나라 도학을 소개한다. 또 한편으로는 돌아가신 명종대왕의 생애와 업적을 기리는 글을 짓는다.

명종은 임종 때에 거의 인사불성이 되어 말을 하지 못하였으므로 세자가 없어 대신들이 다음 임금을 어찌할까 물었을 때에 대답을 못하였다. 옆에 있던 인순왕후가 평소에 하성군을 마음에 두고 계셨으니 그대로 하는 것이 옳을 것이라고 말하여 그대로 시행된다.

하성군이 선조이다. 선조는 인종, 명종과는 또 배다른 형제인 덕흥군의 아들로서 명종에게는 조카가 된다. 선조 즉위 초년에는 인순왕후가 수렴청정을 하였으나 다음 해부터 선조가 직접 정치를 한다.

선조는 문정왕후가 죽은 뒤로 혁신을 감행하던 명종의 유지를 받들어 훈구세력을 몰아내고 사화로 죽거나 파직된 사람들을 많이 복권시켜서 조정을 구성한다.

새 임금 선조는 자리에 오르자 퇴계에게 예조판서와 경연, 춘추관의 동지사 자리를 함께 맡으라는 명을 내린다. 『선조실록』 첫 줄은 퇴계에 대한 것이다.

곧바로 사양하는 글을 올렸으나 허락되지 않다가 8월에 세 번째로 글을 올린다.

신은 나이가 칠십에 가깝고 백 가지 병이 몸을 칭칭 감고 있어서 언제 죽을지 모르옵니다.…… 엎드려 바라옵건대, 임금님께서는 신의 죽음에 가까운 생명을 어여삐 여기시고 저의 도리에 맞게 처신하려는 뜻을 살피시어 저로 하여금 벼슬자리를 그만두고 고향으로 돌아가 죽을 수 있게 허락하여 주시옵소서.

그리고는 돌아가신 명종의 장례도 마치지 않고 고향으로 돌아와 버린다. 이 일을 두고 많은 사람이 퇴계 선생이 잘못한 것 아닌가 의심하였는데, 그렇게 하지 않을 수 없었던 이유로서 선생 스스로 밝힌 바를 간추리면 다음과 같다.

① 앞 임금 때에도 이미 병이 심하여 나랏일을 제대로 처리하지 못하면서도 높은 벼슬자리에서 녹을 받는 것은 도리에 어긋난다는 이유로 여러 차례 사양하면서 물러나 있었다.

② 지금도 역시 마찬가지로 병이 깊고 어리석어 나랏일을 맡을 능력이 모자란다. 이름이 났으나 그것은 진실과 다르게 이루어져 있는 것일 뿐이고, 임금의 은혜로운 명령을 입었으나 그 명령이 올바른 도리에 맞지 않는 것이다.

③ 돌아가신 명종께서 높이 알아주셨던 은정을 입고 있었으므로 그 장례가 끝날 때까지는 떠날 수 없는 참지 못할 정이 있는 것은 사실이다. 그러나 그러다가는 다시 마땅하지 못한 벼슬자리를 차지하고 나라의 녹만 축내지 않을

수 없는 처지에 있었다. 앞의 사정은 인정의 문제이고 뒤의 사정은 올바른 도리의 문제이므로 뒤의 사정에 따라 결정을 내릴 수밖에 없었다.

④ 새 임금께서 새 정치를 시작하는 때이므로 앞 시대에 이루어졌던 허물들은 다 털어 버리고 새 출발을 하여야 좋을 때였다.

그러나 새 임금 선조는 큰 학자인 이황을 경연에 두고 그로부터 배우면 성인 정치를 펴는 데 많은 도움이 있을 것이란 주위 대신들의 말을 받아들여, 예조판서는 그만두더라도 계속 경연과 춘추관동지사로서 옆에 와 있으며 가르쳐 달라는 명을 내린다. 그 명의 내용은 다음과 같다.

나라가 잘 다스려지느냐 못 다스려지느냐 하는 것은 임금의 덕에 달려 있다. 그리고 임금의 덕이 이루어지는 것은 어진 사람을 존경하고 학문을 찾아 구하는 데 있다. 부지런히 경연에 나가서 날마다 어진 선비를 만나 보아야만 마음과 지혜가 높고 밝아질 것이다. 뿐만 아니라 그 가르치는 사람이 어진 사람인지 간사한 사람인지도 알 수 있게 될 것이다.

그럼에도 불구하고 마땅히 경연에 들어와서 나를 가르쳐야 할 사람이 멀리 있으니, 크게 잘못 되지 않았는가? 가까이 와서 나를 가르치는 자리인 경연을 맡아보는 것이 옳을 것이다.

내가 처음 임금 자리에 올라 어쩔 줄 모르는 사이에 경이 내려갔으므로 미처 살피지 못하였다. 이제 새로운 정치를 시작하려고 하니, 그동안 뜻을 펴지 못하던 사람들을 모두 일으켜 세워 뜻을 펴도록 해야 할 형편이다. 하물며 경 같은 어진 재상이야 말할 필요가 있겠는가? 나라에서 운영하는 역마를 타고 빨리 올라오라.

이로부터 또다시 임금은 벼슬을 내리며 부르고 선생은 사양하면서 면제시켜 달라는 글을 올리는 일이 거듭되는데, 선생이 사양을 하면 할수록 선조는 더 높은 자리를 맡기곤 한다.

○ 68세(1568, 戊辰)

정월이 되자 벼슬을 한 단계 더 높여서 종1품인 의정부우찬성 자리를 맡아 올라오라는 임금의 부름이 내려왔다.
이 무렵 퇴계 선생의 벼슬을 사양하는 상소를 받아 본 임금은 직접 붓을 들어서 편지를 썼다.

경이 올린 글을 보니 겸양하는 것이 지나치다. 경이 여러 대 임금님들을 거쳐 내려오는 옛 신하로서 덕행이 높고 학문이 크며 바르다는 것은 시골 사람들도 다 알고 나도 들은 지가 오래 되었으며…… 대비께서도 알고 계신다. 옛날의 어진 임금들은 비록 스스로 지혜가 밝고 성인의 자질을 지니고 있었을지라도 반드시 어진 사람을 찾아서 스승으로 삼았다. 하물며 나는 어려서부터 엄한 스승의 가르침을 받지도 못하였을 뿐만 아니라 엄청난 나랏일을 갑자기 이어 받았으니, 대비께서도 "이황과 같은 이가 있으면 좋겠다"고 말씀하실 정도이다. 이와 같음에도 경이 올라오기를 싫어한다면, 경의 생각이 좀 부족한 것이 아니겠는가?…… 내가 경을 바라는 것은 마치 북두성을 찾는 것과 같으니, 너무 그렇게 나아가고 물러남에 마땅한 도리만 고집하지 말고 올라와서 병을 다스리며 조정에 머물러서 나의 어리석고 못난 자질을 도와주도록 하라.

제자들과 더불어 산천을 읊고 학문에 대한 질문을 받아 답하는 가운데 3월에 또 한 번 "신은 지난해 10월부터 올해 2월 그믐에 이르는 동안 무려 일곱 번이나 임금님의 부르심과 벼슬 내림을 받았습니다. 그

러나 저의 보잘 것 없는 바를 가지고는 바라시는 바에 크게 부족하게
되어 내리신 명의 뜻에 보답하지 못할 것을 스스로 깊이 알고 있습니
다. 그러므로 그때마다 곧바로 정성을 다하여 벼슬자리를 거두어 주시
기 빌었습니다.…… ”라는 내용으로 사직을 원하는 소를 올린다.

4월에는 임금이 각 도의 감사들에게 명을 내리어 수로를 통하거나 육
로를 통하거나 수레, 말, 배를 사용하여 퇴계 선생이 편안히 한양으로
올라오도록 보호하라고 하였으나 역시 사양하기를 굳게 한다.

5월에 임금은 존경하는 뜻을 나타내기 위하여 높고 무거운 벼슬을 내
린 것이 오히려 퇴계 선생으로 하여금 더 크게 미안한 생각을 갖게
하였음을 알게 된다. 그리하여 “경을 표창하려는 것이 마침내 경을 막
는 것이 되었을 뿐이었다”라고 하면서 같은 종1품인 중추부판사로 자
리를 바꾸어 내리고는 선생이 올라오기를 기다린다.

선조 임금이 끝내 사직을 허락하지 않자 더 이상 기다릴 수가 없어서
6월 25일에 손자 안도와 손자사위 박려의 보호를 받으며 한양 길을
떠난다. 충주에서는 임금의 명을 받아 내려온 궁궐의 의사로부터 진맥
과 병 보살핌을 받고 남한강을 배를 타고 흘러가서 광나루에 닿는다.

7월 24일에 임금에게 나아가서 절하고 그동안 명령을 받들지 못한 죄
를 벌하여 줄 것을 기다렸으나 임금은 “죄라 하지 마라. 내가 경을 얻
었음은 참으로 나라의 복이다”라고 말하면서 반갑게 맞이한다.

한양에 와서도 몇 차례 벼슬자리를 사양하는 글이나 말씀을 올렸으나
임금은 허락하지 않고 8월에 홍문관과 예문관 대제학, 경연, 춘추관,
성균관의 지사 자리를 겸하라고 명한다. 그 뒤에 여섯 차례 사양하는
글을 올렸으나 허락되지 않다가 25일에 직접 임금을 찾아뵙고 굳이 사

양하자 임금이 그렇게 하라고 하였으나 그 다음날 다시 홍문관과 예문관 대제학은 그만두고라도 중추부의 판사 벼슬로서 경연과 춘추관의 지사를 겸하라는 명을 내린다.

이에 퇴계 선생은 7,400여 글자 6조목으로 된 유명한 「무진육조소戊辰六條疏」를 올린다.

그 내용은, ① 선조께서는 명종의 친아들이 아니므로 특히 지난 임금들의 뜻을 잘 이어받고 계통을 존중하여 효도를 다하려고 노력할 것, ② 아첨하는 말로 상대방을 헐뜯거나 이간시키는 사람들이 임금을 둘러싸고 있게 마련이므로 이들에게 말려들지 말 것. 그러기 위하여서는 선조가 계통을 잇고 있는 양가養家 곧 인종의 왕후 및 명종의 왕후와 태어난 생가生家를 친하게 하고 효도를 다하며 집안을 가지런하게 다스려야 한다는 것, ③ 성인聖人되는 학문을 두텁게 익히고 그것으로써 나라 정치의 근본을 세울 것, ④ 사회의 윤리 도덕을 밝혀서 인심을 바로잡되 그렇게 하려는 뜻을 굳건하게 하여 간사하고 음흉한 무리들에게 지지 말 것, ⑤ 충성되고 어진 신하를 찾아서 중요한 벼슬자리를 맡기고 믿을 것, ⑥ 정성스런 마음으로 몸을 닦고 반성하여 궁중의 환관이나 궁녀들을 부리는 일에서부터 남쪽과 북쪽의 변방을 지키는 국방에 이르기까지 모든 다스림에 있어서 하늘의 감동을 받을 수 있도록 할 것이다.

이 사직소를 받고 선조는 손수 붓을 들어 "이 여섯 가지 조목은 참으로 천년 역사에 변함없는 격언일 뿐만 아니라 지금 급히 행하여야 마땅한 일이니…… 내가 어찌 간직하고 지키지 아니하겠는가?"라고 답장을 쓴다. 그러나 벼슬에서 물러나는 것만은 허락하지 않는다.

한 해가 다 가고 다음 해 3월이 될 때까지 한편으로는 거듭 사직소를 올리면서 한편으로는 경연에 들어가서 임금을 깨우친다. 흉년을 당하였으니 백성을 구할 대책을 세우고, 병적 정리 같은 백성을 괴롭힐 일을 명하지 말며, 상줄 사람과 벌 줄 사람을 평등하고 분명하게 가려내도록 힘쓰라고 임금에게 충언을 한다. 그런가 하면 『논어』, 『주역』과 성현들의 좌우명들도 강의한다. 또한 중종 때에 도의 정치를 세우고자 개혁을 하다가 억울하게 죽음을 당한 조광조의 누명을 벗겨 주고 벼슬을 다시 내려 주는 것이 이 나라에 선비의 기풍을 바로잡아 이름난 선비가 나올 수 있게 하는 길이라고 의견을 말하기도 한다.

그러는 동안 퇴계 선생은 그가 일생 동안 익힌 학문의 핵심 내용을 『성학십도』라는 열 폭의 그림과 설명으로 간추려 가지고 선생의 나이 예순여덟인 무진년이 저물어 가는 12월 16일에 임금에게 올린다. 선생이 『성학십도』를 올리는 목적과 이유를 간추리면 다음과 같다.

도道는 눈에 보이는 모습이 없으면서 넓고 넓으며, 하늘은 말이 없어서 어디에서부터 손을 대어야 하고 어디를 통하여 들어가야 할지 알기가 어렵습니다. 이러한 도를 본받고 하늘의 말을 들을 수 있는 배움을 성학聖學이라 하는데, 그에는 실마리가 있습니다. 그 실마리로부터 시작하여 성학을 실천하는 마음가짐에는 요령이 없지 않습니다. 그 실마리와 요령을 옛 학자들이 사명감을 가지고 그림으로 그리고 글로 풀어 설명하여 놓았습니다.

한편 임금의 마음은 나라 안의 모든 일이 이루어지게 되는 원인이요, 모든 책임이 모이는 곳이요, 뭇 탐욕스런 요구들이 서로 공격하고 뭇 간사하고 음흉한 것들이 번갈아 침범하는 곳입니다. 따라서 일단 게으르거나 경솔하거나 하고 싶은 대로 하게 되면 산이 무너지거나 바다가 넘칠 때처럼 누구도 막을 수 없게 됩니다.

옛 훌륭했던 임금들은 이렇게 될까 걱정하여 날마다 조심하면서도 오히려 부족하게 여겼습니다. 여러 가지 제도를 마련하여 스스로를 깨우침으로써 그 마음을 지켜 나가고 몸을 방어하여 나라의 모범이 되었습니다. 그래서 덕이 날로 새로워지고 업적이 날로 넓어져서 티끌만한 허물도 짓지 않고 도리어 크고 넓은 명성을 남길 수 있었습니다.

뒤로 오면서 임금들은 스스로를 다스림이 옛 임금들에 못 미쳐서 그 무겁고 큰 책임을 다하지 못하였습니다. 그래서 충성스런 신하들이 정성을 다하여 그림과 글을 올려 임금들을 도에 맞도록 인도하고자 하였습니다.

저 이황은 여러 임금의 은혜를 입어 왔고, 이제 또 현재 임금의 부르심을 받아 임금을 가르치는 무거운 책임을 맡았습니다. 그러니 현 임금께서 옛 성인 임금들과 같은 경지로 올라갈 수 있도록 이끌고 도와야 마땅할 것입니다. 그러나 「무진육조소」 등 성학을 깨우쳐 드리는 글월을 올렸으나 임금으로 하여금 감동하여 마음을 일으키게 하지 못하였습니다. 또한 직접 말로써 도움을 드려 보았으나 말재주가 좋지 않아 쉽게 이해되도록 하지 못하고 별 도움이 된 것 같지 않습니다. 그 뒤로는 병이 끊임없어서 직접 임금을 모시고 설명과 가르침을 드리지 못하는 형편에 이르렀습니다.

어쩌면 좋을지 몰라 궁리하여 보니, 옛 어질고 인격 높았던 분들이 성학을 밝히고 마음 갖는 요령을 드러내어 그림으로 보이고 설명하여 놓은 것들이 있었습니다. 그것들을 통하여 사람들에게 도에 들어가는 문과 덕을 쌓는 기초를 보여 줄 수가 있으므로 그것을 이끌어 와서 임금님께 전해 주는 것이 좋겠다는 생각에 이르렀습니다.

그리하여 많은 그림 가운데 가장 두드러진 것 일곱 가지를 골라 얻고 다시 스스로 세 개를 그려 보태어서 모두 열 개의 그림을 그렸습니다. 다시 그것을 풀어 설명하는 글과 뜻을 유명한 책 속으로부터 이끌어 와서 간추려 정리하였습니다. 또한 그림 밑에 이황 스스로의 생각도 붙여 놓았습니다.

이것을 글씨 잘 쓰는 사람으로 하여금 베껴 쓰게 하여 병풍과 접는 책자로 만들어 놓고 일상생활 속에서 보며 깨우침을 받으신다면 다행이겠습니다.

선조는 『성학십도』를 받아 보고서, 병풍과 접는 책자로 만들어 올리라고 명한다.

이렇게 한 해가 지나는 동안 집안의 여러 친척들이 세상을 떠나게 되어 스스로 또는 아들과 손자들을 시켜서 상례를 예법에 맞게 치른다. 손자와 종손자들의 학문을 격려하기도 하고 제자들과의 편지 문답과 시 읊기도 끊지 않는다. 그러나 고향으로 돌아가고 싶은 생각이 너무도 간절하여 청량산에 가서 노는 꿈을 꾸기도 한다.

○ 69세(1569, 己巳)

정월이 되자 고향의 계상서당 뜰에 손수 심어 놓았던 매화에 가지 가득 꽃망울이 맺혔다는 소식을 듣고 시를 읊는다.

들으니 계상서당 작은 매화나무엔
설을 앞두고 가지마다 꽃망울 가득하다네.
뒤늦은 꽃송이는 이 늙은이 돌아갈 때까진 남아 있을 터이니
봄추위에 일찍 빛 잃지나 말아다오.

「계당의 작은 매화 소식을 듣고(聞溪堂小梅消息)」

정월 초순에 이조판서의 자리를 맡으라는 명을 받았으나 면제시켜 달라고 비는 글을 세 차례 올려서 다시 중추부판사가 된다. 이어서 중추부판사 자리도 면제시켜 줄 것을 비는 글을 거듭거듭 올렸으나 허락을 받지 못한 가운데, 역대 임금의 신위를 모셔 놓는 방위와 차례 등을 예절에 맞게 정하기도 하고 임금을 모시고 강의도 한다.

2월 말경에는 대궐 문밖에서 연거푸 글을 올려 시골로 돌아가게 해

달라고 빌었는데, 이 일로 말미암아 도리어 의정부우찬성 자리를 맡으라는 명을 받게 된다. 선생은 당황하여 더욱 자주 힘주어 벼슬자리를 면제시키고 고향으로 돌려보내 달라고 비는 글을 올리다가, 3월 초이튿부터 초삼일 이틀 동안은 잇따라 여러 번 되풀이하여 직접 임금을 찾아뵙고서 힘써 빈다.

선생의 물러날 뜻이 굳어서 허락을 하지 않아도 그대로 내려가 버릴 염려가 있는 것을 보고 대신들이 임금에게 그의 청을 받아들여 고향으로 돌아가게 허락해 주는 것이 좋겠다는 의견을 올린다. 임금이 밤에 선생을 불러서 마지막으로 여러 가지를 묻고 가르침을 받는다. 이 자리에서 선생이 마지막으로 선조에게 올린 충성스런 말을 간추리면 다음과 같다.

지금 세상은 태평하다고 할 수 있습니다. 그러나 태평함이 너무 심하면 반드시 난리의 징조가 발생하기 마련입니다. 현실적으로도 남쪽 북쪽 모두에서 다른 나라와의 사이에 분쟁의 실마리가 이루어져 있음에도 불구하고 백성은 살기에 쪼들리고 나라의 창고는 텅텅 비었습니다. 나라가 나라 꼴을 갖추지 못하고 있는 것입니다. 갑자기 사변이라도 생기면 흙담처럼 무너지고 덜 구운 기왓장처럼 부서질 형세가 없지 않아 걱정입니다. 태평한 세상임을 믿지 말고 미리 방비하여야 합니다.

사람에게 남보다 뛰어난 자질이 있으면 혼자의 지혜로써 세상을 주무르며 남들을 가벼이 여기는 마음이 생길 염려가 있습니다. 임금님도 자질이 아주 뛰어나서 여러 신하들의 재주나 지혜가 임금님의 뜻을 만족시키지 못하는 형세입니다. 따라서 임금님 혼자의 지혜로 세상을 좌지우지하게 될 걱정이 없지 않습니다. 그러니 그 높은 지위를 너무 내세우지 말고 신하들과 함께 마음과 덕을 같이하려고 특별히 노력하여야 합니다.

그러기 위하여서는 성현들의 말을 따라 공부를 두텁게 하여서 사사로운 마음을 이겨내어야 합니다. 그렇게만 한다면 모든 염려가 저절로 스러져 없어질 것입니다. 이 공부를 위하여서는 앞서 올린『성학십도』를 깊이 생각하면서 부지런히 배우는 것이 큰 도움이 될 것입니다.

이는 늙고 보잘 것 없는 신하가 충성을 다하고자 마지막으로 올리는 정성입니다.

이에 선조는『성학십도』의 내용에 대하여 몇 가지를 묻고 퇴계 선생은 간결하게 설명한다. 그리고 한 가지 충언을 더 올린다.

옛날부터 임금이 처음으로 정치를 시작할 때에는 어질고 바른 사람이 높이 쓰였기 때문에 정치가 바르게 시행되었습니다. 그러나 그러한 신하들은 임금의 허물과 잘못을 지적하고 따지는 말을 자주 올립니다. 때문에 마침내 그들을 괴로운 존재로 여기고 싫어하는 마음이 임금에게 생기게 됩니다. 그러면 간사한 사람들이 그 틈을 타서 임금의 마음을 사로잡으며 지극히 받들게 됩니다. 마침내 임금은 '이 사람을 높여 쓰면 내가 하고자 하는 일이 뜻대로 이루어지겠다'라고 생각하게 됩니다. 이렇게 되면서부터 인격이 보잘 것 없고 사사로운 욕심이 앞서는 사람과 임금이 한마음으로 어울리게 됩니다. 나랏일은 이들 손안에서 처리되고 올바른 마음과 높은 인격을 가진 사람은 손 붙일 곳을 찾지 못하게 됩니다. 옛 역사가 이를 증명하며, 연산군 이래로 지난 임금님들 때에 어진 선비들이 화를 입은 여러 가지 사건들도 이를 말해 주고 있는 것입니다.

지금은 혁신하는 정치의 처음이므로 임금님께서 겸허하게 신하들이 지적하고 따지는 것을 모두 다 따르시니 큰 허물과 잘못이 없습니다. 그러나 날이 오래 지남에 따라 임금님의 마음이 혹시라도 변하지 않을 보증은 없습니다. 만약 그렇게 되면 정의로운 무리와 간사한 무리가 서로 당을 만들어 나누어질 것인데, 간사한 무리가 반드시 이길 것입니다. 그래서 지금과 같은 처음의 정치와는 정반대되는 일이 많이 일어날 것입니다.

임금님께서는 이와 같은 이치를 큰 거울로 삼아 끝까지 착한 무리를 보호하시고 간사한 사람들이 모함하지 못하게 하신다면, 나라와 백성에게 큰 복이 될 것입니다.

이것이 제가 임금님을 깨우쳐 조심시키고 싶은 가장 큰 것입니다.

그 다음날 날이 밝자 다시 선조를 찾아뵙고 고향으로 돌려보내 주어서 감사하다는 인사를 올린 후 정오에 물러 나온다. 대궐에서 물러 나오자 곧 손자 안도와 함께 뚝섬에 있는 친구의 정자에 가서 쉬고, 다음 날 배로 한강을 건너 봉은사에서 묵는다.

장안의 모든 선비들이 선생의 떠남을 안타까워하여 한강으로 나와서 섭섭한 눈물을 흘리고 시를 읊으며 잔을 올린다. 선생도 시를 읊어 답한다.

광나루, 양평, 충청도 중원을 거쳐 청풍에서 배를 타고 또다시 남한강을 거슬러 단양까지 온 다음 죽령을 넘어 12일 만에 집으로 돌아온다. 산을 넘어 도산서당을 찾아보니 전날 시로 읊었던 대로 매화도 아직 덜 지고 남은 것이 있을 뿐만 아니라 철쭉과 살구꽃이 한창 피어서 티끌 속을 이리 뛰고 저리 뛰던 옛 주인을 위로하듯 맞아 준다.

지난해 말에 휴가를 왔다가 그 기회에 벼슬을 그만두고 달내마을 고향에서 학문을 닦고 있던 조목이랑 여러 제자들과 편지와 시를 주고받는다. 가까이 살고 있는 이덕홍이 술을 들고 도산으로 찾아와 매화 아래에서 마시며 시를 읊기도 한다. 이해에는 특히 기대승과 주고받은 편지가 많다.

비록 책임 맡은 일이 없는 중추부의 판사 자리일지라도 벼슬임에는 틀림이 없으므로 퇴계 선생은 이것조차 사양하면서 면제시켜 달라고 비는 글을 4월에도 또 한 번 올린다. 먹을 음식 내려주시는 일을 그치시고 벼슬을 벗게 하여 달라는 것이었으나 임금은 허락하지 않는다. 「권충재행장」 및 제사 축문을 쓴다.

○ 70세(1570, 庚午)

선생의 연세가 예로부터 드문 나이라고 축하 받는 일흔이 된다.

벼슬을 면제시켜 달라고 거듭 임금에게 비는 글을 올렸으나 오히려 나라에서 관리하는 말이라도 타고 올라오라는 명령만 내려온다. 이 봄이 다 지나가기 전인데 손자 안도가 봉화군수를 맡고 있는 아버지 준의 슬하로 돌아온다. 그 편에 한양에 있는 김취려가 선생이 남겨 두고 왔던 분재 매화를 보내오니, 반가워서 시를 읊는다.

제자들과 시를 지어 주고받거나 편지를 받고 답장을 쓰고, 봉화군수인 아들에게 고을을 잘 다스리기에 힘쓰라는 훈계도 하는 가운데, 한양에 남아 있던 중손자가 아프다는 소식을 듣는다.

아직 젖먹이인데 엄마의 젖이 모자라서 큰 걱정이므로 고향의 종 가운데 젖먹이가 있는 사람을 골라 보내 주면 좋겠다는 내용도 있었으나, 선생은 나의 아이 살리려고 남의 아이를 죽일 수는 없으니 젖 대신 미음을 잘 쑤어 먹이면서 견뎌 보라고 하며 약을 지어 보낸다.

여름으로 접어들면서 도산서당에 나아가 역학易學을 정성 드려 강의한 뒤에 느낌을 시로 지어 그 자리의 제자들에게 보인다.

흰머리 되어 역학 책 다시 찾아서

꽤나 많은 곳 여럿이 함께 보완 삭제하다가
늪과 늪 짝하면 윤택함 더욱 성해짐도 알게 되면서
하늘 앞선 절대 태허에 두려운 마음 드노라.

칠십에 산 살면서 더욱 산 사랑하며
고요 속에서 천심天心 역상易象을 보려니
한 줄기 냇물 달 비친 풍경을 헤집고 들여다보아야 하나니
온갖 일거리 티끌 먼지는 물결 일으키지 말거라.

「암서헌에서 계몽을 읽고 여러분에게 보임(巖棲讀啓蒙示諸君)」

젖 못 먹고 아프다는 소식에 약을 지어 보내 놓고도 가슴 졸이던 증손자가 어린 나이로 세상을 떠나고 말았다는 소식을 듣는다. 아픈 가슴을 달래며 봉화에 있는 아들에게 소식을 전하는 편지를 쓴다. 도산으로부터 계상으로 돌아와서 마음을 달래며 십여 일 동안 고기반찬을 먹지 않는다.

뜻밖에도 아이가 어린 나이로 세상을 떠났다니 너무나 놀랍고 슬퍼서 가슴 아프다. 내 앞에 있는 것이 너 뿐이고, 너 또한 맏손자가 겨우 하나뿐이어서, 밤낮으로 너에게 자식들이 번성하기를 바랐는데…… 지금 이렇게 되었구나. 너무도 슬퍼서 할 말이 없다. 모두가 나의 복이 엷기 때문이겠으니 더더욱 마음이 아프다.

여름이 지나고 9월에 외아들을 잃은 안도를 데리고 잠시 도산서당에 나가 있으면서 『역학계몽』, 『계몽전의』와 『심경』을 강의하다가 계상서당으로 돌아온다.

이 무렵 도산서당 주위에 피어 있던 국화들이 모두 붉은 색으로 변하였다. 그것을 보고 이덕홍이 선생에게 이상하다는 말을 한다. 선생은 "나도 이상히 여겨 꽃 키우는 책을 살펴보았더니, 흙비와 장마가 심한 해에는 본래의 색을 잃고 변한다는 구절이 있었다"라고 대답한다.

10월 15일, 기대승에게 편지를 쓴다. 8년여 전 도산서당이 설 때부터 시작하여 기대승과 결말을 보지 못한 학문적 문제에 대한 내용이다. 우주 삼라만상을 꿰뚫는 진리, 그리고 사람의 근본 바탕인 본성이나 마음이니 감정이니 하는 것들에 관한 철학적 이론 구성을 놓고 그동안 편지를 주고받으면서 가르치기도 하고 따지기도 하며 설명하고 서로 바로잡아 왔던 문제에 대한 마지막 편지이다.

이 편지에는 그가 논한 학문의 내용도 참으로 넓고 깊고 원만하였지만, 그보다 더욱 돋보이는 것이 있다. 정승 대우를 받았을 뿐만 아니라 이미 일흔 살을 넘기고 있는 노선생이 나이 차이가 많이 나는 제자에게 답하는 글임에도 불구하고, 조금도 체면 같은 것에 거리낌이 없이 마음을 비우고 있는 것이다. 제자가 옳은 점은 따르고, 스스로 잘못되었던 점은 고치기에 인색하지 않으며, 일생 동안 경건함을 통하여 진실 되고 망령됨 없는 마음과 몸을 닦고 길러서 성현의 경지에 이른 성스런 모습이다.

차츰 날씨가 추워지자 직접 옆에서 모시지 못하여 마음이 편치 못한 준이 봉화에서 아버지께 몇 가지 물건을 보내온다.

이를 받아 본 선생은 "너무나 가난한 고을을 맡은 네가 큰 능력도 없으면서 어떻게 공과 사를 모두 완전하게 처리할 수 있을는지 깊이 걱정해 왔다. 관청의 물건을 가지고 개인의 인정에 따라 사용하여 공적

公的으로 죄를 얻는 것보다는 인정을 억누르고 조절해서 나라의 법을 받드는 것이 좋은 일이니, 깊이 살펴서 처신하여야 할 것이다. 전에 봉화에서 보내온 물건은……. 감 한 접을 되돌려 보내니 관청에서 쓸 곳에 보충하는 것이 좋겠다"는 편지와 함께 돌려보낸다.

11월에 들어서면서 병 때문에 오래 앉아 있을 수도 없고 어지럼 증세가 생기기도 하여 강의를 그만두고 제자들을 돌려보낸다. 그러나 멀고 가까운 곳에서 많은 젊은이가 끊임없이 찾아왔기 때문에 조용히 쉴 틈이 없다.

온계마을에 모임이 있자 형님도 뵐 겸 올라가서 참석하고 집안 제사에도 참례한다.

조목, 금난수, 이덕홍 등 제자들이 계상서당으로 와 옆에서 모시면서 병간호를 한다.

12월 3일, 설사가 나자 "매화 형에게 깨끗함을 보이지 못하니 내 마음이 절로 편안치 못하다"고 말하면서 옆에 있던 분재 매화를 다른 곳으로 옮기라 한다. 그리고 집안 조카, 손자, 종손자들에게 다른 사람들의 책을 하나하나 찾아서 모두 돌려보내라고 명한다.

4일, 조카 영에게 마지막 남기는 훈계를 받아 적으라 한다. 그 훈계를 간추리면 다음과 같다.

첫째, 나라에서 베풀어 주는 국장의 예를 이용하지 말라. 예조에서는 지난 예에 따라 국장의 예를 받으라 할 것이지만 너희들은 돌아가신 분의 유언이라 말하고 소를 올려 굳게 사양하라.

둘째, 기름과 꿀로 만든 (값비싼) 과자를 쓰지 말라.

셋째, (벼슬한 사람들이 세우는) 비석을 세우지 말라. 그저 크지 않은 돌의 앞

면에 (늘그막에 도산으로 물러나 은거
한 진성이공의 묘라는 뜻으로) '퇴도만
은진성이공지묘退陶晩隱眞城李公之墓'라
고만 새기고 뒷면에는 간단하게 고향
과 조상의 내력, 뜻을 두었던 사업과
벼슬살이 모습 등을 옛 성현의 가르침
에 맞게 간추려 적어라. 이를 위하여
나 스스로 초안을 잡아 놓은 것(自銘)이
있는데, 찾아내어 사용하라.
넷째, 내가 죽은 뒤에 친족들이 지켜야
할 상례를 법도와 예절을 아는 학식 있
는 어른들에게 물어서 지금 세상에도
마땅하고 옛날에도 틀리지 않을 도리
를 찾아라.

▲ 퇴계 선생 묘비

마지막 훈계를 남긴 뒤에 옆에서 말렸음에도 불구하고 "죽음과 삶의
사이이니 만나 보지 않을 수 없다"고 말하며 제자들을 들어오라 하여
얼굴을 둘러본다.

평시에 잘못된 견해를 가지고 그대들과 더불어 날이 저물도록 강의하고 연구
하며 설명할 수 있었다는 것이 그렇게 쉽게 이루어질 수 있는 인연만은 아니
었네.

5일, 상례 때에 필요하게 될 물건 특히 제사 도구들을 준비하게 한다.
7일, 제자 이덕홍에게 책을 맡으라고 명한다. 덕홍이 이 명을 듣고 동
문들과 함께 물러 나와 점대를 뽑아 주역의 괘를 점쳤더니 겸謙이라는

괘가 나온다. 이 괘의 풀이말은 "인격 높은 사람에게는 끝맺음이 있다"(君子有終)는 뜻이다. 김부륜 등 옆에 있던 제자들은 얼굴이 질린 채 즉시 책을 덮는다.

8일 아침, 분재 매화에 물을 주라 명한다. 이날은 맑았는데, 저녁 유시 초(약 오후 5시경)에 갑자기 흰 구름이 집 위에 모이고 눈이 3센티나 내린다. 선생이 누워 있던 자리를 잠시 정돈시키고는 옆에서 부축하여 일으키라고 명한다. 그대로 앉은 채 조용히 세상을 떠난다. 그러자 곧 구름이 흩어지고 눈이 그친다.

5. 돌아가신 뒤

· 「자명自銘」[17]

퇴계 선생이 직접 자기 묘지에 써 놓고 싶었던 글은 다음과 같다.

태어나서는 크게 어리석고 커 가면서 병통도 많았구나.
중년에는 어이해 배움을 즐겼으며 만년에는 어이해 벼슬을 받았던고?
배움은 찾을수록 더욱 멀어지고 벼슬은 마다할수록 더욱 불어나더구나.
나아가 일함에는 실패하고 물러나 갈무리함에는 뜻을 지켰으나
나라 은혜에 깊이 부끄럽고 성인 말씀에 참으로 두려움구나.
산은 높고 높으며 물은 솟아나서 끊임이 없는데
벼슬 전 평민 옷을 너울거리며 온갖 비방 훌훌 벗어 버렸으나
내 그리운 님 길이 막혔으니 나의 패물 누가 봐줄거나.
옛사람을 생각해 보면 참으로 나의 마음 쥐고 있었지만
나는야 어찌 오는 세상을 알 수 있으리오. 지금의 눈앞도 잡지 못하는데……

근심 속에 즐거움 있고 즐거움 가운데 근심 있는 법.
조화 타고 다함으로 돌아가는데 다시 무엇을 구하랴.

• 율곡의 「제문」[18]

판단의 기준을 잃고, 부모를 잃고, 주인을 잃고, 희망을 잃은 세상이었습니다. 임금이 허둥지둥하신들 그를 보필할 사람 없고, 어린아이가 울어댄들 그를 구해 줄 이 없으며, 온갖 이상 현상이 다 생겨도 이를 막아 줄 현인이 없고, 아득한 긴긴 밤이라서 따스한 볕을 쬐어 줄 길이 없었습니다.

아! 선생님 탄생하심은 참으로 잃어버린 기운이 모인 것이었습니다. 옥처럼 따뜻하신 모습이 참으로 순수하셨습니다. 뜻은 빛나는 태양을 관철하고 행실은 가을 물보다도 맑았습니다. 선善을 즐기고 의義를 좋아하여 나와 남의 틈이 없었습니다. 열심히 책을 보시고 신묘한 경지를 사색하시며 정밀하게 연구하여 실처럼 쪼개고 터럭처럼 나누어서 그 깊고 아득한 도학의 경지를 횅하니 보고 얻으셨습니다. 도학은 원래 뭇 학설이 서로 어긋나고 드넓고 섬세하였지만 이를 절충하여 하나로 모아 통해 놓으셨으니 자양紫陽(주자) 선생이 그 스승이었습니다.

정계의 급한 물살에서 용감히 물러나와 무리를 이탈하고 사람들을 벗어나서 깊이 산속에 들어가 도를 지키셨으니 부귀는 한낱 뜬구름이었습니다.

그러나 나라 안의 일이야 반드시 소문이 나는지라 아름다운 소문이 임금에게 알려졌습니다. 명종께서 간절히 기다리며 부르다가는 그윽이 사시는 곳을 그림으로 그려 대궐에 높이 걸어 놓고 보았고, 선조께서 다시 이를 물려받아서 자리를 비워 놓고 목마르게 기다렸더니 상서로운 봉황처럼 모습을 나타내시어 임금을 가르치시는 자리가 빛이 났습니다. 열 개의 그림으로 임금을 가르쳐 깨우치시니 남들이 모르는 도의 경지를 탐구해서 펴 밝히신 것이었습니다.

세상에서 우러러봄이 날로 높아 갔으나 그럴수록 더욱 낮추시어 사퇴함을 청하여 대궐을 하직하고는 호연히 고향으로 돌아가셨습니다. 나오시느냐 물러가시느냐에 따라 나라의 안위가 달라졌었습니다. 적막한 퇴계의 물기슭에서 찾아오는 사람들을 가르치심에 사람들이 잘 모르던 말을 분명하게 밝히시니 지혜의 빛이 이어지고 새로워졌습니다. 조정에 나와 백성에게 혜택을 주지는 않았으나 물러가서 뒷사람들을 깨우쳐주셨습니다.

어린 제가 학문의 길을 찾지 못하여 이리저리 헤매며 사나운 말처럼 마구 내달릴 때에 가시밭길이 사뭇 험하기만 하였습니다. 거기에서 방향을 바꾼 것은 실로 선생님께서 깨우쳐 주신 덕택이었습니다.

그러나 초심을 관철하기는 원래 어려운 일인지라 저의 지리멸렬함이 서글프기만 하여 책을 짊어지고 다시 찾아뵈면 학업을 마칠 수 있으리라 생각했었는데, 하늘이 그만 남겨 두지 않아 철인께서 서둘러 떠나시고 말았습니다.

· 장례

장례 절차는 제1등 영의정의 예에 의하여 거행되었으나, 산소에는 남기신 분부대로 크지 않은 자연석에 '늘그막에 도산으로 물러나 은거한 진성이공의 묘'(退陶晚隱眞城李公之墓)라 새긴 묘비가 세워졌을 뿐이다.

· 퇴계학맥

『언행록』에 의하면, 조목이 이덕홍에게 "퇴계 선생에게는 성현이라 할 만한 풍모가 있다"고 하였을 때 덕홍은 "풍모만 훌륭한 것이 아니다" 라고 답하였다고 한다.

『언행통술』에서 정자중은 다음과 같이 말하고 있다.

선생은 우리나라에 성현의 도가 두절된 뒤에 탄생하여, 스승 없이 초연히 도 학을 터득하였다. 그 순수한 자질, 정교하고 치밀한 견해, 넓고 굳센 마음, 높고 밝은 학문은 성현의 도를 한 몸에 계승하였다. 그 말과 글은 백대의 후 에까지 영향을 끼칠 것이며, 그 공적은 앞 성인의 학문을 배우는 후대 사람들 에게 베풀어질 것이다. 이러한 분은 우리 동방의 나라에서 오직 한 분뿐이다.

퇴계 선생으로부터 가르침을 받은 사람들은 매우 많다. 계상서당이나 도산서당으로 찾아와서 배운 사람, 농운정사에 묵으면서 배운 사람, 한양 이나 단양, 풍기에서 벼슬살이하는 동안에 가르침을 받은 사람, 편지로 가르침을 받은 사람 등 몇 가지 부류가 있다.

오늘날처럼 교통과 통신이 발달되지 않았던 그 당시에는 대개 지리적 으로 가까운 곳의 선비들이 모여 가르침을 받는 것이 보통이었으나 퇴계 선생의 문에 들어온 사람들은 이러한 보통의 예를 벗어나 전국 각처에 걸쳐 있었다. 또한 그는 연산군 때부터 명종 때까지 일어난 몇 번의 사화 士禍 뒤에 싹트기 시작한 동서의 당파에 얽매이지 않았기 때문에 정식 제 자의 예를 갖추지는 않았을지라도 그의 학문을 배우려고 그를 찾는 많은 문인을 만날 수 있었던 것이다. 이러한 사람들 가운데에는 김효원, 유성룡, 김성일, 정구 같은 동인의 대표적 인물이 있는가 하면, 심의겸, 이이, 박순, 성혼 같은 서인의 대표적 인물도 포함되고 있다.

평생을 시대가 요청하는 학문에 바치고 마침내 크게 이루어 온 나라에서 우뚝하였다는 증거이다.

선생에게 정식 스승과 제자의 예를 올리고 받아들여진 제자들과 그냥 가르침을 받았던 문인들이 수록된 책이 있다. 퇴계 선생이 세상을 떠난 뒤 130여 년이 지난 1700년대에 이르러 권두경[19]이 편찬한 『계문제자록溪門諸子錄』이 처음이었고, 그 뒤에 몇 차례 수정과 보충을 거쳐 『도산급문제현록陶山及門諸賢錄』이 이루어졌다. 이 책에는 선생으로부터 가르침을 받은 학자들 310명이 실려 있는데, 보기에 따라서는 그 외에도 상당수의 사람을 더 선생의 문인으로 포함시킬 수 있다. 그러한 사람들로서는 시와 가사로 유명한 정철[20], 대정치가 이산해[21], 예언으로 유명한 남사고[22]와 대역학자 이지함[23] 등이 있다.

퇴계 문인의 수는 고려와 조선 어느 유학자의 경우보다도 많다. 또한 이들 대부분은 명종과 선조 시대에 정치와 경제, 학문과 문화, 사회, 윤리 도덕, 청소년 교육, 의병 등 각 방면에 걸쳐 중요한 역할을 맡았던 사람들이다. 그래서 뒷날 역사가들은 퇴계 선생의 학문이 명종 말기부터 선조 초기에 세상을 휩쓸었고 그 제자들이 조정과 산골에 두루 퍼져 있었다고 평가한다.

이와 같이 그 시대에 거국적으로 퍼져 있던 문인들은 선생으로부터 배운 도학에 힘입어 임진왜란 때에 관리로서 또는 민간 의병으로서 큰 공을 세웠으며, 저마다 도학을 뒷사람에게 전하여 그것을 근세에까지 이어져 오게 하였다. 제자들 가운데에는 벼슬보다 수양과 학문을 중하게 생각하고 그것을 실천에 옮긴 사람들이 특히 많아서 마침내 조선시대 선비 정신을 뚜렷하게 하는 역할을 하였다.

조선 후기의 실학자로 이름 높은 이익[24]과 정약용[25] 역시 퇴계의 인품과 학문에 크게 영향 받은 학자들이다. 정약용은 스스로 퇴계 선생을 그리워하고 그 가르침을 익혀서 『도산사숙록』을 썼다. 그 뒤 일본이 한국을 강점할 때에 강력히 항거한 김창숙[26], 장지연[27], 최익현[28] 등도 퇴계의 가르침에 맥이 이어지고 있으며, 독립운동에 일생을 바친 김동삼[29], 이원록[30] 등도 그러하다.

퇴계 선생의 학문은 일대를 풍미하였을 뿐만 아니라, 한국의 역사를 통하여 영남을 배경으로 한 주리적인 퇴계학파를 형성하였다.

퇴계 선생의 큰 제자였던 조호익의 다음과 같은 말은 선생의 학문적 지위를 간결하면서도 매우 적절하게 평가한 것이라 볼 수 있다.

주자가 작고한 뒤…… 도의 정맥은 이미 중국에서 두절되어 버렸다. 퇴계는…… 한결같이 성인의 학으로 나아가 순수하고 올바르게 주자의 도를 전하였다. 우리나라에서 비교할 만한 사람이 없을 뿐 아니라, 중국에서도 이만한 인물을 볼 수 없다. 실로 주자 이후의 제일인자이다.

· 도산서원 건립과 문집 발간

서거 4년 만에 고향 사람들과 제자들이 도산서당 뒤에 서원을 짓기 시작하여 이듬해 낙성하고, 도산서원이라는 사액을 받았다. 그 현판의 글씨는 임금의 명을 받은 한석봉이 썼다. 이듬해 2월에 위패를 모셨고, 11월

▲ 도산서원 전교당

에 문순文純이라는 시호를 받았다.

제자인 조목을 비롯하여 여러 제자와 자손들이 힘을 합쳐서 퇴계 선생이 생전에 써 놓은 많은 시, 편지와 여러 가지 글들을 수집 정리하여 문집으로 만들었다. 1599년에 목판으로 새겨 1600년(경자년)에 도산서원 이름으로 처음 간행하였다.

1609년 문묘에 종사되었고, 그 뒤 그를 모셔 제사하는 서원은 전국 40여 개 곳에 이르렀다.

경자본 문집을 기초로 여러 차례 판본이 간행되어 오다가 영조 때인 1724년(갑진년)에 판을 다시 짜서 간행되었다. 그 뒤로도 여러 차례 수정 보완되었지만 바로잡아야 할 부분이 학자들 사이에서 많이 지적됨에 따라 교정본을 만들 필요가 생겼다. 그리하여 1843년(계묘년)에 영남지방 선비들 전체의 이름으로 문집 전체를 새로 목판에 새겨서 간행하게 되었다.

· 일본에 대한 영향

일본은 3세기 말경부터 백제를 통하여 유학을 전해 받기 시작하여 8세기에는 대학을 세우고 유학의 경전들을 가르쳤다. 13세기 이후에는 중국 신유학자들에 의하여 주석된 경전들도 전해졌으며 그것을 배우는 사람들의 범위도 대학의 생도와 선비들 외에 승려들에까지 넓어졌다. 그러나 아직 일본의 유학 연구는 한문으로 된 원전을 읽는 방법을 정리하기 위하여 원전에 구두점을 다는 데 많은 세월을 보내고 있는 수준이었다.

16세기에 들어서는 퇴계 선생이 세상을 떠난 후 임진왜란이 일어나기 전에 퇴계의 제자인 김성일이 통상사절로 일본에 들어갔다가 유학하는 승려에게 당시 조선의 유학과 퇴계의 학문을 말해 줄 수 있는 기회가 있었다.

임진왜란 때에 퇴계 선생의 제자의 제자뻘 되는 유학자 강항姜沆이 일본에 잡혀갔다. 강항은 일본의 학문하는 승려였던 소오순(宗舜)을 만났다. 소오순은 한문으로 된 유학 원전을 읽고 있다가 강항을 만나서 퇴계가 이룩한 학문을 듣고 큰 감화를 받았다. 그는 마침내 독실한 유학자가 되어 소오순이라는 이름을 버리고 후지와라 세이카(藤原惺窩)라는 이름을 쓰면서 성리학에 깊이 빠지게 되었다. 특히 퇴계를 존경하게 되어서 도쿠가와 이에야스(德川家康)에게 강의를 할 때에도 퇴계가 입었다는 옷을 만들어 입을 정도였다. 후지와라 세이카는 일본 근세 유학의 문을 처음으로 열어 준 학자로 자리를 굳혔다.

후지와라 세이카의 제자인 하야시 라잔(林羅山)은 특히 퇴계의 「천명도설」을 읽고 철학적으로 깊이 있는 학문을 하게 되었을 뿐만 아니라 퇴계

▲ 일본 후쿠오카 正行寺에 세워진 퇴계 선생 현창비

선생의 넓고도 깊은 학문과 지식에 감탄하였다. 하야시 라잔도 스승의 뒤를 이어 도쿠가와 이에야스에게 유학을 강의하였다.

한편, 임진왜란이 끝난 뒤 권력을 잡은 도쿠가와 이에야스는 조선과 화평을 맺고 다시 친하게 지내기를 원하였다. 그리하여 에도(江戶)막부는 조선 정부에게 국교를 다시 열면서 서로 소식을 전할 수 있는 외교사절인 통신사를 보내달라고 요청하였다. 일본 안에서의 정치를 안정시키기 위하여 안으로는 문치주의, 밖으로는 쇄국정책을 써서 외국과의 왕래를 금지시켰으나, 오직 조선에 대하여서만은 통신사를 요청하였던 것이다. 그 이유는 임진왜란을 통하여 알게 된 조선의 선진문화를 받아들이고 나아가서는 조선을 통하여 중국의 문화까지도 전해 받기 위함이었다.

조선의 통신사가 일본에 건너가면 많은 지식인들이 그들을 반기었으며 일본 막부에서도 대우를 높게 해 주었다. 그들은 자신들의 정책에 맞추어 주로 조선의 서적을 희망하였다. 그에 따라 기본적인 유학의 경전들과 함께 퇴계는 물론이고 정몽주, 권근, 노수신, 이언적 등의 저서도 차츰 알려지게 되었다. 일본 막부와 학자들이 특히 큰 관심을 기울인 것은 퇴계 선생의 문집이었다.

유학의 경전과 주자·퇴계의 저서를 읽고 연구하며 실권자인 도쿠가와 이에야스에게 강의를 한 에도지방의 후지와라 세이카와 하야시 라잔의 제자들은 후에 일본 관동지방에서 하나의 학파를 이루었다. 그들은 18세기 일본의 국가적 도덕관을 확립하였으며, 19세기에는 그 국가 도덕을 실천할 것을 부르짖으며 일본의 근대화를 이끌어 나갔다.

이와는 달리 교토(京都)에서는 야마자키 안사이(山崎闇齋)가 나와서 퇴계 선생의 학문과 사상을 모든 면에서 높이 평가하고 널리 드날리게 하였다. 야마자키 안사이는 젊어서 이미 퇴계의 『자성록』을 읽고 깊이 감동을 받아 자기의 학문이 나아갈 방향을 굳건하게 세우게 되었다. 그리하여 퇴계가 쓴 글들을 널리 찾아서 모조리 읽었으며 주요하다고 생각되는 말들은 하나하나 빠짐없이 주석하였다. 일본에서도 도학의 길을 연 것이다. 야마자키 학파를 이루게 되는데, 기몬(崎門)학파라고도 부른다. 그의 학문은 퇴계의 학문을 밑바탕으로 하여 출발하였기 때문에 그의 제자들은 계속 퇴계 선생을 존경하고 믿는 기풍을 전하였다.

그들은 "조선의 이퇴계 이후에 이 길을 짊어지고자 한 사람이 누구인지 일찍이 듣지 못했다", "그분이 도달한 학문과 지식은 원나라나 명나라의 어느 유학자도 못 미칠 것이다", "주자 뒤에는 한 사람이다"라고 말하며 마음속 깊이 퇴계를 믿었다. 그래서 "공자를 배우려면 주자를 배우고 주자를 배우려면 이퇴계를 본받으며 안내자로 하라. 그렇게 함으로써만 도학을 할 수 있는 요령을 얻을 수 있다"고 말하였다.

그 다음으로 일본의 정치·문화와 학문이 상당히 자리 잡아 가는 시기에 구마모토(熊本)지방에서 오쓰카 다이야(大塚退野)가 일어났다. 역시 퇴계 선생의 『자성록』을 읽고 그를 통하여 도학의 마음을 스스로 터득하게 되었다. 꾸준한 수양과 함께 퇴계의 『주자서절요』를 모두 손으로 베껴 가며 40여 년 동안 자세하게 연구한 결과 세속을 멀리 벗어난 경지를 얻었다. 나아가 그 깊은 가르침을 다시 현실 생활에서 실천하는 것을 중요시하는 구마모토 실학파의 문을 열게 되었다.

오쓰카 다이야에게서 배운 야부 고잔(藪孤山)은 "수백 년 내려오는 동안에 주자의 길을 이은 사람은 퇴계 그분이다"라고 말하였고 같은 제자인 요코이 쇼난(橫井小楠)은 "옛날이나 지금이나 통틀어 두 번 다시 없을 참다운 선비이다"라고 찬양하였다.

요코이 쇼난을 친구이며 스승으로 삼으면서 큰 영향을 받은 모토다 나가자네(元田永孚)는 근세 일본이 개화를 위한 개혁을 할 때에 가장 큰 공로를 세운다. 근세 일본이 메이지(明治) 왕을 도와서 그때까지 이어 온 막부의 쇄국정책을 풀고 서양의 앞선 문물을 받아들이기 위하여 개방정책을 쓰면서 모든 분야에서 개혁을 시도하게 되는데, 이를 메이지유신이라한다. 모토다 나가자네는 메이지유신에 정신문화적 기초가 될 교육방침을 확립하기 위하여 모든 힘을 다 기울였다. 메이지 왕에게 오쓰카 다이야의 학문을 전해 올리면서 그의 학문이 조선의 이퇴계가 쓴 『주자서절요』를 바탕으로 하여 얻은 것임을 알려 주었다.

야마자키파(기몬학파)나 오쓰카파(구마모토학파)는 퇴계의 영향을 받은 나머지, 지식을 중요하게 여기는 쪽으로 기울어진 세상의 학문이나 교육을 속된 학술이라 하였고, 공자나 주자가 참으로 이루고자 했던 바를 목표로 하는 것이 바른 학문이라고 하였다. 그리하여 성현의 책을 읽고는 자기 스스로로부터 진실한 자기를 찾아내고 자기의 마음과 기질을 철저히 바꾸며 순수하게 하여 인격을 갈고 닦고 불리어 높은 경지를 이루어 내는 '도道의 학문'을 주장하였다. 이들이 개화기 일본의 한 시대를 이끌었다.

이들과 관동의 후지와라 세이카 학파의 노력에 의하여 조선 선비 특히 퇴계의 경건한 도학정신은 일본 사무라이 무사정신을 경건하게 교화시켜 나갔고, 새로운 일본 정신을 이루어 내기에 이르렀다.

6. 근현대의 퇴계학

퇴계 선생이 일생을 살면서 보여 준 참다운 성현으로서의 모습과 그 가르침은 밖으로는 일본, 안으로는 우리나라 백성의 정신을 날로 새롭게 하고 굳건하게 뒷받침해 주는 역할을 한다. 벼슬하는 사람들이 비로소 무엇을 어떻게 하여야 할지 마음속으로 정리할 수 있게 되었던 것이다.

임진왜란과 병자호란 같은 거센 바깥바람과 안으로부터의 부정부패와 싸우면서 조선조를 근대에까지 이를 수 있게 한 힘은 퇴계 선생이 역설한 도학정신에 말미암은 것이라고 하여도 지나친 말은 아니다.

또한 근대에 이르러 유학에 의심을 품고 학문은 백성의 실생활을 해결할 수 있는 것이어야 한다고 주장한 실학자들조차도 멀리 퇴계를 스승으로 삼았던 경우가 많다. 그 대표적인 예가 이익과 정약용이다. 이익은 『이선생예설유편』, 『이자수어』 등의 책을 편찬하였고, 정약용은 벼슬할 때에 『퇴계선생문집』을 얻어 읽으면서 날마다 스스로를 깨우친 나머지 퇴계 선생을 마음의 스승으로 삼는다는 뜻의 『도산사숙록』을 썼다.

20세기에 들어와 일본 제국주의에 의하여 우리나라가 강점당할 때 의병을 일으키며 절개를 지켰던 충성스런 선비들과 강점된 뒤의 독립운동가들 가운데에는 퇴계 선생의 가르침을 직접 이어받았거나 그러한 집안에서 태어난 사람들이 많았다.

중국에서도 캉유웨이(康有爲)[31], 량치차오(梁啓超)[32] 등 근대 중국 개화기의 정신적 지도자들로부터 퇴계학이 크게 존숭을 받았다.

그들은 1926년 중국의 북경 상덕尚德여자대학을 증축할 때에 대학의 증축, 확장기금을 모으기 위하여 『성학십도』를 목판으로 복각하여 병풍을 만들어서 널리 모금운동을 폈다. 이때 중국 개화기의 대표적인 사상가 량치차오는 "높디높으셔라! 이부자님이시여!"(巍巍李夫子!)라고 시작하는 찬시를 썼다. 그를 거리낌 없이 성인(孔夫子)과 같이 호칭하였던 것이다.

1945년 일제로부터 해방된 뒤로 20여 년 동안 우리는 동족끼리 서로 죽이는 가슴 아픈 전쟁을 치른 후에 서양의 도도한 문명문화와 마주치게 되었다. 그리고는 끈기 있게 이어져 오던 고유한 전통, 참으로 버려서는 안 될 훌륭했던 우리의 것들조차 나라를 망치게 했던 부끄러운 병폐들과 함께 싸잡아서 던져 버렸다. 그러한 흐름 속에서 퇴계 선생의 모습이나 가르침도 우리 사회로부터 멀어지고 있었다.

1970년대에 들어서면서 집안 전통 또는 학문적 연구에 의하여 퇴계 선생을 알고 있는 학자와 독지가 몇 사람이 나라와 겨레의 정신문화를 걱정하던 나머지 퇴계학을 현대 학문적 방법으로 다시 연구하고 사회에 알리기 위한 움직임을 일으켰다. 대표적 인물로 박종홍[33], 이인기[34], 이상은[35], 이동준[36], 이가원[37] 등이 있다.

이들이 주동이 되어 우선 남산도서관 자리에 퇴계 선생의 동상을 세우고 퇴계학연구원을 공익법인 형태로 설립하였으며 옛 도산서원 가까운 곳에 연수원을 건립할 꿈을 갖게 되었다.

이로부터 약 40년이 지난 현재, 법인 형태 퇴계학술단체 4곳, 대학부설연구소 2곳과 더불어 국내외 연구모임이 여러 곳에서 열리고 설립되고 있다. 『퇴계선생문집』, 『언행록』, 『계몽전의』, 『송계원명리학통록』, 『주자서절요』, 『급문제자록』, 『만제록』, 『연보』를 합친 『퇴계전서』가 한글로 번역되었고, 『퇴계전서』 정본이 동양에서는 처음으로 고전정본사업으로 편찬 중에 있으며, 『퇴계학보』를 비롯하여 4종류 이상의 퇴계학술지가 발간되고 있다. 국제적으로는 퇴계학술상이 제정되고 퇴계학국제학술회의가 꾸준히 개최되고 있다.

1985년 일본 쓰쿠바대학에서 국제학술대회가 개최되었을 때, 현대 학문적 입장에서 보아도 퇴계 선생의 학문이 충분한 독자성을 갖고 있음을 세계 학자들이 인정하게 되어 정식으로 '퇴계학退溪學'(Toegye Studies)이라는 용어를 쓰기로 결의하였다.

『퇴계학논총』, 『퇴계학문헌전집』, 『퇴계학자료총서』 같은 큰 부피의 전집류가 이루어지고 많은 단행본이 저술되었다.

국내에서는 『퇴계의 생애와 학문』, 『퇴계의 생애와 사상』, 『퇴계선집』, 『퇴계평전』, 『퇴계정전』, 『퇴계의 교육철학』, 『퇴계의 교육사상연구』, 『이퇴계의 인간상』, 『퇴계가서의 연구』, 『퇴계선생 일대기』, 『퇴계시 대전』, 『퇴계의 실행유학』, 『퇴계서대전』, 『퇴계와 율곡의 철학』, 『퇴계철학의 연구』, 『퇴율철학 비교연구』, 『이퇴계 철학』, 『퇴계시 풀이』, 『퇴계시』, 『퇴계학파의 사상』, 『퇴계의 삶과 철학』, 『성학십도와 퇴계철학의 구조』, 『퇴계학의 이해』,『퇴계, 그는 누구인가』,『퇴계선생연표월일조록』,『성학십도』,『퇴계선생언행록』,『자성록』등이 발간되었다.

국외를 보면 중국에서는『退溪書節要』와『朱熹與退溪思想比較硏究』,『退溪全書今注今譯』,『李退溪與東方文化』,『李退溪與朝鮮朱子學』,『退溪哲學思想硏究』등 여러 책이 나왔다. 미국에서는『성학십도』를 영어로 번역 풀이한 To Become a Sage, 프랑스에서는『성학십도』를 불어로 번역 풀이한 étude de la sagesse en dix diagrammes가 발간되었다. 일본에서는『李退溪―その生涯と思想』,『退溪と日本儒學』,『李退溪と敬の哲學』, 대만에서는『退溪詩學』,『退溪學論集』등이 출판되었다.

이 외에도 여러 곳에서 퇴계학 관련 여러 단행본과 논문들이 계속 이어져 나오고 있다. 특히 퇴계학 연구 단체들이 발간하는 학술지와 국제학술회의를 통하여 1,000편 이상의 퇴계학 관련 논문이 발표되었다.

2010년 현재 퇴계학 관련 박사 논문이 50여 건을 넘는다.

• • •

1) 선생의 生沒이 음력으로 신유(1501)년 11월 25일이므로 현재 학계에서는 1501~1570으로 통용하고 있다. 서거한 날도 음력 1570년 12월 8일(庚午年 己丑月 辛丑日)이라서 양력으로는 1571년 1월 3일이 된다.
2) 1502년의 중국 명나라는, 서쪽 오이라트 에센의 침략에 시달리며 정통제(영종), 경태제(대종), 천순제(영종)로 황제 자리가 엎치락뒤치락하다가 성화제(헌종)가 황제 자리에 오른 뒤로 어두운 23년을 겪었으나 홍치제(효종)가 황제가 되어 정치를 안정시키고 상당한 번영을 누리게 되던 시기로, 명나라의 종합 법전인『大明會典』이 편찬 완성되었다. 서양에서는 콜럼버스가 아메리카 대륙을 발견한 뒤에 에스파냐로 돌아갔다가 네 번째로 항해를 떠난 것이 1502년이다. 이탈리아에서는 르네상스가 무르익는 가운데 마키아벨리가『군주론』을 쓰고 있었다.
3) 埴: '치'라고 읽는 사람도 있다.
4) 태허란 말은 크게 비어 있다는 뜻으로서 우주의 가장 근본 되는 바탕을 가리키는 말로 쓰인다.『莊子』나『正蒙』에 나오는 말이니, 퇴계가 이때에 이러한 책을 보았다고 추측할 수 있다.
5) 金麟厚: 1510~1560, 조선 중기의 유학자, 정치가로서 전라도 장성 출신이다. 자는 厚之,

호는 河西, 시호는 文正이며 『하서문집』 등이 있다.

6) 權橃: 1478~1548, 조선 중기의 학자이자 정치가로서 경상북도 봉화 출신이다. 자는 仲虛, 호는 冲齋, 시호는 忠定이다. 『충재선생문집』이 있다.

7) 李賢輔: 1467~1555, 조선 중기 정치가이자 문학가로서 경상북도 예안 출신이다. 자는 棐仲, 호는 聾巖, 시호는 孝節이다. 『농암문집』이 있다.

8) 蔡沈: 1167~1230, 남송시대 성리학자로서 부친인 채원정과 함께 주희의 제자였다.

9) 『중종실록』, 37년 3월 19일(己亥).

10) 李彦迪: 1491~1553, 조선 중기 도학자로서 자는 復古, 호는 晦齋, 시호는 文元이다. 『구인록』 등이 있다.

11) 李恒福: 1556~1618, 조선 중기 정치가로서 자는 子常, 호는 弼雲 또는 白沙, 시호는 文忠이다. 세상에서는 오성대감으로 유명하다. 『사례훈몽』 등이 있다.

12) 『연보』에서는 이때 읽은 양생에 관한 책의 이름을 밝히지 않았는데, 아마도 『활인심방』이 아닐까 한다.

13) 樂正子: 중국 전국시대 노나라의 학자로서 맹자의 제자이다. 樂正은 성, 이름은 克이다.

14) 渥洼江: 중국에 있는 강 이름으로서 용이 산다고 전해진다.

15) 「여씨향약」: 좋고 도덕적인 일은 서로 권하자(德業相勸), 예절 있는 풍속을 서로 주고받자(禮俗相交), 병이나 어려운 일은 서로 돕자(患難相恤), 잘못된 일은 서로 규제하자(過失相規)는 내용이다. 북송 말에 藍田縣 呂씨 집안 4명의 도학자가 고안하였다고 해서 여씨향약이라 불린다.

16) 61세부터 돌아가실 때까지는 독자가 선생과 함께 하는 느낌을 갖기를 바라는 뜻에서 문장을 현재형으로 쓰겠다.

17) 아주 유명한 글이다. 한문으로 외우면 또 다른 맛이 있고 한문 문리를 트는 데 도움이 크다.
「自銘」, "生而大癡, 壯而多疾, 中何嗜學, 晩何叨爵, 學求猶邈, 爵辭愈嬰, 進行之路, 退藏之貞, 深慙國恩, 亶畏聖言, 有山嶷嶷, 有水源源, 婆娑初服, 脫略衆訕, 我懷伊阻, 我佩誰玩, 我思古人, 實獲我心, 寧知來世, 不獲今兮, 憂中有樂, 樂中有憂, 乘化歸盡, 復何求兮."

18) 아주 유명한 글이다. 한문으로 외우면 또 다른 맛이 있고 한문 문리를 트는 데 도움이 크다.
「祭文」, "蓍龜旣失, 父母旣歿, 龍虎云亡, 景星沈光, 袞衣皇皇, 孰補其闕, 赤子啾啾, 孰援其溺, 變怪百出, 孰設嚴防, 長夜漫漫, 孰曝秋陽, 繄公之生, 間氣所鍾, 溫然如玉, 有粹其容, 志貫皎日, 行潔秋水, 樂善好義, 無間人己, 俛首下學, 妙思精硏, 縷析毫分, 洞見幽玄, 衆說參差, 洪纖異宜, 折衷會一, 紫陽是師, 急流勇退, 出類離群, 守道山樊, 富賢浮雲, 在邦必達, 休聲澈天, 宸衷虛竚, 寵命聯翩, 幽居入圖, 高掛紫闥, 丽聖繼明, 側席如渴, 祥鳳來儀, 經幄生輝, 十圖啓沃, 探隱闡微, 興望日隆, 謙退愈卑, 三章辭闕, 浩然而歸, 惟進與退, 繄國安危, 寂寞之濱, 有來摳衣, 微言昭晰, 耿光長新, 進不澤民, 退啓後人, 小子失學, 貿貿迷方, 悍馬橫馳, 荊棘路荒, 回車改轍, 實賴啓發, 有初鮮克, 哀我滅裂, 自擬負笈, 庶幾卒業, 天不憖遺, 哲人遽萎."

19) 權斗經: 1654~1725, 조선 중기의 학자로서 자는 天章, 호는 蒼雪齋이다. 저서로는 『창설집』, 『퇴계선생언행통록』, 『계문제자록』 등이 있다.

20) 鄭澈: 1536~1593, 조선 중기의 문예가이자 정치가이다. 서울 출생으로서 자는 季涵, 호는 松江, 시호는 文淸이다. 「관동별곡」, 「사미인곡」 등 가사와 시조로 유명하며 저서로는 『송강집』, 『송강가사』가 있다.

21) 李山海: 1539~1609, 조선 중기의 정치가이다. 자는 汝受, 호는 鵝溪, 시호는 文忠, 저서

로는 『아계집』이 있다.

22) 南師古: 태어나고 죽은 연대를 알 수 없으나 명종 때부터 선조 때까지의 사람으로, 호는 格菴이다. 易學의 상수론에 두루 통하여 예언가로 유명하다. 저술로는 『選擇紀要』, 『격암유록』 등이 있다.

23) 李芝涵: 1517~1578, 조선 중기의 학자이자 행정가이면서 기인으로 알려져 있다. 자는 馨伯, 호는 水山 또는 土亭, 시호는 文康이며, 『토정비결』의 저자로 알려져 있다.

24) 李瀷: 1681~1763, 조선 후기의 실학자이다. 자는 自新, 호는 星湖, 저서로는 본문의 것 이외에도 『성호사설』, 『성호선생문집』 등 많은 것이 있다.

25) 丁若庸: 1762~1836, 조선 후기의 정치가이자 실학자로서 경기도 광주 출신이다. 자는 美庸, 호는 茶山, 당호는 與猶堂이다. 당시 실학의 집대성자로서 철학, 윤리, 정치, 경제, 사회, 과학, 문학 각 방면에 걸쳐 많은 저술과 새로운 사상을 남겼는데, 500여 권의 『여유당전서』로 묶어져 있다.

26) 金昌淑: 1879~1962, 근현대 유학자이자 독립운동가이며 정치가로서, 자는 文佐, 호는 心山이다. 을사조약 당시 '나라를 팔아먹는 다섯 도적을 목 베이소서'라는 상소를 하기도 하였다. 저서로는 『심산유고』가 있다.

27) 張志淵: 1864~1921, 근대 언론인이자 애국계몽운동가이다. 경상북도 상주 출신으로서 자는 和明, 호는 韋庵이다. 을사조약 당시 「황성신문」에 '오늘은 목 놓아 크게 울 날이다'라는 글을 싣기도 하였다. 저서로는 『장지연전서』가 있다.

28) 崔益鉉: 1833~1906, 구한 말기의 유학자이자 애국지사이다. 경기도 포천 출생으로서 자는 贊謙, 호는 勉菴이다. 일본이 대한제국을 합방하려 할 때에 위정척사사상을 불러일으키고 74세의 나이로 의병을 일으키기도 하였다. 대마도 감옥에서 세상을 떠났다. 저서로는 『면암집』이 있다.

29) 金東三: 1878~1937, 근대 독립운동가로서, 경상북도 안동 출신이며 호는 一松이다. 만주지방에서 독립운동단체들의 통합에 노력하였다.

30) 李源綠: 1904~1944, 근대 시인이자 독립운동가로서, 경상북도 안동 출신이며 자는 台卿, 호는 陸史이다. 청년기에 국내와 중국에서의 항일운동으로 여러 번 옥살이를 하였다. 저서로는 『이육사 전집』이 있다.

31) 康有爲: 1858~1927, 중국 광동성 南海縣 사람으로서, 자는 廣夏, 호는 長素, 별명은 祖詒이다. 전통적인 유교를 새로운 관점에서 보는 公羊學을 배우고 유럽의 근대사정도 익혀서 일본의 메이지유신(明治維新)을 본떠 戊戌變法이라 불리는 정치적 개혁(變法自彊)의 중심적 지도자가 되었다. 중국 근대 계몽사상가로서 많은 영향을 주었다.

32) 梁啓超: 1873~1929, 중국 廣東省 新會 사람으로서, 자는 卓如, 호는 任公 또는 飮冰室主人이다. 어려서부터 중국 전통교육을 받고 康有爲를 스승으로 삼아서 1895년 康有爲와 함께 베이징(北京)과 상하이(上海)에 强學會를 설립하고, 여러 나라 서적의 번역, 신문·잡지의 발행, 정치학교의 개설 등 혁신운동을 펼쳤다. 1895년 이후에는 譚嗣同과 함께 康有爲를 따라 변법자강운동에 진력하였다. 중국 근대 계몽사상가로서 많은 저술을 남겼다.

33) 朴鍾鴻: 1903~1976, 현대 철학자이자 교육자로서, 호는 洌巖이다. 평양 출생으로 서울대학교 교수를 지내며 『일반논리학』, 『철학개론강의』 등 많은 저서를 남겼다.

34) 李相殷: 1905~1976, 현대 철학자이자 교육자이다. 함경남도 정평 출생으로 호는 卿略이다. 고려대학교 교수를 지내며 『현대와 동양사상』, 『퇴계의 생애와 사상』 등 많은 저서를 남겼다.

35) 李寅基: 1907~1987, 현대 철학자이자 교육자로서 영남대학교 교수(총장)를 지내며 많은 저서를 남겼다.

36) 李東俊: 1916~1989, 경상북도 안동 출신으로서 호는 春谷이다. 현대 경제발전기의 기업가로서 사단법인 퇴계학연구원을 설립하였다.

37) 李家源: 1917~2000, 경상북도 안동 출신으로서 호는 淵民이다. 문학자이자 교육자이다. 저서로는 『이가원전집』 등이 있다.

·경공부 입문

퇴계 선생이 주요 제자들과 주고받은 수많은 편지 중에 대부분은 앞에서 본 바와 같이 심성수양에 힘쓰라는 내용이다. 진리 앞에 경건함을 지키며 살라는 가르침이다.

우리는 그 가르침을 따라 스스로를 수련하는 노력을 가리켜 경공부敬工夫라고 한다. 하지만 위의 글에서도 느껴지듯이 그분들이 주고받은 편지를 읽노라면 남의 연서戀書를 읽는 듯, 내가 바로 지금 어떻게 하면 되겠구나 하는 지침을 얻기가 쉽지 않다. 인격을 기르려는 사람이라면 누구나 한 번쯤은 경공부를 해보고 싶겠지만, 들어가는 문을 찾기가 쉽지 않다.

• 마음의 문

퇴계 선생이 「마음을 살핀다(觀心)」란 시에서 묘한 느낌을 읊었듯이 경공부를 하려면 우선 마음으로 마음을 살펴야 한다. 마음을 살피려면 마음이 드나드는 문을 지키고 있어야 할 것인데, 눈·귀·코·혀와 피부, 그리고 생각(眼耳鼻舌身意; 六官 또는 六根)이 그곳이다. 그중에서도 가장 큰 문이 눈(眼)이다.

눈을 지키면서 그곳을 빠져나가는 마음을 살필 뿐만 아니라 거두어들이는 일을 좀 더 구체적으로 설명하는 말로서 회광반조回光反照라는 것이 있다. 눈에서 나가는 빛을 되돌아오게 하여 거꾸로 비춘다는 말이다. 캄캄한 밤에 들짐승을 만나면 눈에서 빛이 나는 것을 볼 수 있는데, 이것이

다름 아닌 마음이다. 눈빛이 가는 곳에 마음도 간다. 눈빛을 되돌릴 수 있으면 마음도 되돌린다는 말인데, 사람이 눈빛을 180도 되돌리기는 어렵다. 눈빛이 나를 떠나서 바깥으로 달아나 버리지 않고 어떻게든 결국 다시 나에게로 되돌아오게 하는 경우를 넓게 포함하여 눈빛을 되돌린다고 말할 수 있겠는데, 일반적으로 아랫배나 배꼽이나 코끝에 눈빛을 모으는 훈련을 통하여 그 요령을 익힌다.

눈빛을 되돌릴 수 있으면 눈으로 드나드는 마음을 살필 수 있고 잡을 수 있으며 나아가서는 주재할 수 있어서 마음으로 마음을 주재하게 되는 것이다. 같은 이치가 여섯 기관(六官) 모든 문에서 타당하겠지만, 눈이 그중에서 가장 큰 문이므로 경공부로 들어가는 문 가운데 가장 큰 문도 결국 눈빛을 되돌리는 데 있다 하겠다. 그리고 드나드는 뭇 마음을 살피려면 눈빛을 되돌릴 뿐만 아니라, 쥐를 노리는 고양이 같고 성문을 지키는 수문장 같이 주의력을 모아서 지켜야 한다. 이렇게만 갖추어지면 경공부의 문으로 들어서서 그것을 만져는(着手, 下手) 본 것이라고 하겠다.

• 고요함이 주요하다

문으로 드나드는 통행객이 적으면 살피기에 좋겠지만 그것은 외부 환경이나 닥친 사무 등에 따라서 다를 수밖에 없다. 주요한 것은 지키고 있으면서 살피는 사람만은 조용해야 하고 전일(專一)해야 한다는 것이다. 그 사람(마음)이 딴전을 피우고 오락가락해서는 임무를 완수할 수가 없다. 살피는 마음이 고요해지면(靜) 물결 잔잔한 호수에 내 얼굴이 비치듯 드나드는 마음들이 사진으로 찍힌다. 자연히 살피는 사람이 조용해져서 마치 CCTV를 설치해 놓은 것 같을 수 있다.

경공부는 고요할(靜) 때나 움직일(動) 때나 안(內)이나 밖(外)이나 어느 하나에 국한됨이 없이 두루 행해져야 하는 일이지만, 그래도 움직일 때보다는 고요할 때에 보다 쉽고 보다 깊게 행할 수가 있다. 성문으로 드나드는 통행객이 적을수록, 없을수록 좋은 것과 같다고 말할 수 있을 것이다.

마음 세계에서 고요함을 이루어 내는 가장 효과적인 방법은 정좌靜坐이다. 정좌의 요령은 다음과 같다.

① 자세(調身): 띠를 풀고 편히 앉아서 척추를 펴고 온몸의 긴장을 풀며 턱을 약간 당겨 머리통을 곧바로 세워 놓는다. 손과 팔 또한 근육의 긴장이 없도록 편하게 놓고 혀끝을 입천장에 살짝 붙여 그 상태 그대로 고정固定하여 오래 지킨다.

② 마음(操心 또는 調心): 눈을 반쯤 내려 감아서 코끝을 보고 눈빛을 코끝(배꼽, 아랫배)에 초점 맞추어 놓아, 희끗하게 떠 보이는 것을 잠시라도 놓치지 않고 오락가락하지 않으며 잠들지 않고, 몸 안이든 몸 밖이든 물건이든 사건이든 유혹을 받지 않는다. 나아가서는 점점 더 경건해져서 성현을 앞에 모신 듯 큰 제사에 임한 듯 엄숙하고, 살얼음을 밟는 듯 깊은 연못가에 임한 듯 삼가는 마음 상태를 유지한다.

유지하는 질이 순수할수록 좋고 유지하는 시간이 길수록 좋지만 억지로 잘하려 하지도 무리해서 길게 하려 하지도 말아야 한다. 억지로 형식만 꾸며가는 것 같으면 차라리 쉬었다가 다시 행하는 것이 낫다.

③ 호흡(調息): 처음에는 호흡에 신경을 쓰지 않는 편이 낫다. 마음에 어느 정도 여유가 생기면 조금씩 깊은 호흡을 해본다. 아랫배로 숨을 쉬는 것이다. 복식호흡 또는 단전호흡이라 하는데, 가장 중요한 수칙守則은 무리를 하지 않는 것이다. 숨이 차는 현상이 나타나서는 안 된다는 뜻이

다. 부드럽고 매끈하게 들이마시는 숨과 내쉬는 숨이 끊임없이 이어지도록 하고 숨의 굵기가 고르도록 하며 깊으면 깊을수록 좋고 가늘면 가늘수록 좋다. 역시 무리함이 생기지 않도록 잊지도 돕지도 말아서(勿忘勿助) 싹을 뽑아 올려 빨리 자라게 하려는(揠苗助長) 경우와 같은 폐단이 없도록 한다.

하루하루가 쌓여 달이 가고 달이 쌓여 해가 되노라면, 차츰 자리가 잡히고 흔들림이 적어지며 몸에 익어서 여유로움이 생긴다. 점차로 자세, 마음, 호흡 세 가지 일이 하나의 일처럼 혼융渾融되어 이루어진다.

실인즉, 여기까지는 유·불·선 모두에 활용될 수 있는 정좌 요령이다. 여기에서 옆집에 불이 나고 있어도 흔들림 없이 정좌를 계속하는 것이 칭찬 받을 수 있는 길로 가면 불가佛家요 선도가仙道家라고 부르고, 남보다 먼저 뛰쳐나가 물 한 동이를 끼얹지 않고는 못 견디는 길로 들어서면 유가儒家라 부를 수 있지 않을까? 퇴계 선생이 가르친 것은 물론 후자인 유가의 길이다.

▲ 퇴계 선생이 추만 정지운과 상의하면서 다듬은 수정본 천명도이다. 이를 「천명
신도」라고 부른다. 선생의 성리학 체계가 이 그림 하나에 다 들어 있다.

퇴계의 도학

퇴계 선생은 16세기 조선 도학道學을 대표하는 선비이다.

조선은 고려 말기부터 이어진 부패와 타락 현상을 바로잡고자 건국 초부터 유교의 이념인 도덕사회 실현을 국시國是로 삼는다. 태조 이성계의 건국, 태종 이방원의 국권 확립, 세종과 성종의 유신維新을 거치며 100여 년이 흘러 16세기에 이르자 문화적으로도 완숙하는 단계에 들어서게 된다.

유교문화의 핵심인 도덕사회 실현이념을 이론과 실천을 통하여 지지하고 있는 학문이 도학이다. 도학은 우주의 근원과 생성, 인류의 근본과 개인 인격의 구성을 철학적으로 사색하고 그 바탕 위에서 그를 실천할 수 있는 이념적 인격자(聖人)가 되는 수양공부를 하는 학문이다.

도학은 또한 성리학性理學이라 불리기도 하는데, 중국 송나라 때에 크게 융성하였다. 그 대표적 학자는 주렴계1), 정명도2)와 정이천, 소강절3), 장재, 주회암이고 근원은 공자에게 있다. 성리학이란 우주자연의 근본 원리와 운행 변화를 중심 문제로 탐구하는 리기론理氣論과 사람의 본성과 심정을 주제로 궁리하는 성정론性情論을 주된 내용으로 삼는 학문이라는 뜻이다.

중국에서는 위진 남북조와 수당 시대를 거치면서 인도불교의 넓고 치밀한 철학이 들어와 천태종, 법상(유식)종, 화엄종 같은 중국 불교로 꽃피며 무르녹는다. 이에 영향을 받아 철학계에서는 우주의 근본 바탕을 리理

라는 개념으로 어떻게든 설명해 보려 하였고, 그 근본 바탕과 삼라만상(事物)과의 관계를 설명하는 데 힘을 쏟게 된다. 송 때에 이르면 철학적 이론이 무척 깊고 정밀한 체계를 이룬다. 심지어는 이론을 뛰어넘어 말이나 문자를 빌리지 않고 곧바로 마음의 본래 모습을 깨닫고 전해 주고자 안간힘 쓰는 선종禪宗까지 당나라 때에 이미 확립되어 당송의 수많은 고승들을 배출하며 그 황금시대를 이룬다.

한편 후한 때에 발생하여 주로 일반 백성의 민속종교로 성장하던 도교는 당나라를 거치면서 역학易學과 노자·장자의 사상으로써 이론적 무장을 탄탄히 하고(玄學) 형形·기氣·신神을 연양煉養하는 실제 경험을 쌓기에 이른다. 무위자연의 도道를 기초 원리로 하고 기氣(一氣) 개념을 근본으로 하여 신선이 되는 비결을 익히는 내단수련법의 체계를 매우 구체적으로 세우게 된다.

그러나 한나라 때부터 중국문화 특히 정치 행정 분야의 이념적 기초를 이루게 되었던 유교는 주로 삼강오륜 같은 윤리와 수신제가치국평천하라는 이념적 강령을 정치 현장에서 어떻게 실현할 것이냐 하는 측면에 무게를 싣고 있을 뿐이었다. 당나라 때에도 관학官學으로서 과거시험을 보기 위한 필수 학술이었으므로 사서삼경에 담긴 공자, 증자, 자사, 맹자의 가르침을 읽는 데 정력을 쏟고는 있었지만, 그것은 어디까지나 경전 문구를 더욱 풀이하거나 문장을 잘 짓는 쪽으로 힘을 기울일 뿐이었다. 철학적으로 깊이 있게 파고들어가 사상체계를 정리하는 노력은 비교적 적었다.

이러한 사회 환경 속에서 건국된 송나라는 무인들을 멀리하고 문치文治를 강조하는데, 정치 행정의 일선을 맡아 지도층이 된 사대부들은 그들의 문화적 기반을 유교에 둔 지식인들이었다. 그들은 불교 고승과도 마주 앉아 토론할 수 있는 철학적 깊이를 터득하고 도교 진인과도 대화를 나눌 수 있는 수양의 경지를 갖추지 않고는 사회 지도층으로서의 역할을 다하기에 힘이 든다는 것을 느꼈다. 또한 유교에서도 좀 더 체계적이고 심오한 우주론—자연관, 심성론—인간관과 수양법을 세워야 되겠다는 강한 의지가 차츰 드러나기 시작하였다.

이러한 시대적 요청과 사회 여건 위에서 유교의 모습을 새롭게 탈바꿈시킨 첫 학자가 주렴계이다. 그는 여산廬山 지방의 지방관을 지내고 늘그막에 여산 기슭에 염계서원을 열어 학문을 닦으면서 역易 철학의 정수를 더욱 압축하여 「태극도설」[4]이라는 글을 지어 새로운 개념과 용어로 우주의 원리를 그려내고 마음의 고요함(靜)을 주로 하는 수양법을 세웠다. 이로부터 유교에서도 새로운 철학 체계의 탐구와 심신의 수양이 본격적으로 시작된다.

그 후 주렴계의 영향을 받은 정명도·정이천 형제가 낙양을 중심으로 중원에서 리기理氣와 성정性情의 문제를 철학적으로 풍부히 다루며 성리학의 기초를 더욱 다진다. 그와 병행하여 상고시대부터 임금과 제후에게 강력히 요구되었던 경건성(敬)을 수양 원리로 내세운다. 좀 더 유교이념에 가까운 성리학이라 할 수 있는 도학을 이룩했던 것이다. 두 정 선생 아래에서 많은 성리학자들이 나오는데, 그 제자(楊時)의 제자(羅從彦)의 제자(李侗)의 제자 항렬에서 주회암 곧 주자가 나온다.

주자는 무이산武夷山 지방에서 벼슬살이를 하다가 자양서원을 열고서 그동안 이루어진 성리학을 집대성한다. 주자는 불교 철학과 도교사상에도 깊은 조예를 가지고 정이천이 세워 놓은 성리학의 입장에 서서 불교와 도교의 철학 이론과 사상을 융합해 낸다. 그도 유가의 지식인으로서 유교의 수신제가치국평천하의 강령을 이념으로 삼았기 때문에 자연히 세간을 초탈하려는 불교와 도교의 특색에 대하여서는 비판을 가하고 걸러내면서 현실 사회의 도덕정치에 초점을 맞춘다. 이러한 이념과 환경과 소양이 어우러져 우주와 인류의 근본 문제를 다룬 그의 성리학 세계는 참으로 넓고 깊게 이루어진다.

이곳에서는 그 성리학의 이론을 실천하는 공부 측면을 좀 더 중요하게 보아서 도학道學이라 하였다. 유가에서 도道라는 말은 본성을 따라가는 것을 의미하는데, 퇴계 선생은 이론보다 실천 공부에 학문의 참뜻이 있다고 생각했기 때문이다.

퇴계 선생은 정몽주5), 김종직6), 이언적, 조광조7) 등 선배들의 도학정신에 충실했다. 그들의 절의를 숭상하던 마음을 가지고 두 정 선생과 주자의 성리학에 통달하여 조선 성리학의 체계를 비로소 정립하였다. 나아가서 그 수양론을 스스로 두텁게 익혀서 조선 도학의 큰 산봉우리를 이루었다. 그리고 많은 제자를 가르치고 수양시켜서 현재까지 우리나라 선비들의 스승이 되고 있다.

퇴계의 사상은 지도자 특히 임금이 개인적으로 성인聖人의 인격을 갖추고서 나라를 다스려야 도덕국가의 이상이 성취된다는 것을 강조한다. 지식인은 어떤 혼란스러운 상황에서도 스스로의 마음을 주재할 수 있는 공부를 통하여 인간적인 욕심과 감정을 제어하고, 도덕률을 살릴 수 있는 인격을 길러서 가정으로부터 가문, 지역사회와 나라에 이르기까지 도덕의 밝은 빛이 가려지지 않도록 해야 한다는 것이다.

그런데 개인이 성인의 인격을 갖추거나 나라를 잘 다스리기 위하여서는 우주와 인류와 사회의 근본이 무엇인가를 확실히 터득하여야 한다.

• 우주의 근본

사물의 본질을 깊이 파고들어가서 우주의 근본을 터득하여 내는 일을 격물치지格物致知라 한다. 유교 기본 경전의 하나인 『대학』에서 가정을 거느리고 나라를 다스리려는 사람이 가장 먼저 해야 할 일이라고 규정하고 있는 것이다. 퇴계도 이 격물치지가 도학의 출발점임을 확신하고 있다.

옛날부터 일반적으로 우주의 근본을 가리켜 도道라 하였는데, 이는 도가道家의 영향을 받은 말이다. 유가儒家에서는 대체로 천天 또는 천도天道, 천리天理, 천심天心이라는 용어들이 비슷한 용도로 쓰이기는 했으나 철학적으로 깊이 검토된 개념은 아니었다. 유가에서 도道라는 말은 사람이 본성을 따를 수 있게 하는 길이라는 뜻으로 쓰였다.

송나라 때에 이르자 우주의 근본을 가리켜 도교에서 쓰던 말인 도道를 신유학자들이 리理 또는 기氣라는 말로 다시 정의하는 학풍이 이루어진다.

리理는 불교 천태·화엄의 이론가들이 주로 쓰던 말이고, 기氣는 도교 노자·장자에 근원을 두고 있는 말이다. 천태·화엄의 이론가들은 우주 근본(理)과 존재 현상(事)의 관계를 '둘이 아니다(不二), 걸림이 없다(無碍), 한 덩어리로 녹아 있는 관계다(圓融)'라고 보았다. 노자·장자는 우주 근본인 도는 하나의 기(一氣)일 뿐이고 모든 현상은 기가 모이느냐 흩어지느냐에 의하여 나타나는 모습이라고 보았다. 하나(一)에서 둘(二), 둘에서 셋(三)이 생겨나면서 절대 근본으로부터 삼라만상이 이루어져 나간다는 체계를 말하기도 하고 무無에서 유有가 나온다는 사상을 갖기도 하였다.

신유학자들은 우주론을 세우면서 리理와 기氣 두 개념을 다 사용하고 무無와 유有를 묶어 놓는데, 그것은 불교와 도교, 불학佛學과 현학玄學을 함께 극복하겠다는 의지가 있었기 때문이라고 보아도 크게 틀리지 않을 것이다.

퇴계는 두 정씨 형제와 주자의 이론을 따라서 리理를 우주 근본으로 보는 학풍을 이어받는다.

우주의 근본인 리理는 철학에서 제일원인第一原因, 절대진리絕對眞理라고 하는 것과 같다고 생각하면 된다. 음과 양이라는 상대적 원리로 구별되기 이전의 절대적인 개념으로서 짝이 없는 하나(一)이다.

한편 우주에서는 기氣라는 것이 생겨나는데, 기는 오늘날 흔히 말하는 에너지의 근원이라고 보면 된다. 어디까지나 하나의 물질 이상은 아니니 유有의 범주에 속하는 현상에 지나지 않기 때문에 음과 양으로 구별할 수 있는 상대적인 것(二)이다.

이론적으로 따질 때에는, 리는 근본으로서 먼저이고 기는 생겨난 것으로서 나중이며, 리가 존귀하고 기는 비천하다고 이해된다.

한편 리理의 내용은 냄새도 맛도 형체도 없으나 모든 존재를 포용할 수 있고 아무리 작은 존재 속에도 들어갈 수 있기 때문에 비어 있다거나 존재가 있지 않는 것이라고 말할 수 있다. 그러면서도 기로 하여금 음과 양으로 변화하면서 마치 봄·여름·가을·겨울이 순환하여 1년을 이루는 것처럼 만물의 시작도 되고 성장과 형통의 길도 되며 결실과 수확을 가능하게 하는가 하면 종말과 시작의 사이를 이어줌으로써 전체로 보면 원으로 순환하는 원만한 상태가 영구히 이루어질 수 있게 하는 신령한 능력을 포함하고 있다. 존재는 아닌데 그렇다고 존재 아닌 것도 아닌, 유

有도 아니면서 무無도 아닌 그 무엇, 결국 리理라는 것은 신령한 원리라고 생각된다.

인류의 최고 지혜를 가지고 오랜 세월 사색하고 궁리하여 얻은 철리이지만 어떻든 이렇게 생각하는 것을 학자들은 리동론理動論이라 한다.

그러나 세상에 실제로 존재하는 사물이나 현상에 있어서는 절대적인 리理가 존재라는 상대적 단계를 거치면서 그 기氣와 묘妙하게 결합, 응결(凝)되어 있지 않고서는 그 사물이 사물로 존재할 수가 없고, 그 현상이 현상으로 드러날 수가 없다. 따라서 리와 기는 서로 2이면서 1이고 1이면서 2인가 하면, 2도 아니고 1도 아닌 그야말로 불가사의한 관계를 이룬다고 생각된다. 철학에서는 이이일론二而一論, 불이론不二論이라고 한다.

이름은 서로 다르게 부를 수 있고 또 그렇게 구별하여 불러야 이해를 분명하게 할 수 있지만, 존재의 세계에서는 실인즉 리 없이 기가 존재할 수 없고 기 없이 리가 드러날 수 없다. 이러한 관계를 철학자들은 상수相須와 대대待對의 관계라고 한다.

퇴계 선생은 이러한 철학을 젊어서부터 건강을 해치면서까지 몰입했던 역학易學, 특히 주자가 쓴『역학계몽』을 연구하는 과정에서 정리해 내었다고 보인다. 선생은 제자들에게『역학계몽』에 나오는「하도河圖」라는 상징적 그림의 이면에 깔려 있는 보이지 않는 원리가 곧 리理 아니겠느냐는 말을 여러 번 한다.『성학십도』의 머리말을 통하여 선조에게도 그렇게 말한 것을 보면 선생의 리理 개념은 확고했다고 보아야 할 것이다. 그리고「하도」의 이면에 깔려 있는 원리란 역학적으로 말하면 태극 이외의 것일 수 없으니 리가 곧 태극일 수밖에 없다는 말도 한다.

그런데 일반적으로「하도」의 이면에 깔려 있는 원리는 순환의 원리

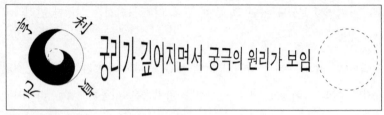

(相生原理)라고 말한다. 순환의 원리는 결국 원圓을 의미하는데, 그 원은 얼어붙어 있는 것이 아니라 살아 있어서 원운동(回轉)을 한다는 내용을 포함한다. 순환의 원리를 오늘날의 수학 개념으로 설명한다면 진동振動의 원리라 함이 틀림이 없다.

다시 말하면 우주 모든 존재는 순환=진동을 근본 바탕으로 하고 있고, 그렇기 때문에 만물과 현상의 존재가 가능해진다는 것이다. 『역경』에서 원형이정元亨利貞이라는 말이 기본 원리로 사용되는 것과 통하는 생각이다.

원元은 시작·싹틈, 형亨은 통함·성장, 이利는 결실·획득, 정貞은 종결·갈무리를 말하는 용어이므로 원형이정이 합쳐지면 하나의 순환하는 원을 그리게 된다. 여기에 시간이 개입되면 영고성쇠榮枯盛衰의 사인(sine) 곡선을 그리며(振動) 흘러가게 되는 것이다.

퇴계 선생이 제자 특히 우경선禹景善, 기대승奇大升 등에게 준 편지에서는 이러한 관점이 이미 확립되어 굳게 깔려 있다는 것을 볼 수가 있다. 선생이 리기理氣를 말할 때에는 역학에 나오는 원리와 그림들을 염두에 두고 있었다고 보아도 크게 틀리지 않을 것이다.

• 사람의 근본

사람은 생물의 계통도系統圖 최상층에 있는 영장류 중에서도 특이한 분류를 받는 인류人類에 속한다. 육신이 있고 나고 늙고 병들고 죽음이 있는 것은 다른 모든 생명체와 다를 바가 없으나, 인류가 특이한 분류를 받을 수밖에 없는 특징 또한 부인할 수가 없다.

물론 이 특징을 인정하지 않고 만물을 평등하고 동등하게 볼 수도 있다. 그러나 그렇게 되면 그것은 이미 유가의 입장이 아니다.

맹자도 사람이 짐승과 다른 점은 그렇게 크지 않지만, 그것이 사람을 사람답게 한다고 말하였다. 사람다우면 만물 중에서 가장 고귀하고 가장 신령하게 된다. 그러한 인류의 특징을 가능하게 하는 그것이 무엇이고 무엇 때문에 그런 특징이 이루어지는가?

달이 모든 물에 비쳐 보이듯 모든 존재에는 우주의 근본(理)이 들어 있는데, 그것을 성性이라고 한다. 그리고 그 성으로부터 여러 가지 생명 현상(事物)이 일어나고 피어나는 것을 정情이라고 한다.

우주의 근본이 현상으로, 성이 정으로 피어나는 작용을 기氣라고 하는데, 기氣란 역학적易學的으로 보면 음양오행이다. 다시 말하면, 현상이니 정이니 하는 것은 음양오행의 분화 과정이라는 것이다.

그러나 인류 이외의 다른 어떤 존재에서도 음양오행의 분화가 원형이 정의 원리를 원만하게 갖추는 경우가 없다. 어느 한편으로 치우치거나 찌그러지기 때문에 원이 안 되고 각이 생긴다. 그래서 삼라만상은 결국 음이면 음, 양이면 양, 수면 수, 화면 화, 목이면 목, 금이면 금, 토면 토 어느 하나의 성질로 분류되고 만다.

다만 인류에게 있어서만은 다른 어떤 존재에서도 볼 수 없을 만큼 특이하게도 우주의 근본이 가장 온전한 모습 그대로 피어날 수가 있다고 생각된다. 다시 말하면 사람에게 있어서는 음양오행의 분화가 원만하여 치우침 없이 원형이정 원리를 따르기 때문에 한 사람 한 사람이 우주를 닮아서 소우주라고 할 수가 있다는 것이다. 이것은 사람을 음양, 수화목금토 어느 하나로 특징지을 수 없다는 말이기도 하다.

원형이정 원리란 우주의 근본을 검토하면서 본 바와 같이 생멸 과정의 모든 이치가 갖추어져서 이지러짐 없는 원운동이요 순환이다.

만약 어떤 개별 현상이 이치상으로 원만한 원리를 갖추고 있다면, 그것은 이치의 둥근 원이 찌그러지거나 조각나지 않았다는 말이 된다. 때문에 그 현상이 드러나게 된 과정에 마치 음양오행의 분화가 없었던 것이 아닌가, 원형이정 근본 원리가 곧바로 드러난 것이 아닌가라는 생각이 들수도 있다. 원형이정을 말하니 춘하추동이 그것 아니냐 하는 생각이 들고, 춘하추동을 말하니 원형이정이 그것 아니냐는 생각이 드는 것과 같다.

기氣에 의한 리理의 엄폐·왜곡이 없어서 리理가 곧바로 현상으로 드러나고, 성性이 치우침 없이 본래 면목 그대로 정情으로 드러났다고 말할 수 있는 상황이라는 말이다.

그리고 성이 정으로 나타나는 모든 현상을 통틀어서도 말하고 그 하나하나를 집어서도 말하여 마음(心)이라는 용어를 쓴다. 그래서 마음은 당연히 정을 포함하는 말이 된다.

마음이란 말은 참으로 의미가 다양하고 묘하여서, 성이 정으로 피어나는 모든 과정이면서 동시에 나타난 모든 현상(情) 그 자체이기도 하고, 또 성이 정으로 나타나는 과정을 이어주기도 하며 그 과정을 통괄·섭리하기도 하는 능력도 가지고 있다. 마음에는 성과 정과 그 사이를 통섭하는 능력이 들어 있어서 결국 마음이 마음을 주재하고 통섭할 수 있다는 말이 된다.

마음 세계에서도 우주에서 리기를 이해하는 것과 같은 사고방식으로 성정을 이해한다. 그래서 성이란 말에는 이론적으로 순수 리理에만 해당하는 본연의 성과 실제로 리와 기가 응결된 기질의 성性8)이 포함된다. 이론을 말할 때에는 둘로 구별하여 순수 이론적으로 설명할 수도 있고, 합쳐서 실제적으로 설명할 수도 있다.

그런데 이 성이라는 것 또한 리理에 원형이정이라는 내용이 있듯이 인의예지라는 내용을 품고 있다. 퇴계 선생은 인의예지9)가 성의 내용이라는 점을 한시도 잊지 않는다. 원형이정이라는 원리가 없으면 우주가 존재 유지될 수 없고, 인의예지가 없으면 인류에게서 사람다운 존귀함이 존재 유지될 수 없다는 사상이 깔려 있는 것이다.

어떻든 본연의 성은 마음의 근본 자리가 된다. 그러나 아직 기 단계를 거치지 않아서 기와 응결되지 않았기 때문에 존재의 세계에 드러날 수가 없다. 실제로 마음자리가 되는 것은 기질의 성이다. 사람에게 있어서 기질의 성이 실제 하나하나의 마음으로 드러나는 것을 도학자들은 정情이라고 부른 것이다. 굳이 모든 존재에 통하는 말로서의 정情과 구별하겠다면 좁은 의미의 정이라고 하거나 따로 인정人情이라는 말을 쓰거나 할 수도 있을 것이다.

정(人情)에는 사단이라는 것과 칠정이라는 것이 있다.

사람은 다른 사람이 불행한 상태에 빠져 있는 정경을 보면 측은惻隱함을 느끼고, 다른 사람으로부터 옳은 도리 아닌 대우를 받으면 부끄러워하거나 싫어하며(羞惡), 예의에 따라 남을 공경하거나 예의 아닌 것을 사양辭

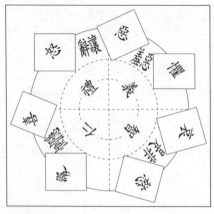

▲ 사단칠정

讓하고, 일에 닥치면 옳고 그름을 판단하는(是非) 반응을 본능적으로 한다. 그 반응하는 정을 가리켜 사단四端의 마음이라고 부른다. 그것으로 말미암아 그렇게 되는 본바탕, 곧 본성을 알아낼 수 있게 되는 네 가닥의 실마리라는 뜻이다.

또한 사람은 자기 존재에 이롭거나 해로움을 당하면 기뻐하거나(喜), 화내거나(怒), 슬퍼하거나(哀), 겁내거나(懼), 애착하거나(愛), 미워하거나(惡), 탐내는(慾) 반응도 한다. 그 반응하는 마음을 가리켜 칠정七情이라 부르는데, 일곱 가지의 감정이라는 말이다. 원만한 상태라면 역易의 원리에 맞추어 팔괘에 해당하는 여덟 가지가 모두 갖추어져야 할 터인데 하나가 모자라기 때문에 원만하지 못하고 찌그러진다는 뜻이 담겨 있는 말이라고 생각된다. 원형이정 원리를 따른다면 팔괘에 해당하는 여덟 가지 감정이 갖추어질 것인데 그렇지 못하기 때문에 일곱 가지에 그친다는 뜻이다.

어떻든 사단칠정 어느 것이나 기질의 성을 바탕으로 하여 드러나는 인간적인 현상이기 때문에 리기理氣가 묘하게 응결되어 있다.

칠정은 일반적으로 말하는 사람의 감정이다. 웃고 울고 화내고 질리고 가슴 졸이고 침 흘리는 모습으로 나타나는데, 그렇게 되는 이유를 따져 보면 그 근원이 개개인의 기질에 그친다. 아무리 원인을 캐고 들어가도 이기심이거나 육신의 요구 또는 반응이지 이 이상 더 깊은 이유를 찾지 못한다.

인류의 마음 세계를 짐승의 세계와 다르게 볼 수 있게 하고 사람을 만물의 영장으로서 사람답게 유지해 주는 도덕률을 가지지 못한다는 말이다. 쉽게 말하여 칠정 어느 것도 좀 깊이 따지게 되면 짐승의 으르렁거리는 반응과 별로 다를 게 없다는 말이다.

사람은 소우주이므로 우주에 원형이정 원리가 있듯이 사람에게도 원형이정 원리가 원만하여 인류 사회의 도덕률을 이룬다. 사람을 만물의 영장으로서 사람답게 유지해 주는 도덕률, 곧 사람에게 있는 원형이정이란 다름 아닌 인의예지이다.

칠정은 나 개인 육신의 혈기가 있기 때문이라는 중간 단계까지는 올라갈 수 있어도 인의예지라는 근원에까지는 올라갈 수가 없으니 당연히 본연의 성, 우주의 근본인 리理에까지 이어지지 못한다. 본연의 성, 우주의 근본인 리理가 피어나는 과정에서 기氣의 작용, 곧 이기심이나 육신의 통로를 거치게 되는데, 그때에 엄폐되었거나 왜곡되어 원형이정의 원만함을 유지하지 못하고 조각이 나거나 치우치고 찌그러졌다는 말이다.

하지만 사단은 그것을 실마리로 하여 인의예지를 찾아낼 수 있는 고급 정서이다. 인의예지를 드러내는 모습이라서 인의예지의 확장이라 할 수 있고, 따라서 우주의 근본인 리理에까지 올라간다. 그래서 칠정과 차원이 다르다는 뜻으로 정조情操라는 용어를 써서 구별하기도 한다. 인류사회의 사람다운 고귀함을 가능하게 하고 유지시켜 주는 도덕률이 그것 안에 표현되어 있다.

측은한 마음을 일으킨다는 것은 인仁한 바탕이 있다는 말이고, 수오의 마음은 의義로운 바탕 없이 피어날 수 없는 것이며, 사양하는 마음은 예禮의 바탕이 있음을 짐작하게 하고, 시비를 가리는 마음은 지智의 바탕이 있기 때문에 가능한 것이다. 이렇듯 사단의 드러남을 보고서 그 근원을 캐어 들어가면 인의예지에 닿게 된다. 일반적 감정인 칠정과는 달라서 원형이정 본연의 성이 그 안에 살아 있는 것이다. 거듭 말하면 그 근원이 우주의 근본인 리理에까지 곧바르고 순수하게 이어진다. 그림으로 그려 보충 설명을 한다면, 사단은 인의예지의 확장으로서 원형이정의 원 그대로 그릴 수 있을 것이나 칠정은 그렇지 못하므로 원이 되지 못하고 모가 나게 그릴 수밖에 없을 것이다.

사단과 칠정의 구별을 비유한다면, 사단은 맑게 갠 날씨와 같고 칠정은 구름으로 가려진 날씨와 같다고 할 수 있을 것이다. 맑게 개었으므로 아무런 가림이 없이 태양이 바로 드러난다. 한편 구름에 가려지면 마치 태양이 없는 것과 같다. 그래서 맑게 갠 날은 "구름 한 점 없구나!"라고 할 수 있고 구름 낀 날은 "태양이 없어졌구나!"라고 할 수가 있는 것이다. 물론 맑게 갠 날도 구름 낀 날과 같이 수증기가 공중에 가득 차 있고, 구름 낀 날도 태양이 하늘에 떠 있다는 것을 모르는 바 아니지만 말이다.

• 사회의 근본(다스림)

도덕을 밝히고 백성과 친하며 묵은 때를 씻어 항상 새롭게 함으로써 지선至善한 상태를 유지하여 천하를 태평하게 하는 것이 유교의 이념이다. 그러한 이념을 가지고 살아가는 사람들인 유가는 당연히 사회의 근본은 도덕이라고 말하게 된다. 그리고 국가를 태평하게 하고 도덕을 밝히기 위하여 지역사회의 질서를 잘 다스려야 하고, 지역사회의 질서를 잘 다스리기 위하여서는 가정의 질서를 잘 갖추어야 하며, 가정의 질서를 잘 갖추기 위하여서는 개개인의 몸가짐을 닦아야 하고, 개개인의 몸가짐을 닦기 위하여서는 마음을 바르게 하여야 하며, 마음을 바르게 하기 위하여서는 마음의 싹틈에 거짓이 없고 성실하여야 하며, 마음의 싹틈에 거짓이 없고 성실하기 위하여서는 우주와 사람과 사회의 근본에서부터 말단까지 꿰뚫어 볼 수 있는 깨달음을 가져야 한다고 말한다.

이상이 『대학』이라는 경서의 골자인데, 퇴계 선생도 이를 이념으로 삼고 있었다.

퇴계뿐만 아니라 모든 유가는 사회의 기초 단위를 가정으로 본다.

일반적인 의미로 사회라고 하면 두 사람 이상이 서로 모인 모습을 가리킨다. 물론 둘 이상이 만났다 헤어지고 만났다 헤어지는 모습은 짐승 세계에서도 볼 수 있다. 하지만 특별하게도 둘이 만나서 부부가 되어 일단 사회를 이루면 평생 동안 그것을 유지하고 그 사이에서 자식이 생기면 그까지 포함하여 하나의 사회를 더욱 키워나가는 모습이야말로 사람에게서만 볼 수 있으며, 인류사회를 생성시키고 유지하는 기본이 아닐 수 없다.

부부가 만드는 사회를 가정이라 하고, 그 가정의 구성원을 가족이라 한다. 부부 사이에 자식이 생겨 가족이 늘어나도 같은 가정이다. 같은 가정에서 형제자매가 생긴다. 그래도 같은 가정이다. 부모와 자식의 관계가 이루어지고 형제자매 관계가 생기고, 나아가서 조부모, 손자녀 관계와 삼촌, 사촌 관계가 이루어지면서 가족의 수가 많아지고, 가정의 규모가 공간적으로 시간적으로 점점 커진다. 공간적으로는 소가족 소가정小家庭에서 대가족 대가정大家庭이 이루어지고, 시간적으로는 가문家門이 이어진다. 그에 따라서 부락(鄕里)이 이루어지고, 부락이 커지다가 마침내 나라를 세운다. 부락을 단위로 하는 작은 나라들이 합쳐지면서 큰 나라를 세운다.

이러한 과정이 인류가 사회를 이루어 나가는 가장 자연스러운 모습이고 실제 역사에서도 그러하다. 그래서 인류사회의 가장 큰 규모인 천하天下는 가정을 가장 핵심 단위로 삼는 것이다.

가정 안에서는 부부 관계가 제일 먼저 생기고 다음으로 부모자식 관계가 생기고 그 다음으로 형제자매 관계가 이루어진다.

한 사람 한 사람의 인격 수련을 통하여 가정을 잘 다스리고 그 성과를 연장하여 나라에서 천하까지 잘 다스리는 것이 가장 순리에 맞는 일이다. 이것이 『대학』의 이념인데, 우주와 사람의 근본과 관련지어서 말하면 다음과 같이 말할 수 있을 것이다.

인류라는 영장류 사회에서 그들에게 있는 사람다운 도덕률을 구현하는 사회가 도덕사회이다. 도덕사회는 우주와 사람의 근본에 따를 경우에 구현될 수 있는 것이다.

우주와 사람의 근본에 따른다는 말은 결국 사회 전체의 질서가 리理곧 본성의 내용과 같은 원만함을 손상시키지 않을 뿐만 아니라 그것을 유지하고 그것을 발휘시키는 내용으로 이루어진다는 뜻이다. 도道가 살아 있다는 말이기도 하다.

그렇기 때문에 실제 사회생활에 있어서 우주와 사람의 근본에 따르기 위해서는 개개인의 마음으로부터 착수하는 길 밖에는 방법이 없다. 마음을 버린 채 사람의 꾀로 마름질한 제도만을 사용한다면 아예 불가능한 일이다.

이에서 더 나아가, 유가는 사회를 보는 시야를 우주 대자연으로까지 넓혀서 삼라만상을 꿰뚫는 양陽의 원리(乾)를 우주의 아버지로, 삼라만상을 싣고 있는 음陰의 원리(坤)를 우주의 어머니로 인정하고, 나 또한 삼라만상과 더불어 그 자식이라고 한다. 그리고는 우주의 아버지 어머니 또한 육신의 부모처럼 받들어 모셔야 한다고 말한다.

모든 인류는 나의 친형제요 대자연은 더불어 살아가는 이웃임을 깨닫고 그 도리에 마땅한 삶을 살려고 하면서 동시에 육신의 아버지 어머니로 이루어지는 가정을 잊어버리지 않는다.

피로 이루어지는 혈육의 가정과 원리로 이루어지는 크고 큰 우주의 가정, 어느 하나도 놓치고 싶지 않은 것이다.

어려운 이상이겠지만 우주와 사람의 근본을 알고 몸에 익히면서 그에 따라 살면 전혀 불가능하지만도 않다는 생각이 깔려 있다고 보아야 할 것이다.

역시 열쇠는 개개인의 마음에 있다.

마음의 세계는 결국 사단과 칠정이기 때문에 우주와 사람의 근본에 따라서 도덕사회를 이루기 위해서는 칠정을 죽이고 사단을 살리면 된다. 사단은 본성으로 이르는 실마리이기 때문에 이것을 넓고 깊게 확충해 나가면 도덕사회가 실현된다.

그렇기 때문에 도덕사회의 실현이라는 가치 기준에서 볼 때, 사단은 언제나 선하다고 말할 수 있다.

한편, 칠정은 본성에까지 곧바로 이어지지 않기 때문에 기氣가 리理를 엄폐 대체할 정도로 거세지 않은 경우에는 선할 수도 있겠으나, 본질적으로는 그 피어나는 연유와 과정이 악한 쪽의 모습을 갖는다. 많든 적든 도덕률을 손상하고 사람다움을 깎아 내리며 짐승 쪽으로 다가가는 것이라는 말이다. 그 근원이 개인의 육신 혈기에 있기 때문에 본능적으로 이기적이라는 말이기도 하다. 일반인이 무엇 때문에 기뻐하다가 화를 내고, 두려워하다가 애착을 가지는지 생각해 보면 알 일이다.

그래서 칠정은 사람의 노력으로 극복하거나 조절해 나가야 도덕사회를 이룰 수 있다.

• 근본을 세우기 위한 실천 방법

이상과 같은 이론은 실제로 개개인이 일상생활에서 이 이론대로 실천할 수 있는 자질을 갖게 하는 것이 중요하다. 그 방법을 논하는 것이 수양론이고 교육론이다.

퇴계는 벼슬할 때에도 국학의 개혁에 많은 심혈을 기울였고 조선조 최초로 서원에 임금이 편액을 내리게(賜額) 할 정도로 교육의 중요성을 인식하고 있었다. 만년에는 전적으로 제자들의 교육에 몸담았다.

퇴계는 특히 명예와 물질적 이득을 얻기 위하여 가르치는 교육을 싫어하고 스스로의 인격을 도야하는 교육을 강조하였다.

수양하는 방법으로는 송나라 때의 정자·주자를 계승하여 몸과 마음의 경건함(敬)을 힘써 익혀 나가는 이른바 경공부를 강조하였다.

그 골자는 사람이 어떤 사건이나 물건을 다룰 때뿐만 아니라 안으로 스스로의 인격을 성찰할 때에도 순간순간마다 마음이 어떠한 이유로든 쪼개지거나 흐트러지거나 출렁거림 없이 그 하나에 전심전력할 수 있도록 훈련하는 것이다. 그렇게 하여 내가 나의 마음을 주재할 수 있게 되고 마음이 몸을 주재할 수 있게 되어 결국 내가 스스로 나의 행실을 주재할 수 있게 되는 것이다.

앞 편의 「2. 마음공부를 말하다」는 주로 퇴계가 경공부를 가르친 내용들이다.

퇴계는 자기 평생의 공부를 압축 정리하여 선조 임금에게 올린 『성학십도』에서 「경재잠」과 「숙흥야매잠」을 생활하면서 경공부를 할 수 있는 요령이 잘 설명되어 있는 글이라고 추천하였다.[10]

• • •

1) 周濂溪: 1017~1073, 성은 周, 이름은 惇頤, 자는 茂叔이다. 중국 북송대 호남성 道州 사람으로 신유학의 창시자라고 할 수 있다. 그의 학문사상은 당시에 성하던 불가와 도가의 이론사상을 유가의 입장에서 통합하여 일관된 원리로 설명하려는 뜻을 담고 있다. 염계 선생 또는 周子라고 부른다. 『太極圖說』, 『通書』와 약간의 시, 문, 서간 등이 있다.

2) 程明道: 1032~1085, 이름은 顥, 자는 泊淳, 중국 북송대의 하남 낙양 사람으로 유명한 성리학자이다. 정이천의 형으로서 어려서 함께 周敦頤에게서 배웠으며 함께 性理學說을 세워 주희에게로 이어졌다. 明道先生 또는 程子라고 부른다. 『二程全書』가 있다.

3) 邵康節: 1011~1077, 이름은 雍, 자는 堯夫이다. 북송시대 理學家로 특히 역학에 조예가 깊었다. 『皇極經世』를 지었다.

4) 「태극도설」: 성리학, 신유학의 출발점일 뿐만 아니라 易의 정수를 참으로 압축해서 깊이 있게 설명하고 있는 유명한 글이다. 외우면 생각하지 못했던 얻음이 생긴다.
「太極圖說」, "無極而太極, 太極動而生陽, 動極而靜, 靜而生陰, 靜極復動. 一動一靜, 互爲其根, 分陰分陽, 兩儀立焉. 陽變陰合, 而生水火木金土, 五氣順布, 四時行焉. 五行一陰陽也, 陰陽一太極也, 太極本無極也. 五行之生也, 各一其性, 無極之眞, 二五之精, 妙合而凝. 乾道成男, 坤道成女, 二氣交感, 化生萬物, 萬物生生, 而變化無窮焉. 惟人也, 得其秀, 而最靈. 形旣生矣, 神發知矣, 五性感動, 而善惡分, 萬事出矣. 聖人定之, 以中正仁義, 而主靜立人極焉. 故, 聖人, 與天地合其德, 日月合其明, 四時合其序, 鬼神合其吉凶. 君子修之吉, 小人悖之凶. 故曰, 立天之道, 曰陰與陽, 立地之道, 曰柔與剛, 立人之道, 曰仁與義. 又曰, 原始反終, 故知死生之說. 大哉易也, 斯其至矣."

5) 鄭夢周: 1337~1392, 고려의 문신이자, 정치가·유학자이다. 영일정씨, 자는 達可, 호는 圃隱, 시호는 文忠, 夢周는 이름이다. 고려삼은의 한 명으로 문과 급제 후 여러 벼슬을 지냈으나, 조선 건국에 반대하다가 1392년 개성 선죽교에서 이방원에게 살해되었다. 경상북도 永川 출신이며, 이색의 문인이었다. 1401년(태종 1) 태종에 의하여 영의정에 追贈되고 益陽府院君에 추봉되었다. 퇴계에 의하여 조선 도학의 연원으로 추앙받는다.

6) 金宗直: 1431~1492, 선산김씨, 조선의 성리학자이다. 자는 季溫 또는 孝盥, 호는 佔畢齋, 시호는 文忠, 宗直은 이름이다. 1459년(세조 5) 문과에 급제하여 형조판서, 지중추부사에 이르렀다. 많은 제자를 길러냈고, 성종의 총애를 받아 제자들을 관직에 등용시켜 영남학파의 宗祖로서 훈구파와 대립하였다. 그가 지은 「弔義帝文」을 빌미로 무오사화가 일어나 부관참시(관을 부수어 시체의 목을 벰)를 당하고 많은 문집이 소각되었으며, 제자들이 참화를 당하였다. 『동국여지승람』 55권을 증수하였고 서화에도 뛰어났다.

7) 趙光祖: 1482~1519, 조선 중기 정치가이다. 서울 출신으로서 자는 孝直, 호는 靜庵, 시호는 文正이다. 『정암집』이 있다.

8) 본연의 性은 理가 순수하게 반영된 지선한 바탕이고 기질의 性은 이미 氣가 이루어지면서 理가 그에 묘하게 응결되어 있는 상태로서 선할 수도 있고 악할 수도 있다.

9) 인의예지: 인의예지를 원형이정에 해당한다고 보면, 원에 중심이 있고 「하도」의 가운데에 5가 있듯이 인의예지 또한 중심을 갖고 그 다섯이 더불어서 원만함을 이루게 된다. 그 중심 되는 것이 信이다. 여기서 주의해야 할 점은, 퇴계 선생이 말하는 인의예지신은 어디까지나 목금화수토 오행이 아니라는 점이다. 오행은 분명히 氣이다. 퇴계 선생은 인의예지가 어디까지나 성이지 기가 아니라고 말한다. 다시 말하면 퇴계 선생은 「하도」의 이면에서 理를 찾고 그 내용으로 원형이정 원리를 보았으며 그 관점을 밀고 나가 인류의 본성에서 짐승으로부터 사람다움을 특징짓는 인의예지신을 얻었다는 것이다. 그러나 그 얻음은 어디까지나 이면 세계, 사상의 세계에서 궁리를 통하여 터득한 원리이지 「하도」에 드러난 1, 2, 3, 4, 5나 6, 7, 8, 9, 10이라는 숫자가 아니고 수화목금토라는 원소 또는 이치가 아니었다.

10) 「경재잠」과 「숙흥야매잠」의 내용은 「2. 마음공부를 말하다」 편에서 소개하였다. 한문 원문을 외우면 또 다른 맛이 있을 뿐 아니라 더욱 깊이 있게 얻을 수가 있다.

「敬齋箴」, "正其衣冠, 尊其瞻視, 潛心以居, 對越上帝, 足容必重, 手容必恭, 擇地而蹈, 折旋蟻封, 出門如賓, 承事如祭, 戰戰兢兢, 罔敢或易, 守口如瓶, 防意如城, 洞洞屬屬, 罔敢或輕, 不東以西, 不南以北, 當事而存, 靡他其適, 弗貳以二, 弗參以三, 惟心惟一, 萬變是監, 從事於斯, 是曰持敬, 動靜弗違, 表裏交正, 須臾有間, 私欲萬端, 不火而熱, 不冰而寒, 毫釐有差, 天壤易處, 三綱旣淪, 九法亦斁, 於乎小子, 念哉敬哉, 墨卿司戒, 敢告靈臺."

「夙興夜寐箴」, "鷄鳴而寤, 思慮漸馳, 盍於其間, 澹以整之, 或省舊愆, 或紬新得, 次第條理, 瞭然默識, 本旣立矣, 昧爽乃興, 盥櫛衣冠, 端坐斂形, 提掇此心, 皦如出日, 嚴肅整齊, 虛明靜一, 乃啓方冊, 對越聖賢, 夫子在坐, 顔曾後先, 聖師所言, 親切敬聽, 弟子問辨, 反覆參訂, 事至斯應, 則驗于爲, 明命赫然, 常目在之, 事應旣已, 我則如故, 方寸湛然, 凝神息慮, 動靜循環, 惟心是監, 靜存動察, 勿貳勿參, 讀書之餘, 間以游泳, 發舒精神, 休養情性, 日暮人倦, 昏氣易乘, 齋莊整齊, 振拔精明, 夜久斯寢, 齊手斂足, 不作思惟, 心神歸宿, 養以夜氣, 貞則復元, 念茲在茲, 日夕乾乾."

찾아보기

지은이 이윤희李允熙

서울대 법과대학 법학과를 졸업하고 현재 퇴계학연구원 연구위원
으로 있다.

역주로는『참동계천유』,『혜명경』,『태을금화종지』,『퇴계철학입
문』,『성명규지』,『활인심방』,『퇴계선생언행록』 등이 있고, 편저
로는『성인의 길을 밟는다』,『심각한 농담』,『퇴계선생에게서 배우
는 인생의 지혜』가 있다.

논문으로는「易原理與最高善」,「人 자체를 통한 三敎間 交流」,「硏
究道敎內丹的三敎合一觀之必要性」,「易의 原理와 心性觀」,「性命
雙修槪觀」,「知識社會와 儒學修養論」,「退溪的理數易學」,「周易參
同契와 中國道敎의 상관관계 小考」,「儒家心性修養法 分類案」등
다수가 있다.

한국철학총서

조선 유학의 학파들 한국사상사연구회 편저, 688쪽, 24,000원
실학의 철학 한국사상사연구회 편저, 576쪽, 17,000원
윤사순 교수의 한국유학사상론 윤사순 지음, 528쪽, 15,000원
한국유학사 1 김충열 지음, 372쪽, 15,000원
퇴계의 생애와 학문 이상은 지음, 248쪽, 7,800원
율곡학의 선구와 후예 황의동 지음, 480쪽, 16,000원
다카하시 도루의 조선유학사 — 일제 황국사관의 빛과 그림자 다카하시 도루 지음, 이형성 편역, 416쪽, 15,000원
퇴계 이황, 예 잇고 뒤를 열어 고금을 꿰뚫으셨소 — 어느 서양철학자의 퇴계연구 30년 신귀현 지음, 328쪽, 12,000원
조선유학의 개념들 한국사상사연구회 지음, 648쪽, 26,000원
성리학자 기대승, 프로이트를 만나다 김용신 지음, 188쪽, 7,000원
유교개혁사상과 이병헌 금장태 지음, 336쪽, 17,000원
남명학파와 영남우도의 사림 박병련 외 지음, 464쪽, 23,000원
쉽게 읽는 퇴계의 성학십도 최제목 지음, 152쪽, 7,000원
홍대용의 실학과 18세기 북학사상 김문용 지음, 288쪽, 12,000원
남명 조식의 학문과 선비정신 김충열 지음, 512쪽, 26,000원
명재 윤증의 학문연원과 가학 충남대학교 유학연구소 편, 320쪽, 17,000원
조선유학의 주역사상 금장태 지음, 320쪽, 16,000원
율곡학과 한국유학 충남대학교 유학연구소 편, 464쪽, 23,000원
한국유학의 악론 금장태 지음, 240쪽, 13,000원
심경부주와 조선유학 홍원식 외 지음, 328쪽, 20,000원

연구총서

논쟁으로 보는 중국철학 중국철학연구회 지음, 352쪽, 8,000원
김충열 교수의 중국철학사 1 — 중국철학의 원류 김충열 지음, 360쪽, 9,000원
논쟁으로 보는 한국철학 한국철학사상연구회 지음, 326쪽, 10,000원
반논어(論語新探) 趙紀彬 지음, 조남호·신정근 옮김, 768쪽, 25,000원
중국철학과 인식의 문제(中國古代哲學問題發展史) 方立天 지음, 이기훈 옮김, 208쪽, 6,000원
중국철학과 인성의 문제(中國古代哲學問題發展史) 方立天 지음, 박경환 옮김, 191쪽, 6,800원
현대의 위기 동양 철학의 모색 중국철학회 지음, 340쪽, 10,000원
역사 속의 중국철학 중국철학회 지음, 448쪽, 15,000원
일곱 주제로 만나는 동서비교철학(中西哲學比較面面觀) 陳衛平 편저, 고재욱·김철운·유성선 옮김, 320쪽, 11,000원
중국철학의 이단자들 중국철학회 지음, 240쪽, 8,200원
공자의 철학(孔孟荀哲學) 蔡仁厚 지음, 천병돈 옮김, 240쪽, 8,500원
맹자의 철학(孔孟荀哲學) 蔡仁厚 지음, 천병돈 옮김, 224쪽, 8,000원
순자의 철학(孔孟荀哲學) 蔡仁厚 지음, 천병돈 옮김, 272쪽, 10,000원
서양문학에 비친 동양의 사상 한림대학교 인문학연구소 엮음, 360쪽, 12,000원
유학은 어떻게 현실과 만났는가 — 선진 유학과 한대 경학 박원재 지음, 218쪽, 7,500원
유교와 현대의 대화 황의동 지음, 236쪽, 7,500원
동아시아의 사상 오이환 지음, 200쪽, 7,000원
역사 속에 살아있는 중국 사상(中國歷史に生きる思想) 시게자와 도시로 지음, 이혜경 옮김, 272쪽, 10,000원
덕치, 인치, 법치 — 노자, 공자, 한비자의 정치 사상 신동준 지음, 488쪽, 20,000원
육경과 공자 인학 남상호 지음, 312쪽, 15,000원
리의 철학(中國哲學範疇精髓叢書一理) 張立文 주편, 안유경 옮김, 524쪽, 25,000원
기의 철학(中國哲學範疇精髓叢書一氣) 張立文 주편, 김교빈 외 옮김, 572쪽, 27,000원
동양 천문사상, 하늘의 역사 김일권 지음, 480쪽, 24,000원
동양 천문사상, 인간의 역사 김일권 지음, 544쪽, 27,000원
공부론 임수무 외 지음, 544쪽, 27,000원

강의총서

김충열교수의 노자강의 김충열 지음, 434쪽, 20,000원
김충열교수의 중용대학강의 김충열 지음, 448쪽, 23,000원

퇴계원전총서

고경중마방古鏡重磨方 — 퇴계 선생의 마음공부 이황 편저, 박상주 역해, 204쪽, 12,000원
활인심방活人心方 — 퇴계 선생의 마음으로 하는 몸공부 이황 편저, 이윤희 역해, 308쪽, 16,000원